校企合作双元开发教材

高等职业教育轨道交通类“十四五”技能型人才培养实用教材

U0873363

城市轨道交通机械基础

主　编　程智勇　陈世芳

副主编　谢艺平　杜恩明　霍　睿

西南交通大学出版社

·成　都·

图书在版编目（CIP）数据

城市轨道交通机械基础 / 程智勇，陈世芳主编. —
成都：西南交通大学出版社，2023.6
校企合作双元开发教材 高等职业教育轨道交通类“十四五”技能型人才培养实用教材
ISBN 978-7-5643-9323-6

Ⅰ. ①城… Ⅱ. ①程… ②陈… Ⅲ. ①城市铁路－机械学－高等职业教育－教材 Ⅳ. ①U239.5

中国国家版本馆 CIP 数据核字（2023）第 101218 号

校企合作双元开发教材
高等职业教育轨道交通类“十四五”技能型人才培养实用教材

Chengshi Guidao Jiaotong Jixie Jichu
城市轨道交通机械基础

主编 程智勇 陈世芳

责任编辑 李华宇
封面设计 何东琳设计工作室

出版发行 西南交通大学出版社
（四川省成都市金牛区二环路北一段 111 号
西南交通大学创新大厦 21 楼）
邮政编码 610031
发行部电话 028-87600564 028-87600533
网址 http://www.xnjdcbs.com
印刷 四川煤田地质制图印务有限责任公司

成品尺寸 185 mm × 260 mm
印张 12.25
字数 303 千
版次 2023 年 6 月第 1 版
印次 2023 年 6 月第 1 次
定价 38.00 元
书号 ISBN 978-7-5643-9323-6

课件咨询电话：028-81435775
图书如有印装质量问题 本社负责退换

前言

PREFACE

党的二十大报告指出，坚持把发展经济的着力点放在实体经济上，推进新型工业化，加快建设制造强国、质量强国、航天强国、交通强国、网络强国、数字中国。实施产业基础再造工程和重大技术装备攻关工程，支持专精特新企业发展，推动制造业高端化、智能化、绿色化发展。

本书是根据城市轨道交通相关企业用人要求，通过多次现场专业调研，确定轨道交通车辆驾驶、检修和维护人才需要掌握的机械基础知识；通过工作任务分析，确定工作项目，分解出工作任务及相应的职业能力；通过课程体系结构分析，将典型的工作任务归纳总结形成行动领域，提炼职业行动领域，确定学习领域编写而成的。

本书通过引入“任务驱动教学法”的先进理念，打破了传统教材的“章”“节”结构模式，编写思路是以项目为单位，再将每个项目分解成具体的学习型或工作型任务，创新地使用任务描述、任务目标、任务学习、任务检查、任务训练、任务拓展组织每个任务的内容，对使用任务驱动法开展教学起到了良好的导向作用。

本书共分为 8 个项目，合计 22 个任务。主要内容包括正投影、视图表达、零件图、常用工程材料、常用机构、常用机械传动、常用机械连接、钳工等。本书采用最新国家标准和行业标准进行内容编写，知识由浅入深，突出技术应用能力的培养，理论知识以够用为度，注重培养学生的职业能力和职业素质，内容侧重实用、够用，理论知识为实践服务。

本书由广州铁路职业技术学院程智勇、陈世芳任主编，在编写过程中，编者查阅了大量的参考资料，并多次到广州数控设备有限公司和相关轨道交通公司调研和培训，进行专题交流研讨。本书虽经编写人员多次讨论、修改，但由于编者水平有限，难免会存在不足之处，衷心希望各位读者给予批评指正。

编　者

2023 年 2 月

目录
CONTENTS

项目1 正投影认知

任务1 国家标准认知

任务描述

为适应现代生产、管理的需求，便于技术交流，我国制定发布了一系列国家标准（简称“国标”），包括强制性国家标准（代号“GB”）和推荐性国家标准（代号“GB/T”）。本任务主要是认识国家有关制图标准。

任务目标

- 熟悉制图国家标准；
- 能正确标注平面图形；
- 能绘制常见平面图形。

任务学习

一、制图国家标准认知

（一）图幅和格式（GB/T 14689—2008）

1. 图幅

绘制图纸时，优先采用表1-1中国家标准规定的图纸幅面。

表1-1 国家标准规定的图纸幅面

<table>
<tr><th rowspan="2">幅面代号</th><th rowspan="2">幅面尺寸 B×L</th><th colspan="3">边框尺寸</th></tr>
<tr><th>a</th><th>b</th><th>c</th></tr>
<tr><td>A0</td><td>841×1 189</td><td rowspan="5">25</td><td rowspan="3">10</td><td rowspan="2">20</td></tr>
<tr><td>A1</td><td>594×841</td></tr>
<tr><td>A2</td><td>420×594</td><td rowspan="3">10</td></tr>
<tr><td>A3</td><td>297×420</td><td rowspan="2">5</td></tr>
<tr><td>A4</td><td>210×297</td></tr>
</table>

2. 图框样式

必须用粗实线画出图框，图框的格式有留装订边和不留装订边两类，如图 1-1 所示。同一类产品的图形只能采用同一种格式，通常是 A3 横装或者 A4 竖装。

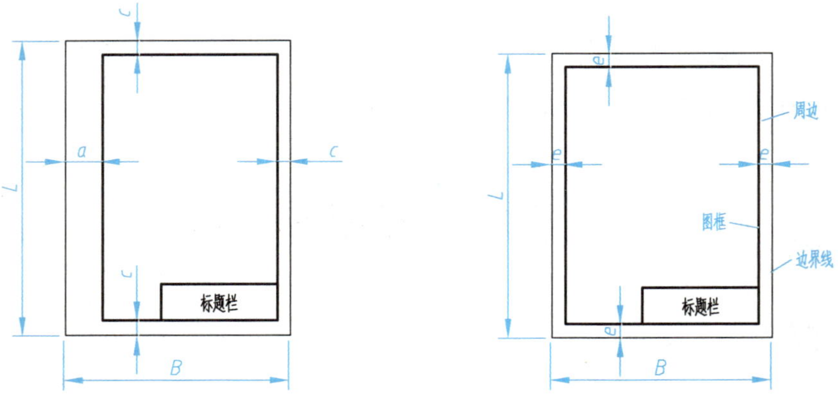

（a）留装订边　（b）不留装订边

图 1-1　图框

3. 标题栏

标题栏一般位于图纸的右下角，标题栏中的文字方向代表着识图的方向，如图 1-2 所示。国家标准 GB/T 10609.1—2008 对标题栏的样式做了规定，建议采取图 1-2 所示的样式。

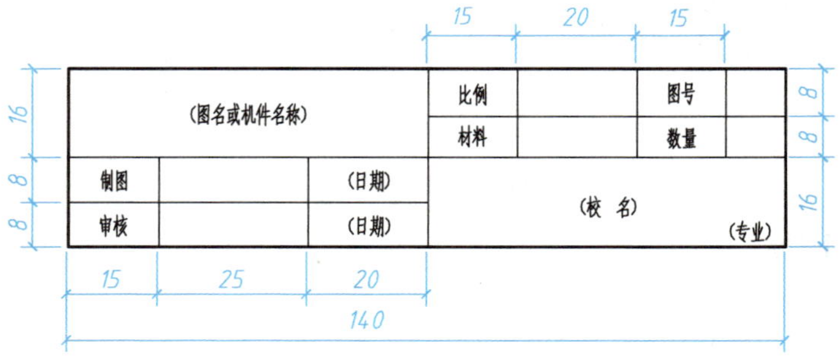

图 1-2　标题栏

（二）比例（GB/T 14690—1993）

图中的图形与实物相应要素的线性尺寸之比称为比例（见表 1-2）。无论选择哪种比例，图中的标注尺寸必须是机件的实际尺寸，与比例无关。比例需在标题栏中标注出来。

表 1-2　绘图用的比例

<table>
<tr><td rowspan="6">优先采用</td><td>种类</td><td colspan="3">比例</td></tr>
<tr><td>原值比例</td><td colspan="3">1∶1</td></tr>
<tr><td rowspan="2">放大比例</td><td>5∶1</td><td colspan="2">2∶1</td></tr>
<tr><td>5×10^n∶1</td><td>2×10^n∶1</td><td>1×10^n∶1</td></tr>
<tr><td rowspan="2">缩小比例</td><td>1∶2</td><td>1∶5</td><td>1∶10</td></tr>
<tr><td>1∶2×10^n</td><td>1∶5×10^n</td><td>1∶10×10^n</td></tr>
</table>

续表

	种类	比例				
必要时采用	放大比例	4∶1	2.5∶1			
		4×10^n∶1	2.5×10^n∶1			
	缩小比例	1∶1.5	1∶2.5	1∶3	1∶4	1∶6
		1∶1.5×10^n	1∶2.5×10^n	1∶3×10^n	1∶4×10^n	1∶6×10^n

注：*n* 为正整数。

（三）字体

图形中字体要求做到：字体工整、笔画清楚、间隔均匀、排列整齐。字号即字体的高度 *h*，分为 8 种：1.8、2.5、3.5、5、7、10、14、20（单位均为 mm）。

1. 汉字

汉字需采用长仿宋体，应使用简化字。

2. 字母和数字

字母和数字有斜体和直体两种，常用斜体。斜体的字头向右倾斜，与水平基线成 75°。

3. 示例

字体示例如图 1-3 所示。

图 1-3　示例

（四）图线

1. 图线的种类及用途

GB/T 4457.4—2002《机械制图　图样画法　图线》规定了 9 种图线的名称、线型、宽度以及在机械图样中的一般应用，如表 1-3 和图 1-4 所示。

表 1-3　9 种基本线型及其应用

序号	名称	线型	线宽	一般应用
1	细实线		$d/2$	过渡线、尺寸线、尺寸界线、指引线和基准线、剖面线、重合断面的轮廓线、短中心线、螺纹牙底线、尺寸线的起止线等
2	波浪线		$d/2$	断裂处边界线、视图与剖视图的分界线
3	双折线		$d/2$	断裂处边界线、视图与剖视图的分界线
4	粗实线		d	可见棱边线、可见轮廓线、相贯线、剖切符号用线等
5	细虚线		$d/2$	不可见棱边线、不可见轮廓线
6	粗虚线		d	允许表面处理的表示线
7	细点画线		$d/2$	轴线、对称中心线、分度圆（线）、孔系分布的中心线、剖切线
8	粗点画线		d	限定范围表示线
9	细双点画线		$d/2$	相邻辅助零件的轮廓线、可动零件的极限位置的轮廓线、重心线、成形前轮廓线、中断线等

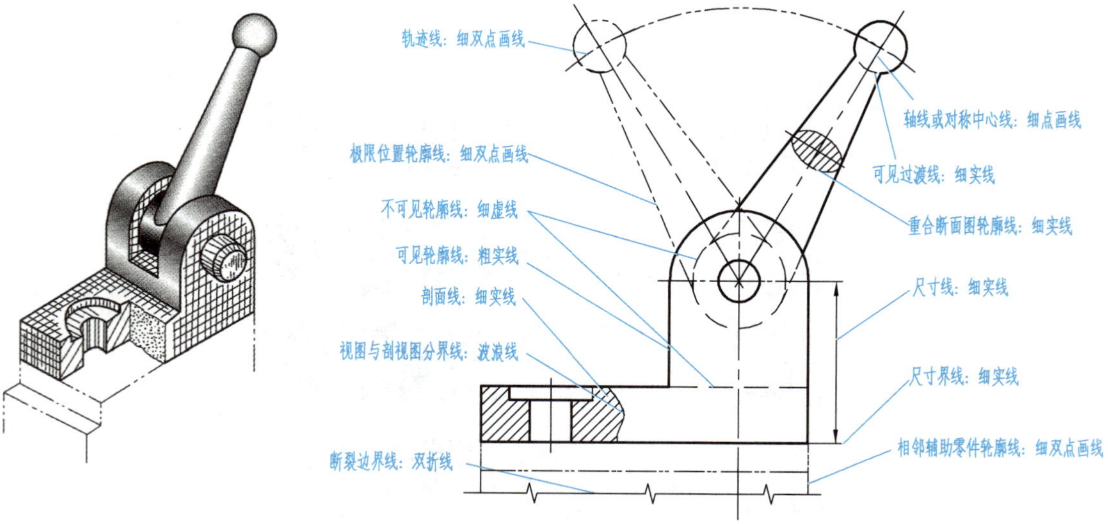

图 1-4　各种图线的应用

2. 图线的宽度

线型采用粗和细两种线宽，它们之间的比例为 2∶1。根据图形的大小和复杂程度，图线宽度 d 可在以下 9 种中选择：0.13、0.18、0.25、0.35、0.5、0.7、1、1.4、2（单位均为 mm），粗线宽度一般选用 0.5 或 0.7。

3. 图线的画法

图线的画法如图 1-5 所示。

（1）一个图样中，同类图线的宽度要基本一致。

（2）点是一小短画，不能用铅笔点成圆点，图样中虚线、点画线、双点画线的长度和间隔都应该一致。

（3）画点画线时，首尾两端均应长画而不能是点，必须要超出图形轮廓 3 ~ 5 mm。

（4）如果图形很小，画点画线会有困难，那么应该用细实线代替。

（5）当虚线、点画线与其他图线相交时，应该以线段相交，不应留有间隙。当虚线处于粗实线的延长线时，应该留有适当的间隙。

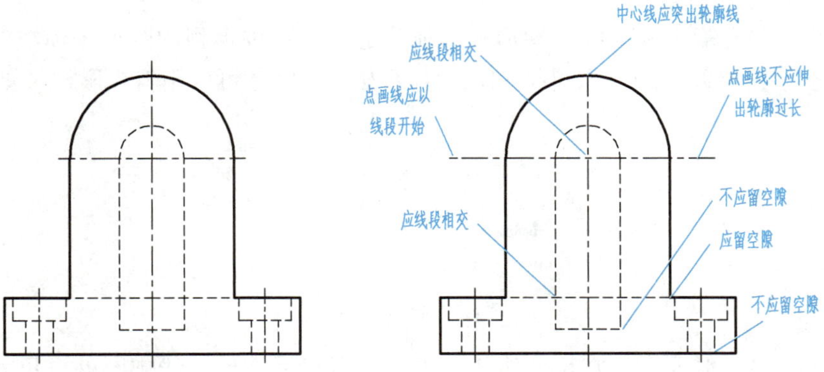

图 1-5　图线画法注意事项

（五）尺寸标注

1. 尺寸标注的基本原则

（1）机件的真实大小应该以图样上所标注的尺寸为依据，与比例及制图的准确度无关。

（2）在机械制图中，图样的尺寸都是以毫米（mm）为单位，不需要标明单位。如果采用其他单位，应该注明。

（3）图形中标注的尺寸是机件的最后完工尺寸，不然要另加说明。

（4）机件的每一处尺寸，都只标注一次，标注在反映结构特征最为清晰的地方。

2. 尺寸标注的基本要素

一个完整的尺寸应该包括尺寸界线、尺寸线、尺寸数字，如图 1-6 所示。

（1）尺寸界线要画成细实线，从图形的轮廓线、轴线或对称中心线处引出，轮廓线、轴线和对称中心线可以代替，不必单独画出。尺寸界线要与尺寸线相垂直，并要超出尺寸线 2 ~ 3 mm。

（2）尺寸线画成细实线，必须单独画出，不可以用其他图线代表，也不能画在其他图线的延长线上。标注线性尺寸时，尺寸线必须与所标注的线段平行。几个相互平行的尺寸线，将小尺寸标在里面，大尺寸标在外面，以免尺寸线与尺寸界线相交叉矛盾。

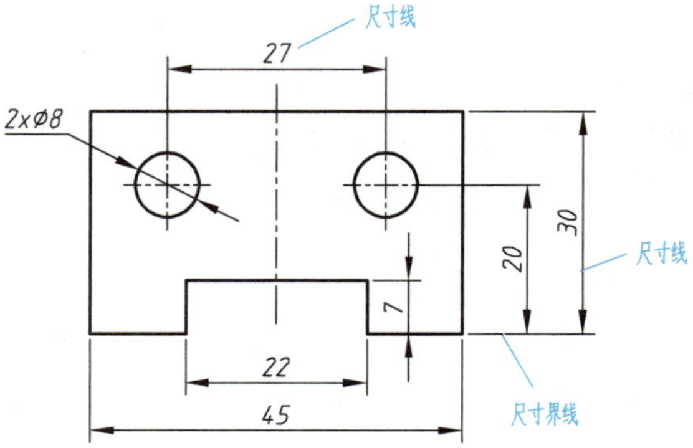

图 1-6　尺寸标注的基本要素

尺寸线的终端有箭头和斜线两种形式，箭头适用于各种类型的图形，标注的时候，箭头的尖端必须与尺寸界线相接触（尺寸线和尺寸界线相垂直时才可以用斜线形式），如图 1-7 所示。

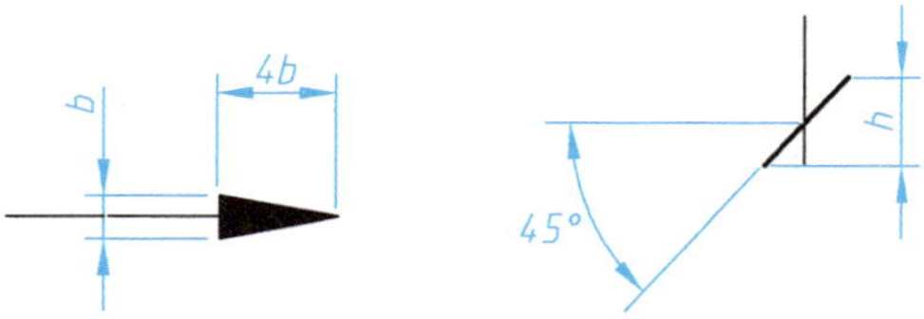

图 1-7　箭头和斜线

（3）尺寸数字一般要标注在尺寸线的上方，也可以写在尺寸线中断处。尺寸数字不可以被任何图线穿过，不可避免时，要断开，如图 1-8 所示。

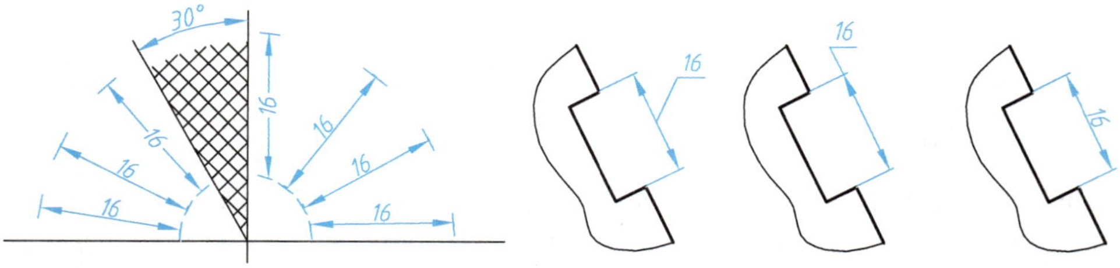

图 1-8　尺寸数字的一般标注

3. 常见的尺寸标注举例

尺寸界线应沿径向画出，尺寸线应画成圆弧，圆心是角的顶点，尺寸数字一律水平书写在尺寸线的中断处，必要时可写在上方或外面，也可引出标注，如图 1-9 所示。

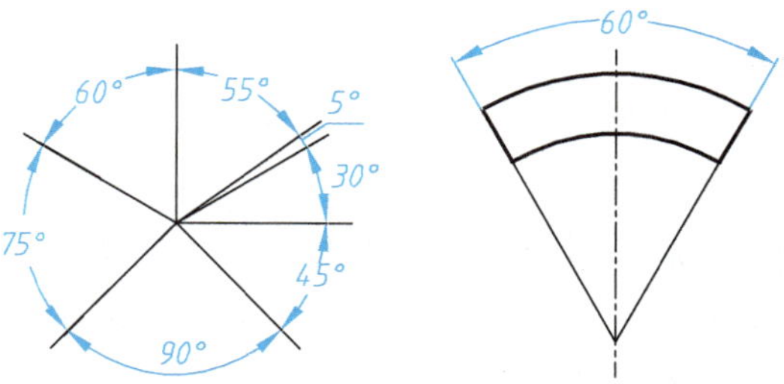

图 1-9　常见的尺寸标注（一）

无足够位置注写小尺寸时，箭头可外移或用小圆点代替两个箭头；尺寸数字也可写在尺寸界线外或引出标注，如图 1-10 所示。

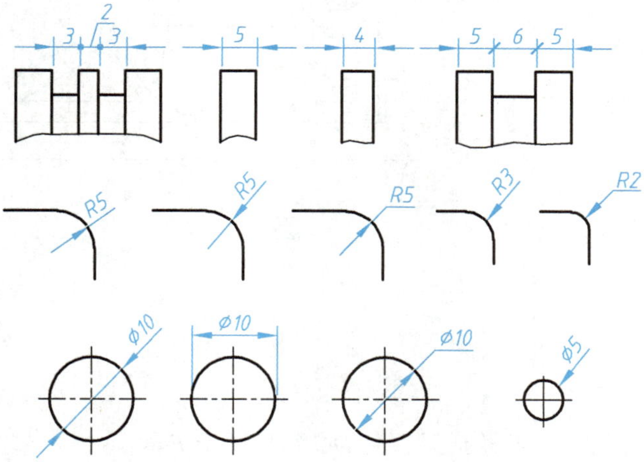

图 1-10　常见的尺寸标注（二）

应在 ϕ 或 R 前加注 “S”（不致引起误解时，则可省略 “S”），如图 1-11 所示。

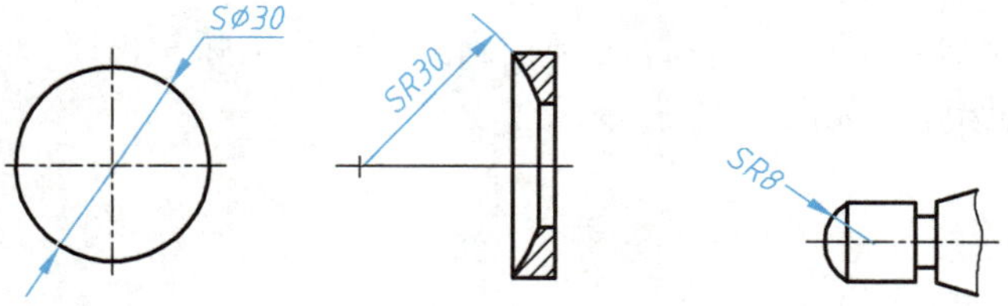

（a）　　（b）

图 1-11　直径和球面的标注

二、几何作图

轮廓线都是由各种各样的基本几何图形所组成的，下面主要介绍几何作图。

（一）等分作图

用三角板或圆规可以非常简单方便地把圆进行三等分、四等分、六等分或八等分。

（二）三角板作图

用 30°或 60°三角板和丁字尺配合，可以四等分或六等分圆周，并作圆的内接或外切正三角形和正六边形。

利用 45°三角板与丁字尺，可以直接作出圆的内接或外切正方形和正八边形。

（三）用圆规作图

用圆规外接圆半径，可以三等分或六等分圆周，如图 1-12。

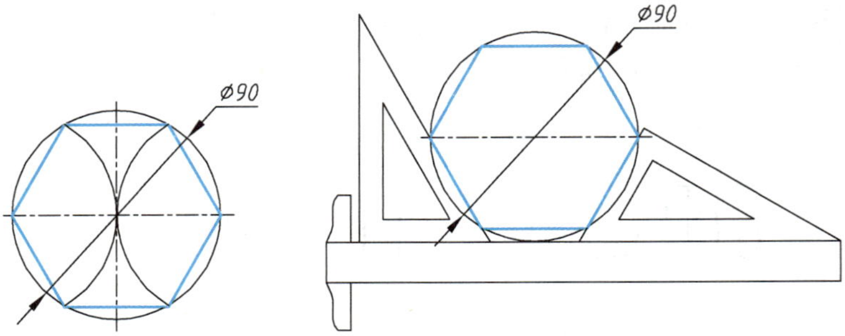

图 1-12　用圆规作图

（四）椭　圆

步骤：

（1）连接 AC。

（2）以 O 为圆心，OA 为半径画弧，交 DC 延长线于 E。

（3）以 C 为圆心，CE 为半径画弧，与 AC 交于点 E_1。

（4）作 AE_1 的垂直平分线，交 AB 于 O_1，交 CD 延长线于 O_2，即所求圆心；另外两个圆心 O_3、O_4 与之对称。

（5）以 O_2、O_4 为圆心，O_2C、O_4D 为半径画上下两个圆弧。再以 O_1、O_3 为圆心，O_1A、O_3B 为半径，画左右圆弧，如图 1-13 所示。

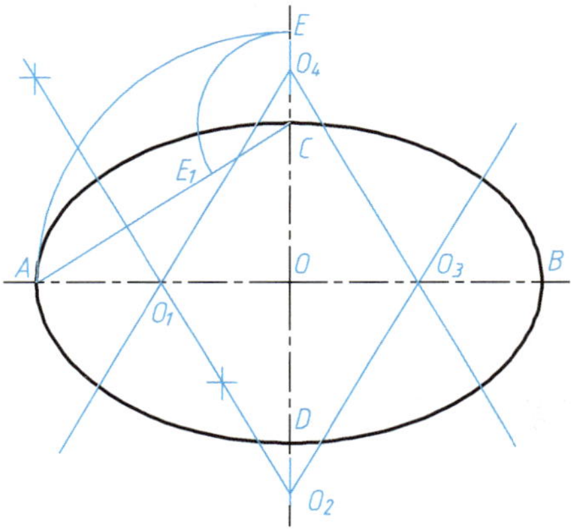

图 1-13　椭圆的画法

（五）圆弧连接

用一圆弧光滑地连接相邻两条已知线段（直线或圆弧）的作图方法叫作圆弧连接。常见的形式：两条直线间的圆弧连接、两个圆弧之间的圆弧连接和直线与圆弧之间的连接。作图时，应先求作连接圆弧的圆心，之后确定连接圆弧的已知的切点。

1. 两条直线间的圆弧连接

以半径为 R 的圆弧连接两条直线，如图 1-14 所示。

步骤：

（1）求未知圆弧圆心。作与已知线平行且距离为 R 的两条直线相交于 O 点，该点即为圆弧的圆心。

（2）求切点。从点 O 分别向两直线作垂线，求得点 N、M，即为切点。

（3）连接圆弧。以 O 为圆心，以 R 为半径，作圆弧连接。

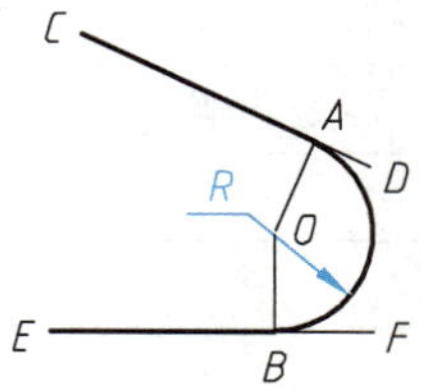

图 1-14　两条直线间的圆弧连接

2. 两个圆弧之间的圆弧连接

用半径为 R 的圆弧连接两个已知圆弧 R_1 和 R_2，如图 1-15 和图 1-16 所示。

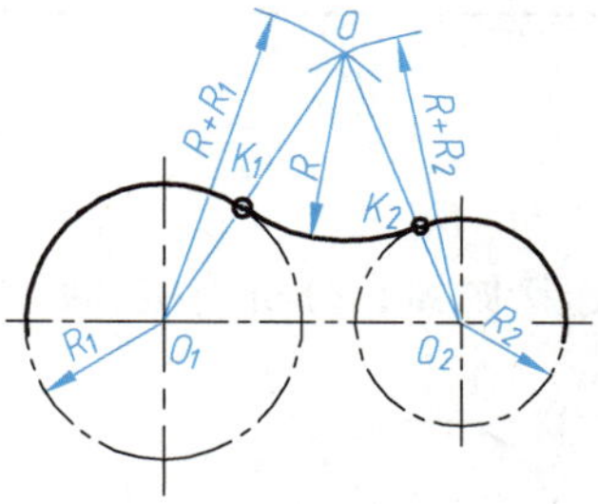

图 1-15　作圆与两已知圆外切

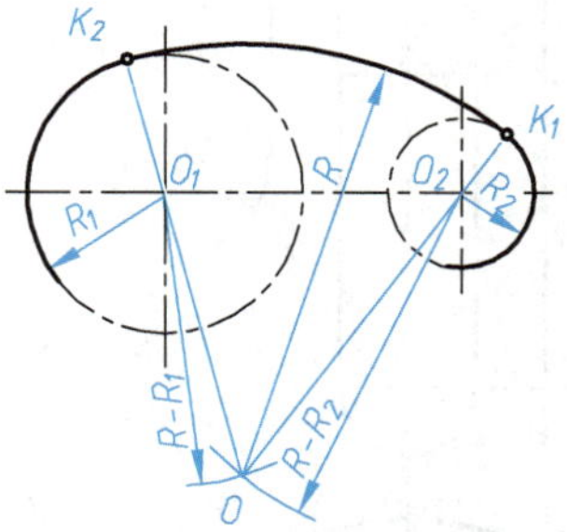

图 1-16　作圆与两已知圆内切

圆弧连接应遵循外加内减的原则。连接圆弧与两个已知圆弧都外切的时候，为外连接。连接圆弧与两个已知圆弧都内切时，为内连接。连接圆弧与一个已知圆弧外切，与另一个已知圆弧内切时，为混合连接。

步骤：

（1）求圆心。以 O_1 为圆心，外切时以 R_1+R_2 为半径，内切时以 $R-R_1$ 或 R_1-R 为半径画圆弧。再以 O_2 为圆心，外切时以 R_2+R 为半径，内切时以 $R-R_2$ 为半径画圆弧，两圆弧交点 O，即为连接圆弧的圆心。

（2）寻找切点。外切时两个圆心的连线与已知圆弧的交点即为切点，内切时两圆心连线的延长线与已知圆弧的交点即为切点。

（3）连接圆弧。以 O 为圆心，R 为半径，在两切点之间作连接圆弧。

任务检查

表 1-4 国家标准认知——任务检查单

任务编号		1-1	任务名称	国家标准认知	
序号	检查内容			是	否
熟悉制图相关国家标准					
1	阐述制图相关国家标准				
能正确标注平面图形					
2	标注平面图形的线性尺寸				
3	标注平面图形的非线性尺寸				
能绘制标准连接圆弧					
4	利用工具作出标准连接圆弧				

任务拓展

指出图 1-17 所示平面图形的连接圆弧，分析连接圆弧作法，并进行小组讲解。

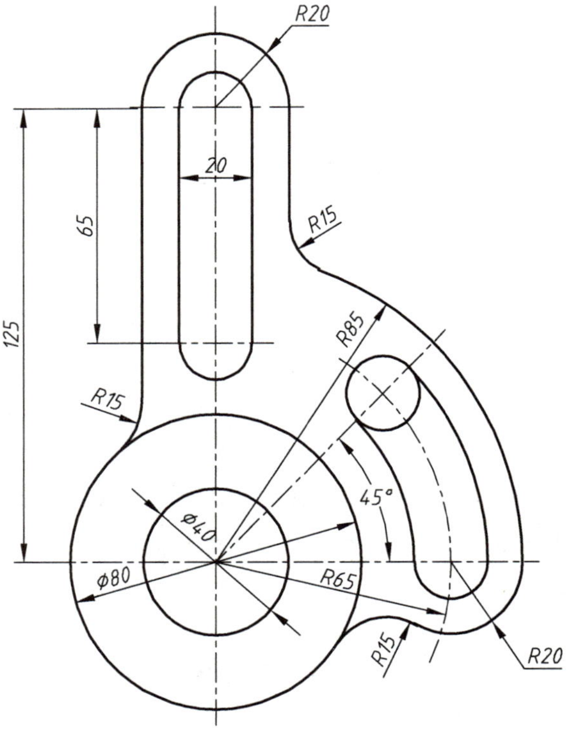

图 1-17 连接圆弧

任务 2　绘制平面图形

任务描述

机器零件的轮廓形状虽然各不相同，但分析起来，都是由直线、圆弧和其他一些非圆曲线组成的几何图形。熟练掌握和运用平面图形作图的方法，将会提高绘制图样的速度和质量。本任务主要是绘制平面图形。

任务目标

- 能正确找出平面图形的基准；
- 能正确分析平面图形的尺寸；
- 能按标准绘制平面图形。

任务学习

一、基　准

基准是指标注尺寸的起点。平面图形的尺寸有水平和垂直两个方向，因而有水平和垂直两个方向的基准。图形中有很多尺寸都是以基准为出发点的。

一般的平面图形常用以下的线为基准线：

（1）对称中心线。图 1-18 所示的手柄是以水平轴线作为垂直方向的尺寸基准的。

（2）主要的垂直或水平轮廓直线。图 1-18 所示的手柄是以中间铅垂线作为水平方向的尺寸基准。

（3）较大的圆的中心线、较长的直线等。

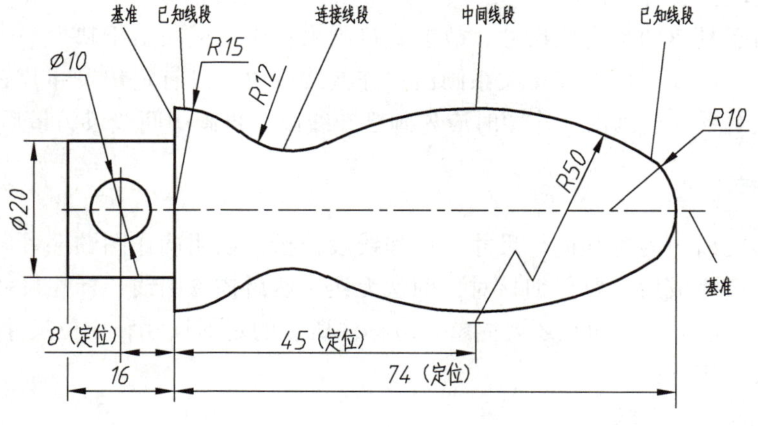

图 1-18　手柄

二、平面图形的画法

平面图形是由若干个直线和曲线封闭连接而形成的。绘制平面图形时，必须对这些线段的尺寸和连接关系进行分析，才能正确确定画图方法和步骤。

以手柄（见图 1-18）为例，介绍平面图形的画法。

（一）尺寸分析

平面图形中的尺寸按其作用可分为定形尺寸和定位尺寸两类。

1. 定形尺寸

定形尺寸是用以确定平面图形中各线段形状大小的尺寸。直线段的长度、圆及圆弧的直径或半径、角度的大小等尺寸都是定形尺寸。如图 1-18 中的 *R*12、*R*15、ϕ10、16 等都是定形尺寸。

2. 定位尺寸

定位尺寸是用以确定平面图形中各线段之间相对位置的尺寸。如图 1-18 中的 8、45、74 均属于定位尺寸。

分析尺寸时，常会见到同一尺寸既是定形尺寸，又是定位尺寸，如图 1-18 中，尺寸 75 既是确定手柄长度的定形尺寸，也是间接确定尺寸 *R*10 圆弧圆心的定位尺寸。定位尺寸需从尺寸基准出发进行标注。

（二）线段分析

平面图形中，根据线段定位尺寸的完整与否，可将线段分为已知线段、中间线段和连接线段三种。

（1）已知线段：具有两个方向定位尺寸的线段，如图 1-18 中 *R*10 的圆，*R*12、*R*15 的圆弧均为已知线段。

（2）中间线段：具有一个方向定位尺寸的线段，如图 1-18 中 *R*50 的圆弧。

（3）连接线段：没有定位尺寸的线段，如图 1-18 中 *R*12 的圆弧。

已知线段由于具有两个定位尺寸，故能直接画出；中间线段由于缺少一个定位尺寸，可以根据与相邻一个已知线段的连接关系画出；连接线段由于没有定位尺寸，必须根据与相邻两个线段的连接关系才能画出。作图时应先画已知线段，再画中间线段，最后画连接线段。

（三）平面图形的绘图步骤

画平面图形之前，需对其进行尺寸分析和线段分析，以明确作图顺序。画平面图形时要先绘制底稿，底稿完成后，要仔细核对，确认无误，然后描深图线，标注尺寸。尺寸标注不但要正确，符合国家标准，而且还要完整，应标注所有的定形尺寸和定位尺寸，既不能重复，也不能遗漏。具体如下：

（1）画基准线、定位线；

（2）画已知圆弧；

（3）画中间圆弧；

（4）画连接圆弧；
（5）经检查、整理后加深图线。

以绘制手柄（见图 1-18）为例：
（1）画出基准线，并根据定位尺寸画出定位线，如图 1-19（a）所示；
（2）画出已知线段，如图 1-19（b）所示；
（3）画出中间线段，如图 1-19（c）所示；
（4）画出连接线段并加深，如图 1-19（d）所示。

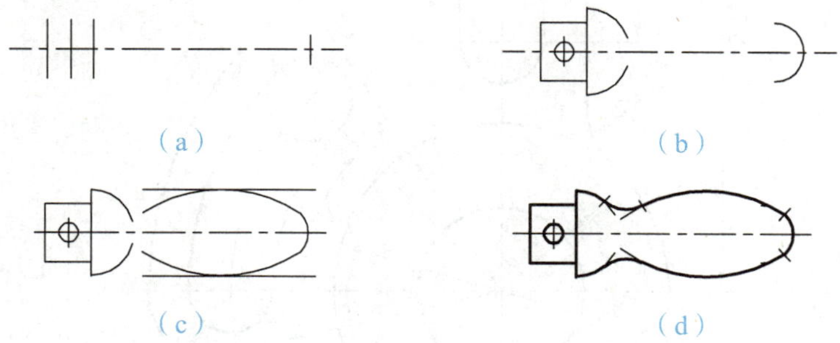

图 1-19　手柄的画法

任务检查

表 1-5　绘制平面图形——任务检查单

任务编号	1-2	任务名称	绘制平面图形	
序号	检查内容		是	否
阐述基准的含义				
1	阐述基准的含义			
2	举例说明基准的选用			
分析平面图形的尺寸				
3	举例说明定形尺寸和定位尺寸的区别			
绘制平面图形				
4	根据分析完成平面图形绘制			

任务拓展

将图 1-20 所示平面图形抄画在 A4 图纸上，并标注尺寸，自定绘图比例。

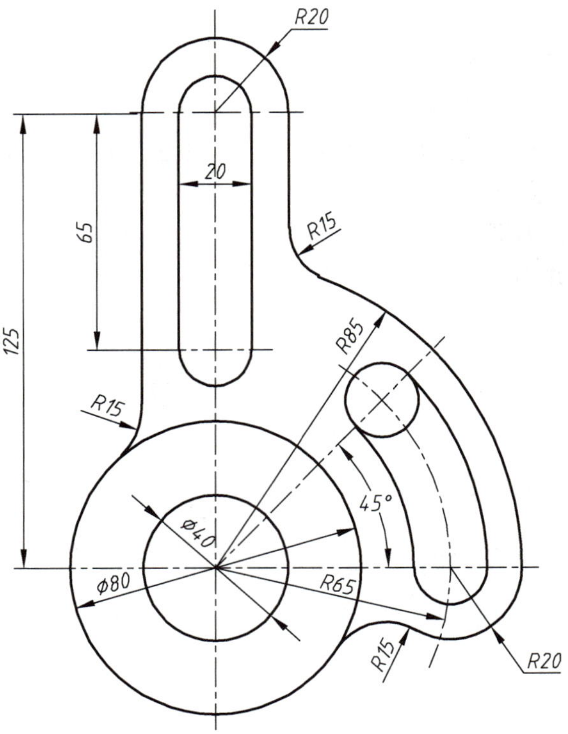

图 1-20　平面图形

任务 3　正投影认知

任务描述

正投影法是制图的入门知识。在生活中，投影现象随处可见，如灯光下的物影、阳光下的人影等。这种投影现象启发了人们，可用影子来反映物体的形状，由此就构成了投影法。本任务主要是认识投影法，培养学生的空间思维。

任务目标

- 理解正投影的原理及基本性质；
- 理解三视图的形成过程，建立三视图的概念，掌握三视图的投影规律；
- 通过绘制和识读较简单形体的三视图，初步培养空间思维能力。

任务学习

一、投　影

在制图中，把光源称为投影中心，光线称为投射线，光线的射向称为投射方向，落影的平面（如地面、墙面等）称为投影面，影子的轮廓称为投影，用投影表示物体的形状和大小的方法称为投影法，用投影法画出的物体图形称为投影图，如图 1-21 所示。

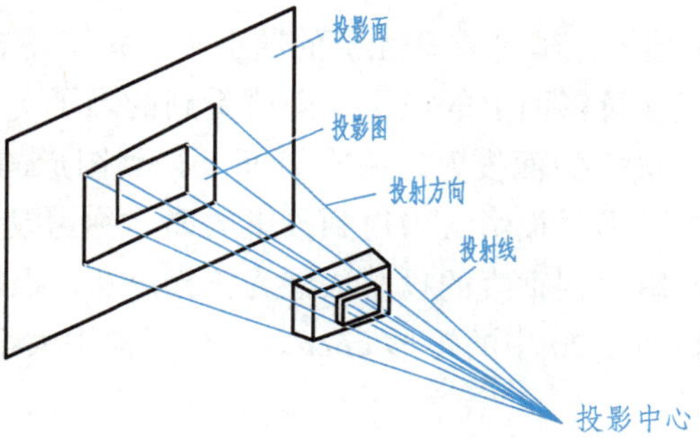

图 1-21　投影图的形成

投影分中心投影和平行投影两大类。

由一点放射的投射线所产生的投影称为中心投影，如图 1-22（a）所示，由相互平行的投射线所产生的投影称为平行投影。

平行投射线倾斜于投影面的称为斜投影，如图 1-22（b）所示；平行投射线垂直于投影面的称为正投影，如图 1-22（c）所示。

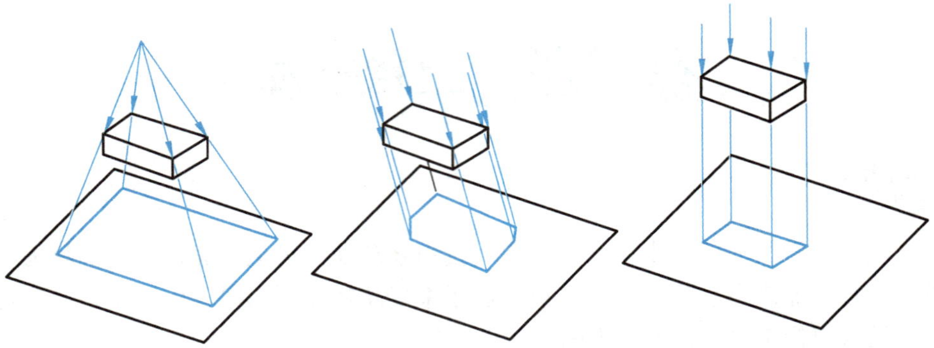

图 1-22　投影法

平行投影中有一种常用的图形叫作轴测投影图(也称立体图),如图 1-23 所示,画图时只需一个投影面。其立体感强,非常直观,但作图较繁,表面形状在图中往往失真,度量性差,只能作为工程上的辅助图样。

二、正投影

平行投射线垂直于投影面的称为正投影。正投影具有两个特征,一是垂直于投影面的直线或线段的正投影是点或线段;二是垂直于投影面的平面图形的正投影是直线或直线的部分。

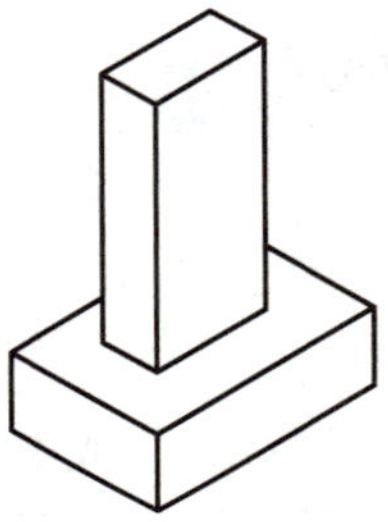

图 1-23　轴测投影图

(一) 正投影法

如图 1-24 所示,在光源(这里是指日光)的照射下,矩形薄板在地面上得到了影子。***P*** 称为投影面,矩形即为薄板在投影面上的投影(即所看到的影子)。

这种投射线通过物体向选定的面投射,并在该面上得到图形的方法,称为投影法。根据投影法所得到的图形,称为投影。投影法中得到投影的面,称为投影面。

投射线互相平行且与投影面相垂直的投影法称为正投影法。根据正投影法所得到的图形,称为正投影图或正投影,如图 1-20 中的矩形 ***abcd***。工程图样中大都是采用正投影法绘制的。

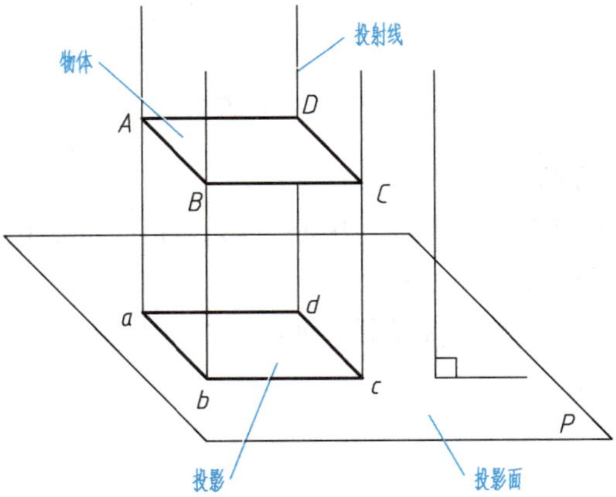

图 1-24　正投影法

（二）基本性质

1. 显实性（见图1-25）

直线段或平面图形平行于投影面时，直线段的正投影反映实长，平面图形的正投影反映实形的性质称为显实性。

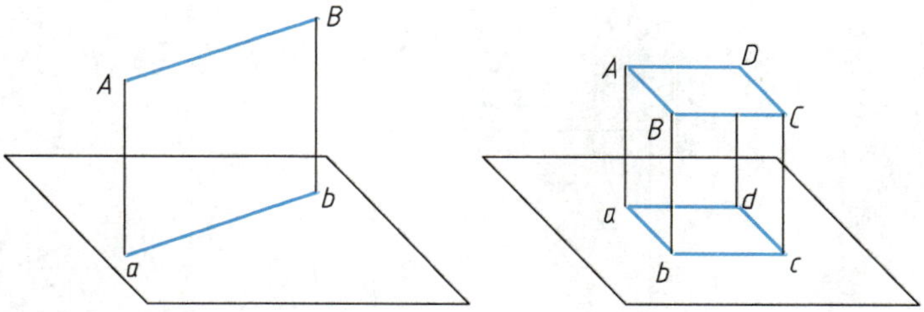

图1-25 正投影的显实性

2. 积聚性（见图1-26）

直线段或平面图形垂直于投影面时，直线段的正投影积聚为一个点，平面图形的正投影积聚为一条线段的性质称为积聚性。

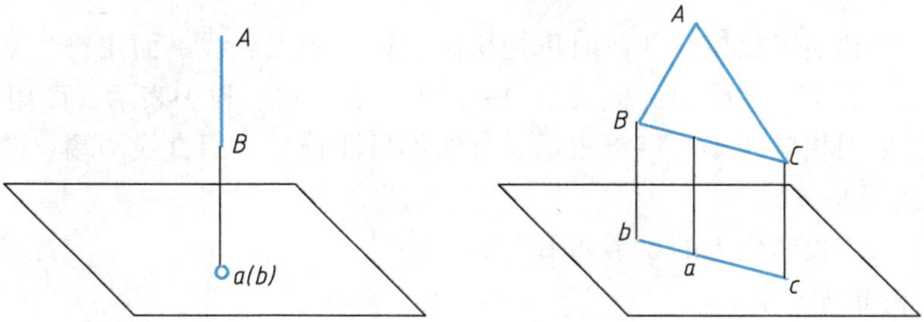

图1-26 正投影的积聚性

3. 类似性（见图1-27）

直线段或平面图形倾斜于投影面时，直线段的正投影长度变短，平面图形的正投影面积变小，但投影形状仍与原来形状类似，正投影的这种性质称为类似性。

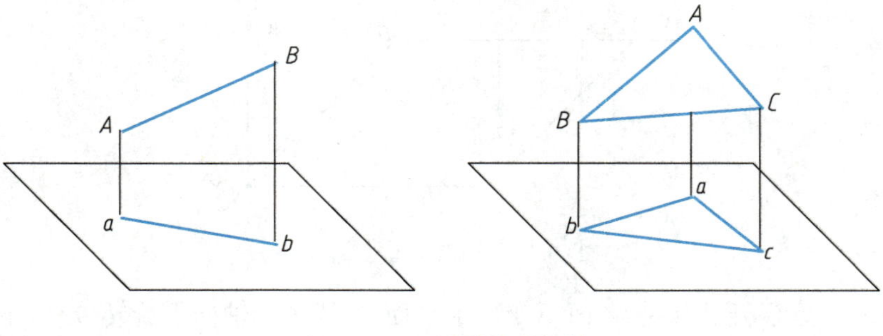

图1-27 正投影的类似性

三、点的投影

三投影面体系是由三个互相垂直的投影面组成，如图 1-28 所示。三个投影面分别为：正立投影面 *V*，水平投影面 *H*，侧立投影面 *W*。三个投影面相互垂直的交线称为投影轴，三个投影轴用 *OX*、*OY*、*OZ* 表示，分别代表长、宽、高三个方向。三个投影轴相交于一点 *O*，称为原点。

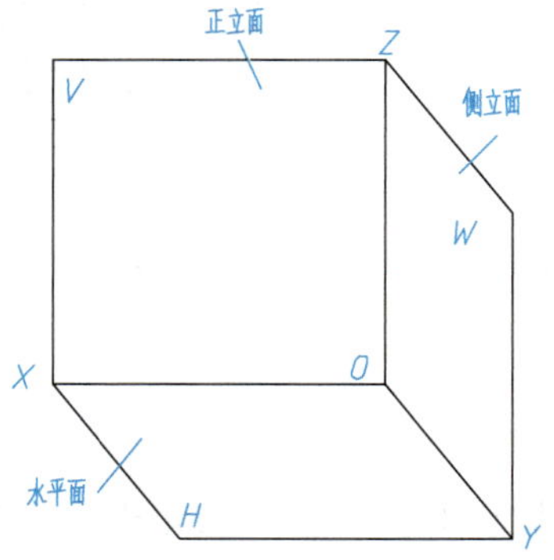

图 1-28　三投影面体系

为了作图准确和便于校核，作图时可把所画物体上的点、线、面用符号来标注。一般规定空间物体上的点用大写字母 *A*、*B*、*C*、*D*…，Ⅰ、Ⅱ、Ⅲ、Ⅳ…表示，面用 *P*、*Q*、*R*…表示。点或面的投影用相应的小写字母表示。直线不另注符号，用直线两端点的符号表示，如 *AB* 直线的正面投影是 *a′b′*。

空间点 *A* 在三个投影面上的投影如图 1-29 所示。

a′——点 *A* 的正面投影；

a——点 *A* 的水平投影；

a″——点 *A* 的侧面投影。

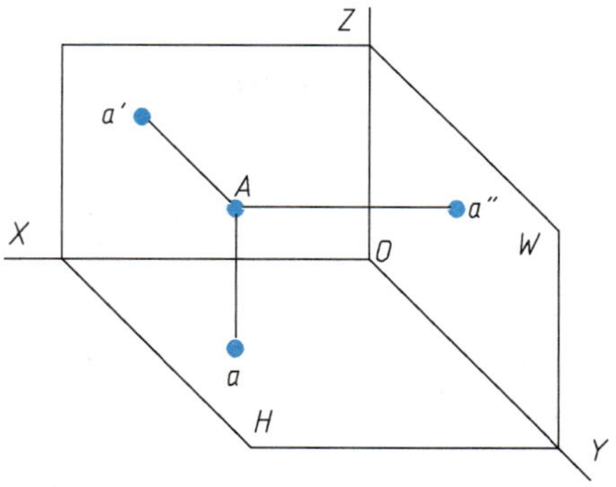

图 1-29　空间点 A 的三面投影

将三投影面体系展开，保持 *V* 面不变，水平面 *H* 绕 *OX* 轴向下旋转 90°，侧面 *W* 绕 *OZ* 轴向右旋转 90°。展开后，其中 *X* 轴、*Z* 轴保持不变，*Y* 轴由一条变成两条，分别是 Y_W 轴和 Y_H 轴，如图 1-30 所示。

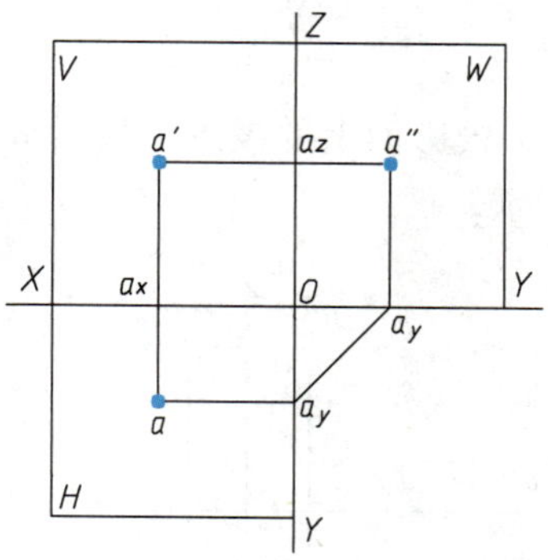

图 1-30　三投影面体系展开

展开后，得到点的投影规律：

（1）$a'a \perp OX$ 轴，$a'a'' \perp OZ$ 轴。

（2）$aax = a''a_z = y =$ 点 A 到 V 面的距离；

$a'a_x = a''a_y = z =$ 点 A 到 H 面的距离；

$aa_y = a'a_z = x =$ 点 A 到 W 面的距离。

四、直线的投影

两点确定一条直线，将两点的同名投影用直线连接，就得到直线的同名投影。

（一）直线的投影规律

（1）真实性：直线平行于投影面时，其投影仍为直线，并且反映实长，这种性质称为真实性，如图 1-31（a）所示。

（2）积聚性：直线垂直于投影面时，其投影积聚为一点，这种性质称为积聚性，如图 1-31（b）所示。

（3）收缩性：直线倾斜于投影面时，其投影仍是直线，但长度缩短，不反映实长，这种性质称为收缩性，如图 1-31（c）所示。

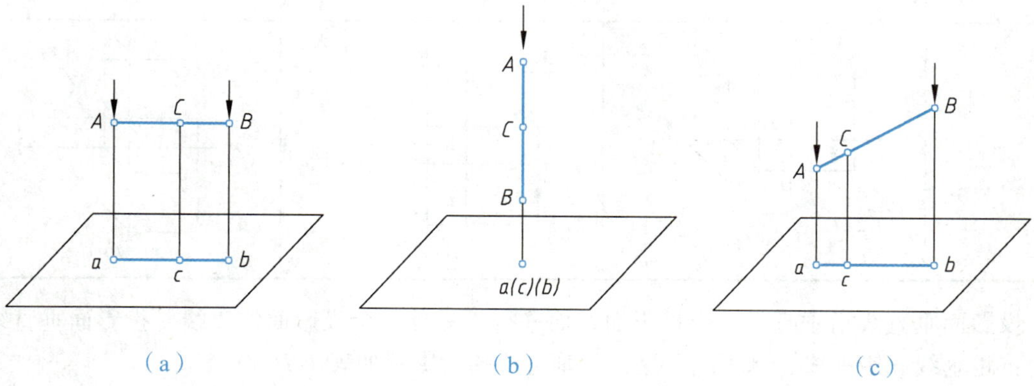

图 1-31　直线的投影规律

（二）直线的三面投影画法

首先作出直线上两端点在三个投影面上的投影，然后分别连接这两个端点的同面投影，即为该直线的投影，如图 1-32 所示。

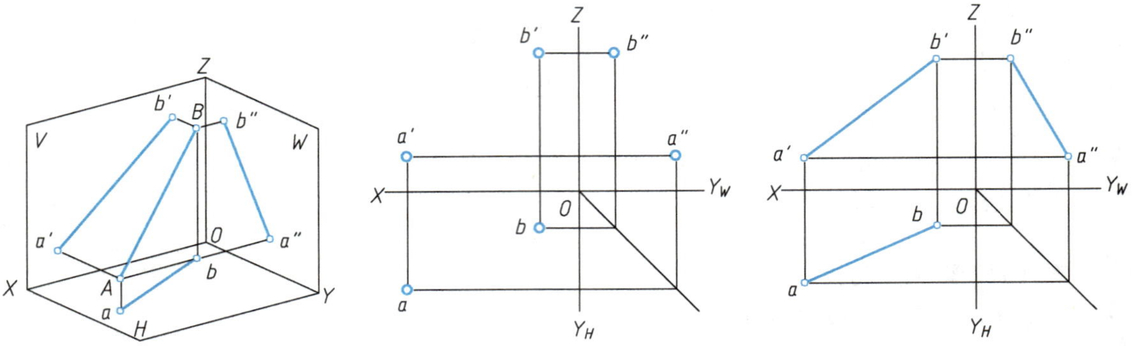

（a）　　（b）　　（c）

图 1-32　作直线的三面正投影图

空间直线按其相对于三个投影面的不同位置关系可分为三种：投影面平行线、投影面垂直线和投影面倾斜线。前两种称为特殊位置直线，后一种称为一般位置直线。

投影面平行线指平行于一个投影面，而倾斜于另外两个投影面的直线。投影面平行线可分为：正平线、水平线、侧平线。这三种平行线的投影图如表 1-6 所示。

表 1-6　投影面平行线

名称	水平线	正平线	侧平线
直观图	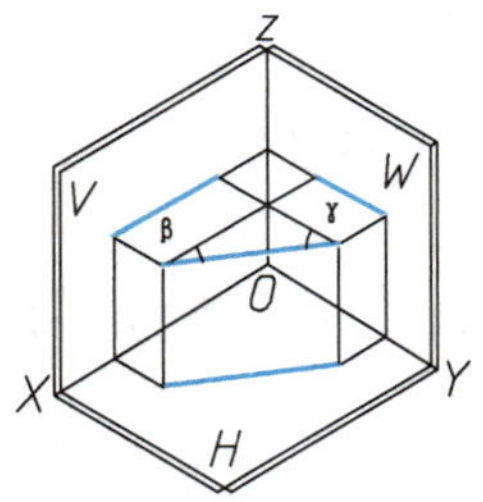	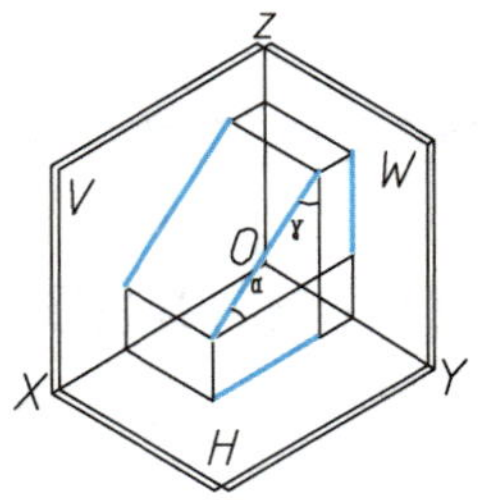	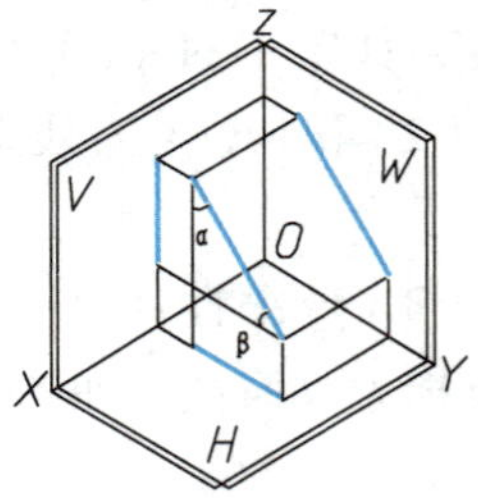
投影图	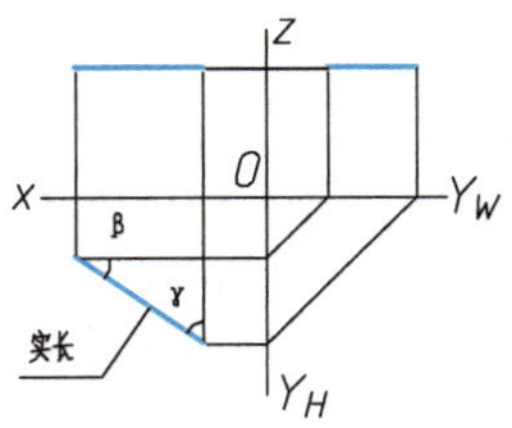	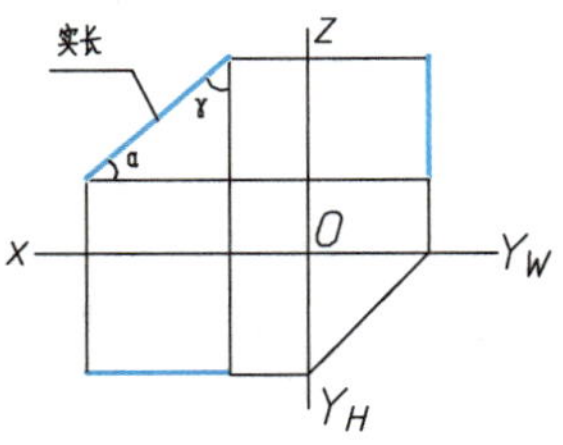	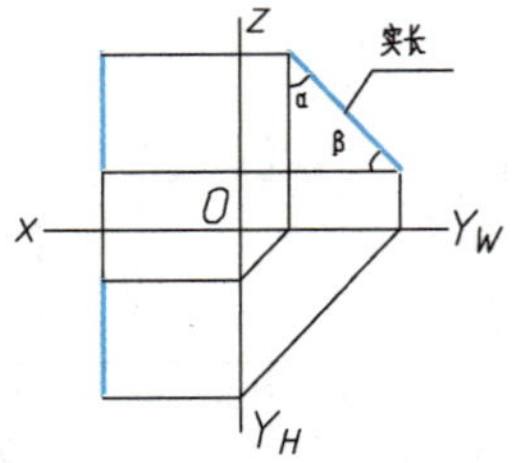

投影面垂直线指垂直于一个投影面，而平行于另外两个投影面的直线。投影面垂直线可分为：正垂线、铅垂线、侧垂线。这三种垂直线的投影图如表 1-7 所示。

表 1-7　投影面垂直线

名称	铅垂线	正垂线	侧垂线
直观图	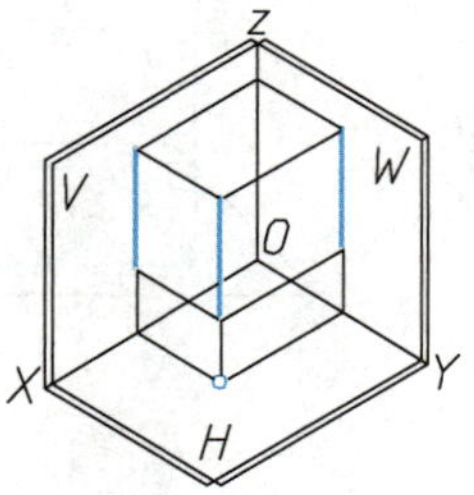	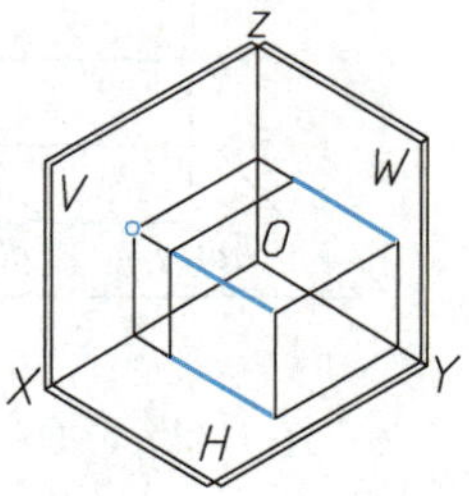	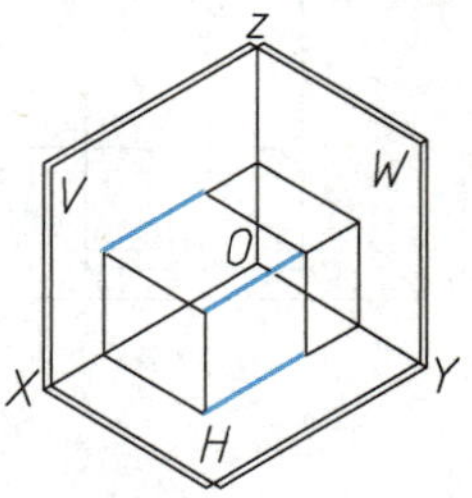
投影图	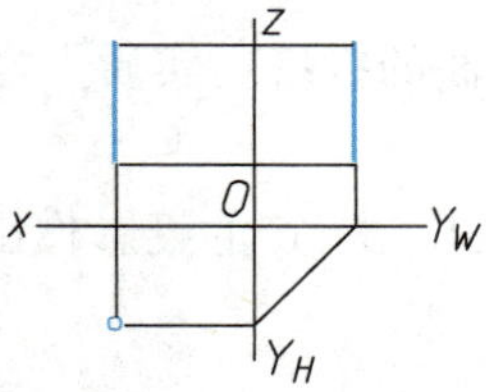	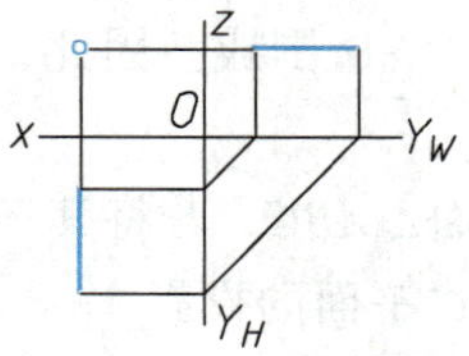	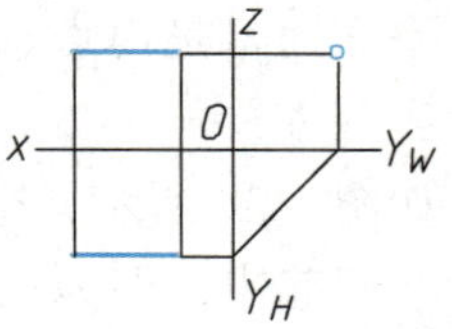

一般位置直线与三个投影面均倾斜的直线，称为一般位置线。一般位置线在 *H*、*V*、*W* 三个投影面上的投影如图 1-32 所示。

五、平面的投影

平面是广阔无边的，它在空间的位置可用这些几何元素来确定和表示：不在同一直线的三个点、一直线和线外一点、两相交直线、两平行直线、平面图形等。

（一）平面的投影规律

1. 真实性

平面平行于投影面时，其投影仍为一个平面，且反映该平面的实际形状，这种性质称为真实性，如图 1-33（a）所示。

2. 积聚性

平面垂直于投影面时，其投影积聚为一直线，这种性质称为积聚性，如图 1-33（b）所示。

3. 收缩性

平面倾斜于投影面时，其投影为不反映实形且缩小了的类似形线框，这种性质称为收缩性，如图 1-33（c）所示。

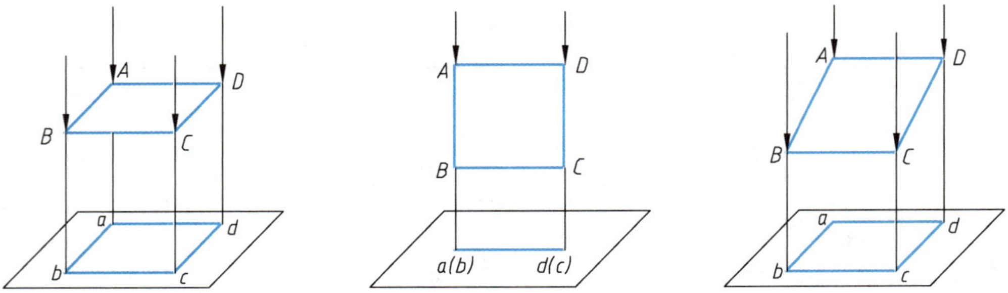

（a）　（b）　（c）

图 1-33　平面的投影

（二）平面投影画法

平面通常是由点、线或线、线所围成。因此，求作平面的投影，实质上也是求作点和线的投影。

如图 1-34 所示，空间一平面△*ABC*，若将其三个顶点 *A*、*B*、*C* 的投影作出，再将各同面投影连接起来，即为三角形 *ABC* 平面的投影。

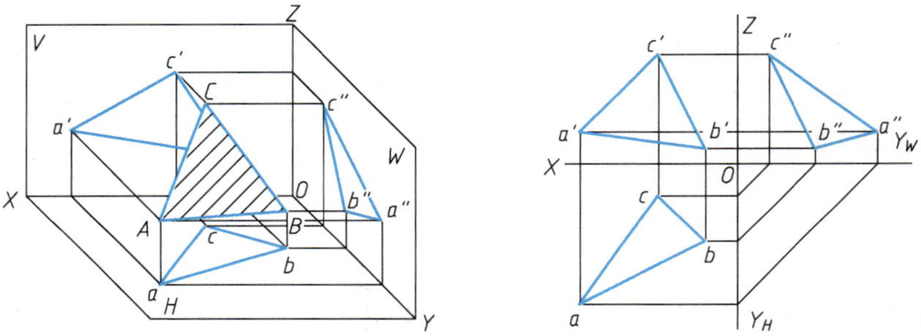

（a）　（b）

图 1-34　一般位置平面

空间平面按其相对三个投影面的不同位置关系可分为三种，即投影面平行面、投影面垂直面和投影面倾斜面。前两种称为特殊位置平面，后一种称为一般位置平面。

投影面平行面指平行于一个投影面，同时垂直于另外两个投影面的平面。投影面平行面可分为：正平面、水平面、侧平面。这三种平行面的投影图如表 1-8 所示。

投影面垂直面指垂直于一个投影面，同时倾斜于另外两个投影面的平面。投影面垂直面可分为：正垂面、铅垂面、侧垂面。这三种垂直面的投影图如表 1-9 所示。

表 1-8　投影面平行面

名称	水平面	正平面	侧平面
直观图	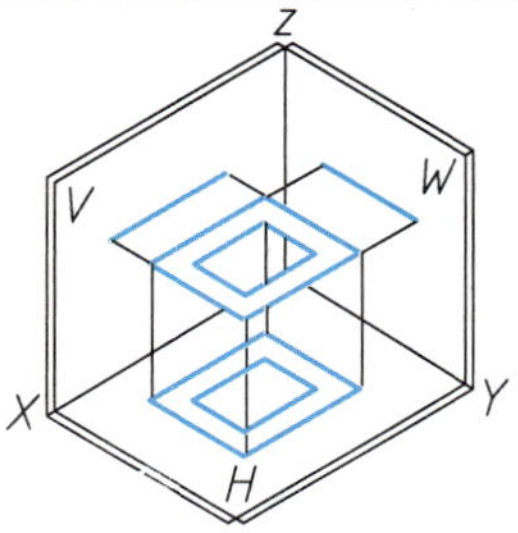	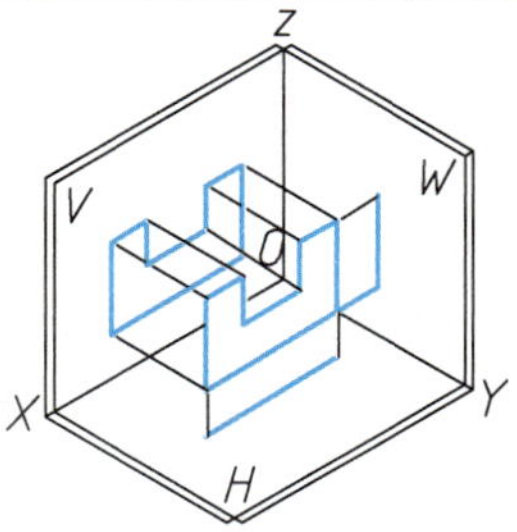	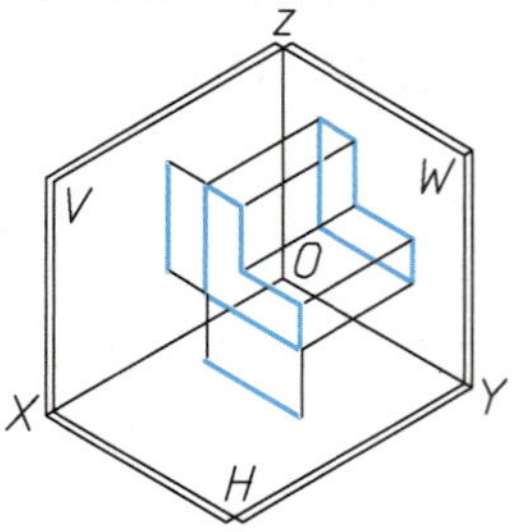

续表

名称	水平面	正平面	侧平面
投影图	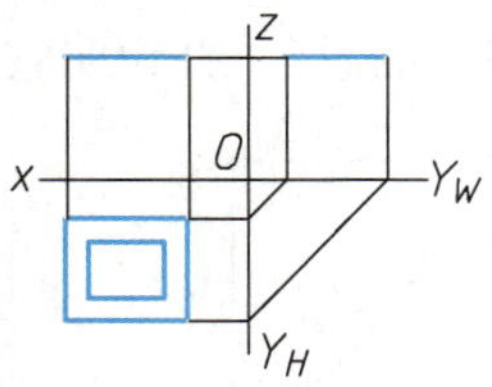	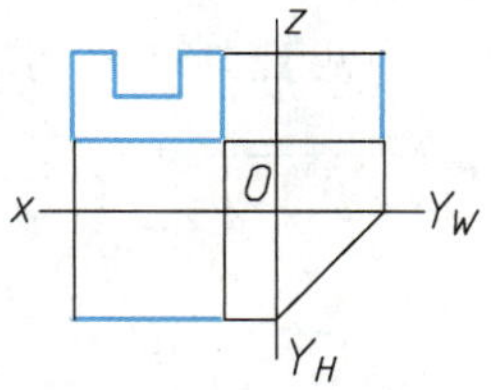	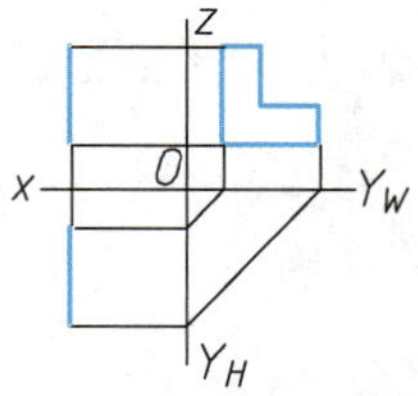

表 1-9　投影面垂直面

名称	铅垂面	正垂面	侧垂面
直观图	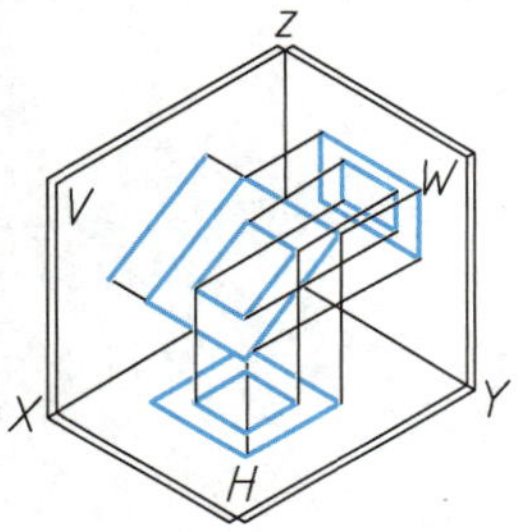	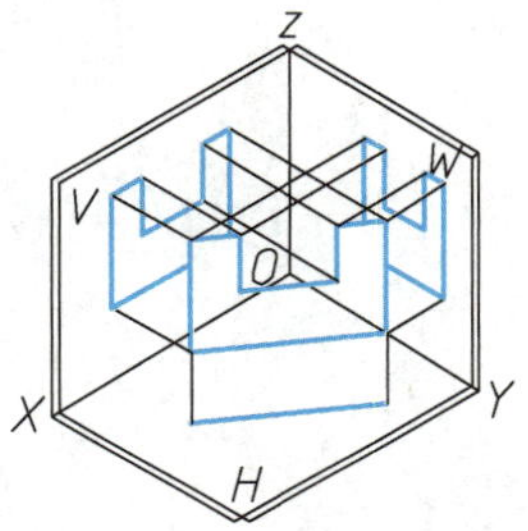	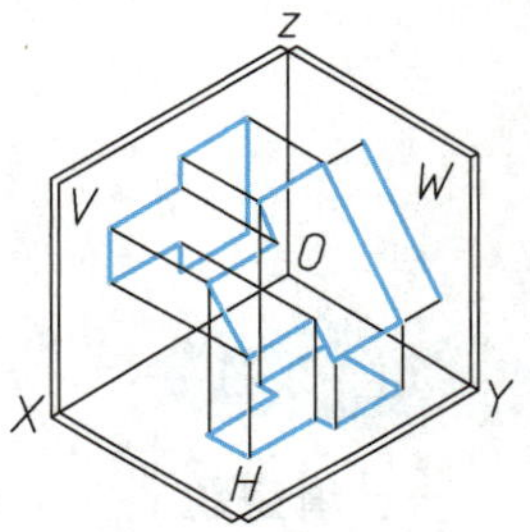
投影图	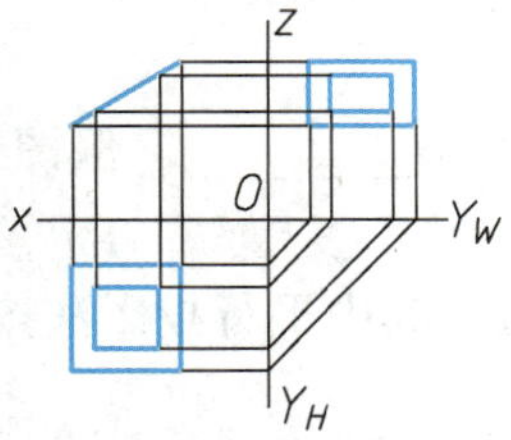	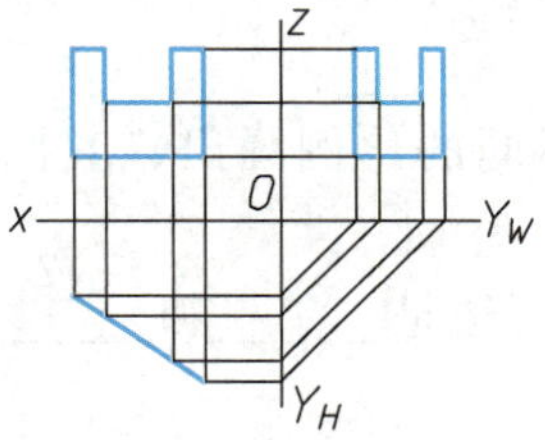	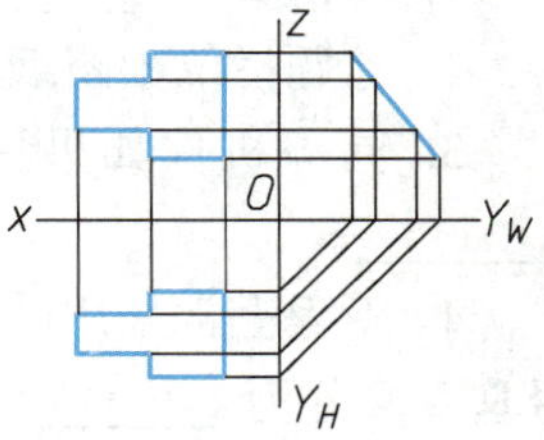

一般位置平面与三个投影面均倾斜的平面，称为一般位置面。一般位置面的三个投影都呈倾斜位置，如图 1-34 所示。

任务检查

表 1-10　正投影认知——任务检查单

任务编号	1-3	任务名称	正投影认知
序号	检查内容	是	否
阐述正投影的含义			
1	阐述正投影的含义和应用		
2	阐述正投影的基本性质		
绘制点、线、平面的投影			
3	阐述点、线、平面的正投影特性		
4	利用正投影特性绘制点、线、平面的投影		

任务拓展

1. 已知点 A（28，8，5）、B（6，18，20），求作其三面投影，并比较两点的空间位置。
2. 已知平面形的两面投影（见图 1-35），求其第三面投影，并说明它们是什么位置平面。

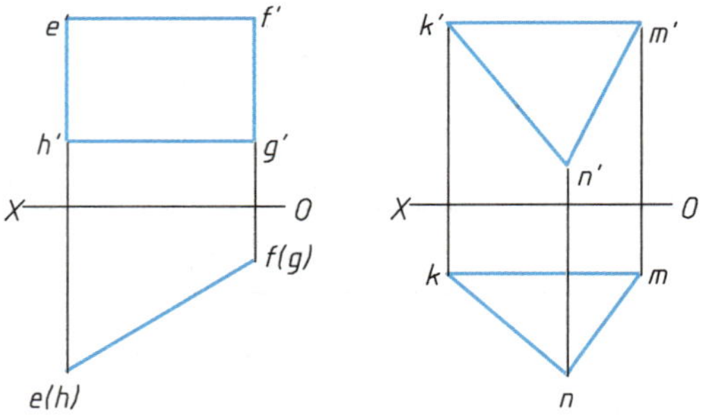

（a）　　　（b）

图 1-35　求第三面投影

项目练习

一、填空题

1. 图框线用________画出；不可见轮廓线用________画出。
2. 标题栏位于图纸的________。
3. 同一机件如果用不同的比例画出，其图形大小________，但图上标注的尺寸数值________。
4. 工程上常采用的投影法是_______和________法，其中平行投影法按投射线与投影面是否垂直又分为_______和_______法。
5. 当直线平行于投影面时，其投影______，这种性质叫_____性，当直线垂直投影面时，其投影_______，这种性质叫________性，当平面倾斜于投影面时，其投影_______，这种性质叫_______性。

二、选择题

1. 某产品用放大一倍的比例绘图，在标题栏比例项中应填（　　）。

　A. 放大一倍　　B. 1×2　　C. 2/1　　D. 2∶1

2. 若采用 1∶5 的比例绘制一个直径为 40 的圆时，其绘图直径为（　　）。

　A. $\phi 8$　　B. $\phi 10$　　C. $\phi 160$　　D. $\phi 200$

3. 在机械图样中，表示可见轮廓线采用（　　）线型。

　A. 粗实线　　B. 细实线　　C. 波浪线　　D. 虚线

4. 图样上标注的尺寸，一般应由（　　）组成。

　A. 尺寸界线、尺寸箭头、尺寸数字
　B. 尺寸线、尺寸界线、尺寸数字
　C. 尺寸数字、尺寸线及其终端、尺寸箭头
　D. 尺寸界线、尺寸线及其终端、尺寸数字

5. 机件的真实大小应以图样上（　　）为依据，与图形的大小及绘图的准确度无关。

A. 所注尺寸数值　　B. 所画图样形状

C. 所标绘图比例　　D. 所加文字说明

6. 图样中的尺寸一般以（　　）为单位时，不需标注其计量单位符号，若采用其他计量单位时必须标明。

A. km　　B. dm　　C. cm　　D. mm

7. 空间直线平行于投影面时得到的投影能真实反映空间直线，这种投影特性称为（　　）。

A. 真实性　　B. 收缩性　　C. 积聚性　　D. 发散性

8. 设有一正平线，其水平投影（　　）。

A. 有积聚性　　B. 平行于 *OX* 轴

C. 反映实长，且=90°　　D. 反映实长，且 $\alpha+\beta=90°$

9. 当一个面平行于一个投影面时，必（　　）于另外两个投影面。

A. 平行　　B. 垂直　　C. 倾斜

10. 当一条线垂直于一个投影面时，必（　）于另外两个投影面。

A. 平行　　B. 垂直　　C. 倾斜

三、作图题

过点 *M* 作一条与平面 *ABC* 平行的水平线，过点 *M* 作一条与平面 *ABC* 平行的正平线（见图 1-36）。

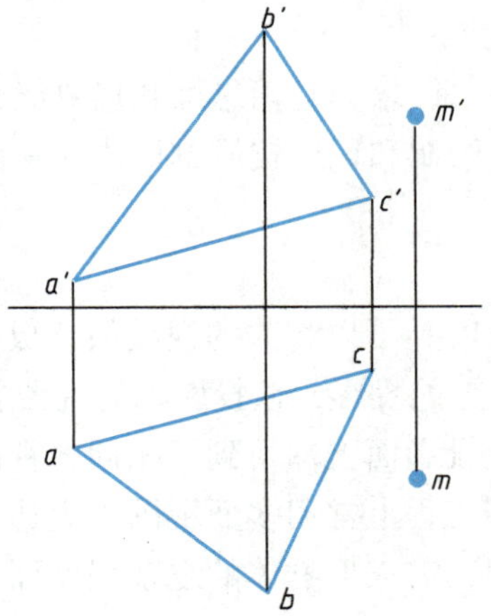

图 1-36　作图题

项目 2 视图表达认知

任务 1 三视图认知

任务描述

能够正确反映物体长、宽、高尺寸的正投影工程图（主视图、俯视图、左视图三个基本视图）为三视图，这是工程界一种对物体几何形状约定俗成的抽象表达方式。三视图是表达一个立体形状大小的基本方法，是后面将要学习的剖视图、零件图等内容的基础，也是识读机械图样的基础。三视图在整个机械制图学习中占据重要地位。本任务是认识三视图。

任务目标

- 理解三视图之间的各种关系；
- 能掌握画物体三视图的方法，培养空间思维和想象能力；
- 能运用三视图投影规律，绘制和识读较简单形体的三视图。

任务学习

用正投影法绘制物体的图形时，可以将人的视线假想成一组互相平行且垂直于投影面的投射线，从而得到物体在投影面上的投影，该投影称为视图。

几个形状不同的物体在同一投影面上却得到了相同的视图。因此，一般情况下，一个视图不能确定物体的形状和大小。工程上常用多面视图来表达物体的形状和大小，一般可采用三视图。至于究竟要画几个视图，需根据物体的复杂程度而定。初学时常以绘制三视图作为基本训练方法。

一、三视图的形成

（一）物体在三投影面体系中投影

如图 2-1 所示，将物体置于三投影面体系中，并使物体上的主要表面处于平行或垂直于投影面的方向，用正投影法向各投影面投射，即可分别得到正面投影、水平投影和侧面投影。

（二）展开三投影面

正面不动，水平面绕 OX 轴向下旋转 90°，侧面绕 OZ 轴向右旋转 90°，使它们与正面处于同一个平面上。在正面上的投影称为主视图；由上向下投影所得的图形，即在水平面上的投影称为俯视图；由左向右投射所得的图形，即为左视图。

画图时，投影面边框和投影轴可以不必画出，三视图按投影关系配置时，不必标出名称。

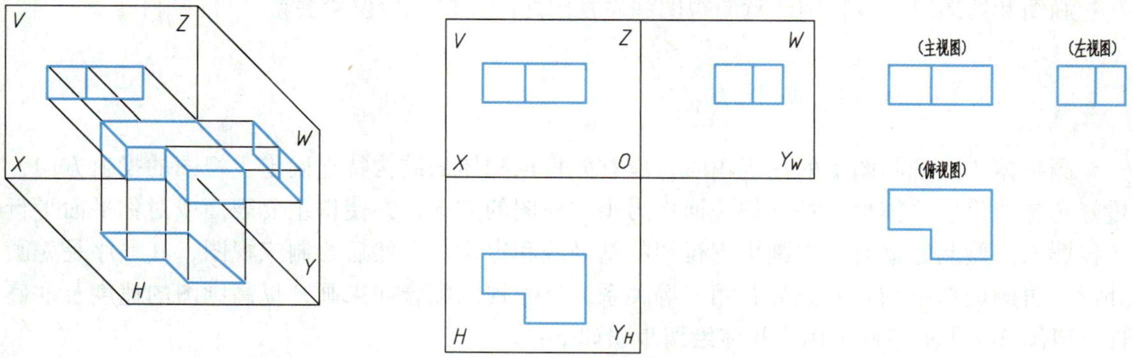

图 2-1　物体在三投影面体系中投影

二、三视图之间的关系

（1）位置关系：以主视图为主，俯视图在主视图的下方，左视图在主视图的右方，如图 2-2 所示。

（2）投影关系：主视图和俯视图上相应的投影在长度方向上相等，并且对正。主视图和左视图上相应的投影在高度方向上相等，并且平齐。俯视图和左视图上相应的投影宽度方向上相等。由此归纳：

主、俯视图长对正。

主、左视图宽相等。

俯、左视图高平齐。

（3）方位关系：物体有上、下、前、后、左、右六个方位，在三视图中的方位关系如图 2-2 所示。

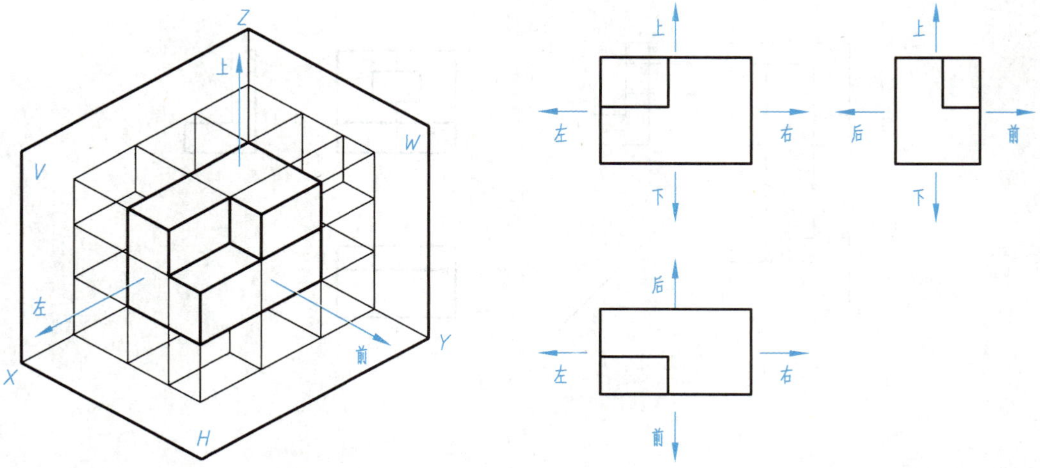

（a）　　　　（b）

图 2-2　三视图之间的关系

主视图反映物体的上、下和左、右方位，前后则叠在一起；

俯视图反映物体的前、后和左、右方位，上下则叠在一起；

左视图反映物体的上、下和前、后方位，左右则叠在一起。

画图和读图时，应特别注意俯视图和左视图之间的前、后位置关系。

三、画三视图的步骤和方法

画物体（或轴测图）的三视图时，应首先根据物体的结构特点确定主视图的投射方向，最好选择能反映物体形状特征的一面作为画主视图的方向，并使得主要表面或对称平面平行于投影面。绘制底稿时，先画出三视图的基准线和定位线，然后绘制三视图，其顺序是先画外形，再画内部结构。要充分利用三等关系，三个视图配合起来画，提高画图的速度及准确性。以图 2-3 所示零件为例，具体绘图步骤如下：

（1）确定主视图的投射方向；

（2）画基准线并完成 *L* 形板的三视图；

（3）画长方孔的三面投影；

（4）检查，擦去作图线，描深三视图。

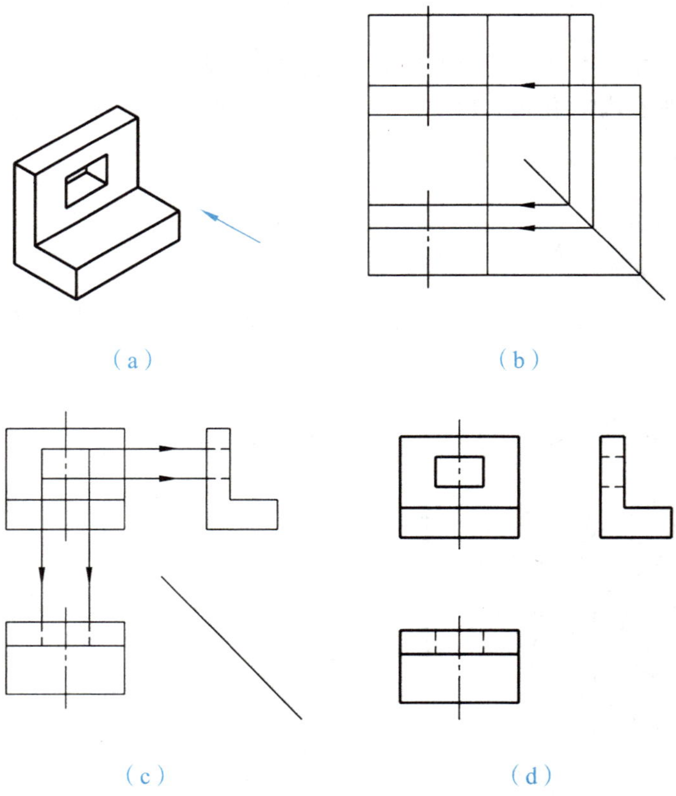

图 2-3　画三视图的步骤和方法

任务检查

表 2-1　三视图认知——任务检查单

任务编号	2-1	任务名称	三视图认知	
序号	检查内容		是	否
理解三视图之间的各种关系				
1	阐述三视图的形成			
2	阐述三视图之间的位置关系、投影关系和方位关系			
绘制三视图				
3	阐述三视图绘制步骤			
4	绘制标准三视图			
识读三视图				
5	识读三视图			

任务拓展

如图 2-4 所示，根据轴测图，补画左视图。

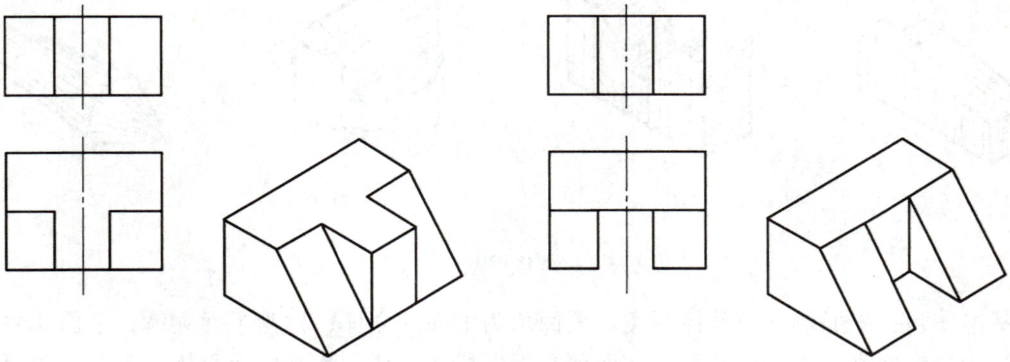

（a）　　　　　　　　（b）

图 2-4　补画左视图

任务 2 绘制基本体三视图

任务描述

基本体是生活中常见的形状，任何复杂的机件，一般都可以看成是由基本体（如圆柱、圆锥、球等）按一定的方式组合而成的。掌握基本体的三视图画法，能为后续内容的学习打下良好的基础。

任务目标

- 熟悉基本体的结构特点；
- 能绘制基本体的三视图并标注尺寸；
- 能运用基本体三视图特征，正确识读各种基本体的三视图。

任务学习

柱、锥、球、环等简单的形体称为基本几何体，简称基本体。图 2-5 所示为由基本体组成的简单零件。

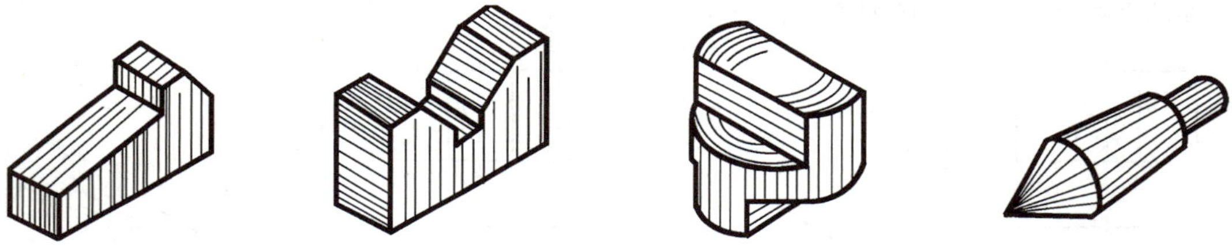

（a）钩头楔键　（b）V 形铁　（c）接头　（d）顶尖

图 2-5　基本体组成的简单零件

基本体包括平面体和曲面体两类。表面均为平面的立体，称为平面立体，平面体主要分为棱柱和棱锥两类。表面由曲面或曲面和平面围成的立体，称为曲面立体，常见的曲面体为回转体，如圆柱、圆锥、圆球等。

一、平面立体

（一）棱　柱

常见的棱柱为直棱柱，它的上底面和下底面是两个全等且互相平行的多边形，称为特征面，各棱面为矩形，侧棱垂直于底面，如图 2-6 所示。上底面和下底面为正多边形的直棱柱，称为正棱柱。

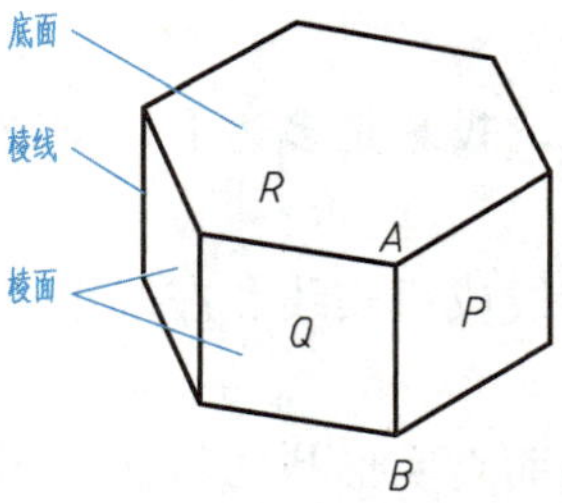

图 2-6　正六棱柱

棱柱的投影特性：

（1）在与底面平行的投影面上的投影是多边形，反映底面的真实形状，各棱面积聚成多边形的边，这个视图就是棱柱体的特征视图。

（2）另外两个投影都是由粗实线或粗实线和虚线组成的矩形线框，它们是棱柱体的一般视图。

绘制棱柱时，一般先画反映底面真实形状的特征视图，然后再画各棱面的投影，并判断可见性。可见的棱线画粗实线，不可见的则画虚线。

以绘制六棱柱三视图为例。首先确定主视图方向，绘制中心线、轴线、基准线，接下来按投影规律同时绘制三个视图（反映实形、有积聚性的视图先绘制），最后加深轮廓线，如图 2-7 所示。

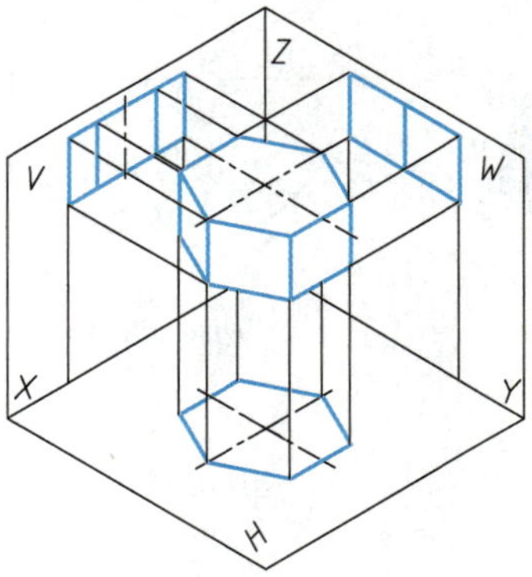

图 2-7　六棱柱三视图

（二）棱　锥

棱锥的底面为多边形，各侧面为若干具有公共顶点的三角形，该点称为锥顶。从锥顶到底面的距离叫作锥高。当棱锥底面为正多边形，各侧面是全等的等腰三角形时，称为正棱锥。图 2-8 所示为一个正三棱锥的立体图。

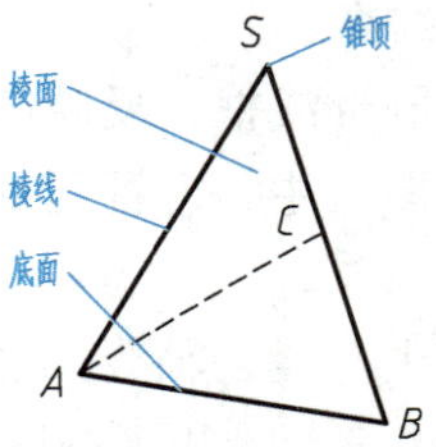

图 2-8　正三棱锥

棱锥的投影特性：

（1）在与底面平行的投影面上的投影是多边形，反映底面的真实形状，并用棱线分成多个三角形，这是棱锥的特征视图。

（2）另外两个投影都是由粗实线或粗实线和虚线组成的三角形线框，它们是棱锥的一般视图。

绘制棱锥时，一般先画反映底面真实形状的特征视图，再画出底面的其他两个投影，然后定出锥顶的位置，最后将锥顶和多边形的各顶点连成棱线，并判断可见性。

以绘制正三棱锥为例。首先确定主视图方向，绘制中心线、轴线、基准线，接下来绘制正三棱锥的特征视图即俯视图，再根据三视图投影规律绘制另外两个视图（注意左视图不是一个等腰三角形），最后加深轮廓线，如图 2-9 所示。

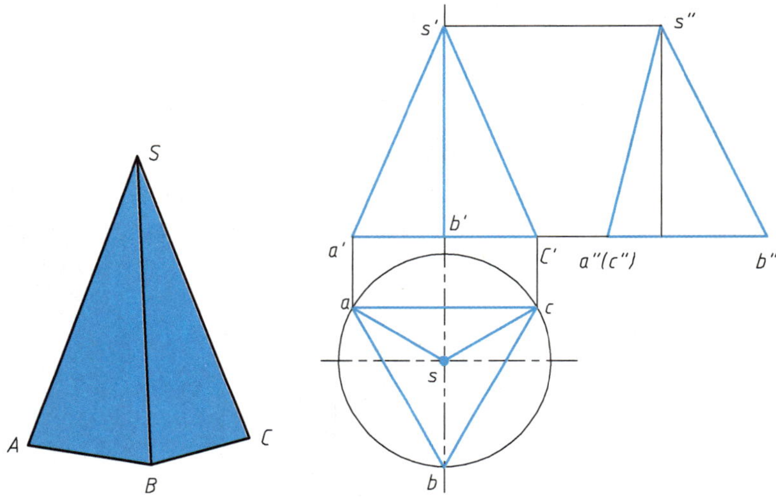

图 2-9　正三棱锥三视图

二、曲面立体

（一）圆　柱

圆柱面可看成是由一条直母线围绕与它平行的轴线回转而成的。圆柱面上任意一条平行于轴线的直线，称为圆柱面的素线。

圆柱面和上下底面（圆平面）围成的立体称为圆柱体，简称圆柱，如图 2-10 所示。上下底面之间的距离为圆柱的高，素线和上下底面垂直，长度等于圆柱的高。

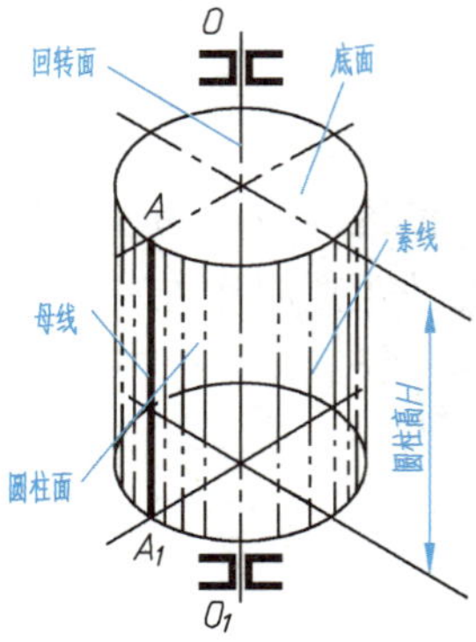

图 2-10　圆柱

通过投影分析，圆柱俯视图为一圆形线框，反映圆柱上下底面的实际形状，是圆柱的特征视图。主、左视图都是矩形线框，是圆柱的一般视图。

绘制圆柱三视图，一般先画圆的中心线、轴线，其次画出投影是圆的特征视图，最后画出两个全等的矩形视图，如图 2-11 所示。

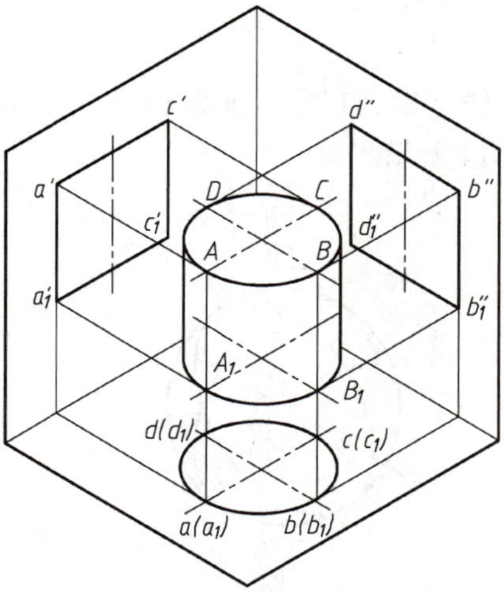

图 2-11　圆柱三视图

（二）圆　锥

圆锥面可看成是由一条直母线绕与它相交的轴线回转而成的，交点为 *S* 点。圆锥面上任意一条过 *S* 点并与轴线相交的直线，称为圆锥面的素线。

圆锥面和底面（圆平面）围成的立体称为圆锥体，简称圆锥，如图 2-12 所示。*S* 点为锥顶，底面和锥顶之间的距离为圆锥的高，素线和底面倾斜。

将圆锥放在三投影面体系中，使其放置成底面平行于 *H* 面，即轴线垂直于 *H* 面，然后向三个投影面投影。其俯视图为一圆形线框，反映圆锥底面的实际形状。主、左视图是一个等腰三角形线框，它的底边是圆锥底面的积聚性投影；两腰恰好是圆锥面上最左、最右、最前和最后素线的投影。

绘制圆锥三视图，一般先画圆的中心线、轴线，其次画出投影是圆的特征视图，最后找到锥顶并画出两个全等的三角形视图，如图 2-13 所示。

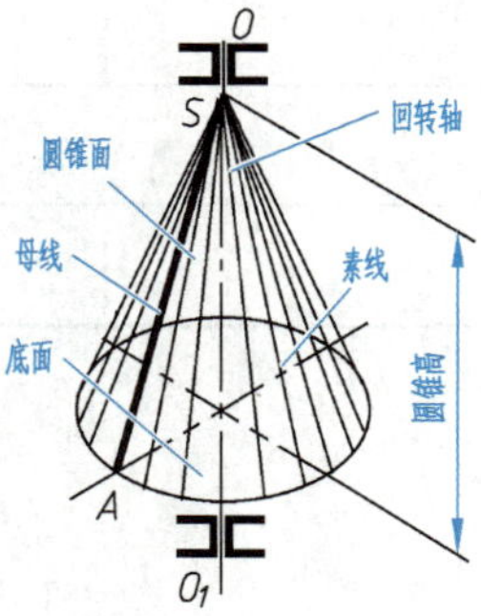

图 2-12　圆锥

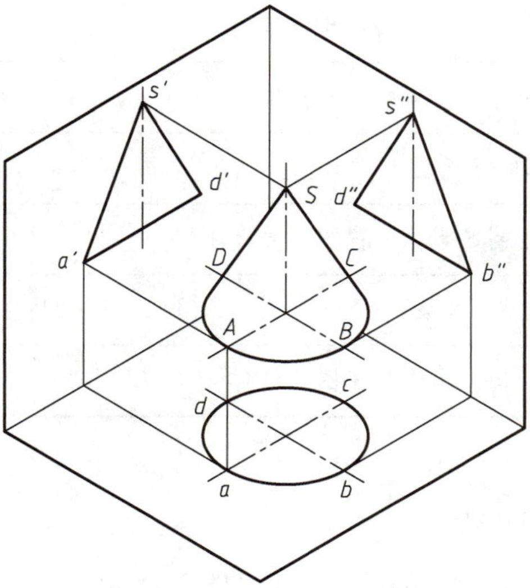

图 2-13　圆锥三视图

（三）圆　球

圆球面是由一个半圆作母线，以其直径为轴线旋转一周而成的。在母线上任一点的运动轨迹为大小不等的圆，如图 2-14 所示。

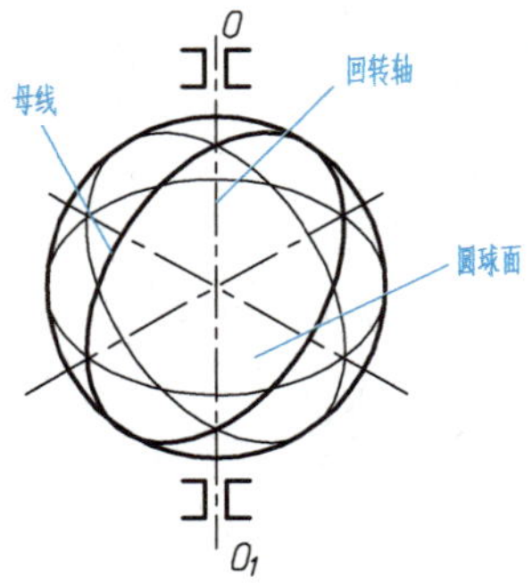

图 2-14　圆球

将圆球放在三投影面体系中，并向三个投影面投影。由于圆球任何方向的投影都是等径的圆，这三个圆分别表示三个不同方向的圆球面轮廓素线的投影。

绘制圆球三视图，一般先画圆的中心线，然后画出三个半径相等的圆即可。

任务检查

表 2-2　绘制基本体三视图——任务检查单

任务编号	2-2	任务名称	绘制基本体三视图
序号	检查内容	是	否
阐述基本体的结构特点			
1	阐述基本体的结构特点		
2	简述基本体的投影特性		
绘制基本体三视图			
3	绘制基本体三视图，并标注尺寸		
识读基本体三视图			
4	识读基本体三视图		

任务拓展

绘制下列物体的三视图（见图 2-15）。

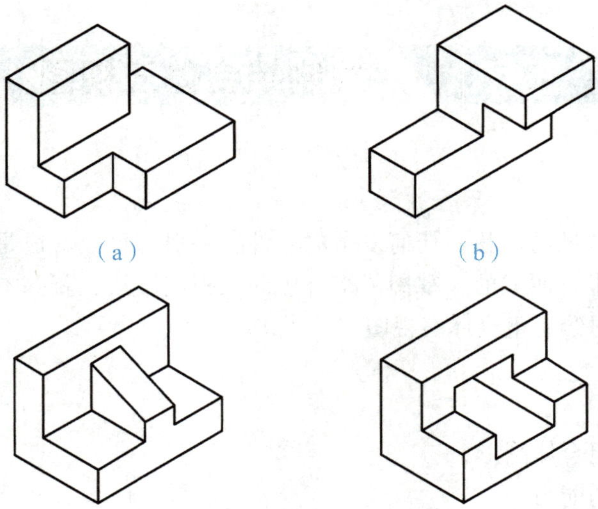

（a）　（b）　（c）　（d）

图 2-15　三视图

任务3 绘制组合体三视图

任务描述

组合体是生活中常见的形状，任何复杂的机件，一般都可以看成是由圆柱、圆锥、球等基本体按一定的方式组合而成的，掌握了组合体的三视图画法，就基本掌握了机械制图的核心内容。本任务是学习绘制组合体三视图。

任务目标

- 能绘制和识读组合体图形；
- 培养形体分析的能力；
- 利用形体分析法进行画图。

任务学习

一、组合体的形式

1. 叠加型

若干基本体叠加而形成的组合体称为叠加型组合体。

2. 切割型

一个基本体被切去某些部分后形成的组合体称为切割型组合体。

3. 综合型

既有“叠加”，又有“切割”而形成的组合体称为综合型组合体。

二、组合体的表面连接关系

1. 不平齐

两形体表面不平齐时，要画出两表面的分界线，如图 2-16 所示。

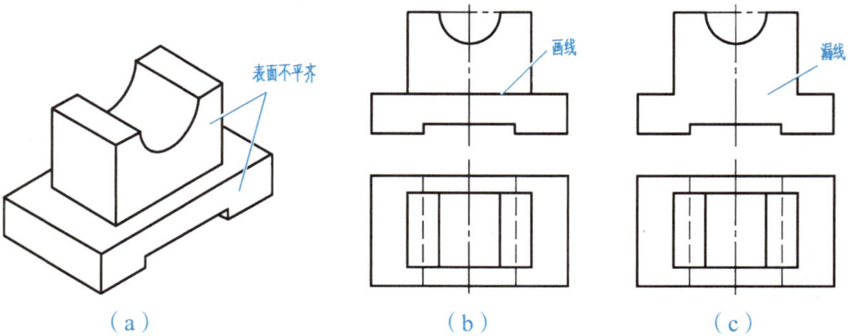

图 2-16 表面不平齐画法

2. 平　齐

两形体表面平齐时，连成一个完整的平面，结合处没有分界线，画图时不可用线隔开，如图 2-17 所示。

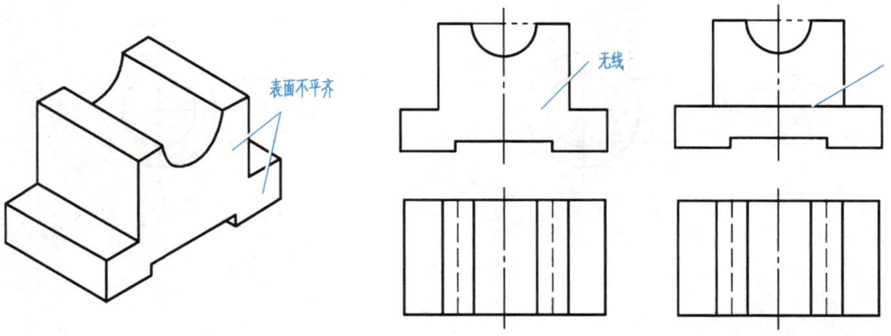

（a）　（b）　（c）

图 2-17　表面平齐画法

3. 相　切

相切的两个形体表面光滑连接，相切处无分界线，视图上不应画线。图 3-4 所示的组合体由耳板和圆筒组成，耳板与圆柱面相切，无分界线，故主视图和左视图相切处不画线，耳板上表面应按投影关系画至切点处，如图 2-18 所示。

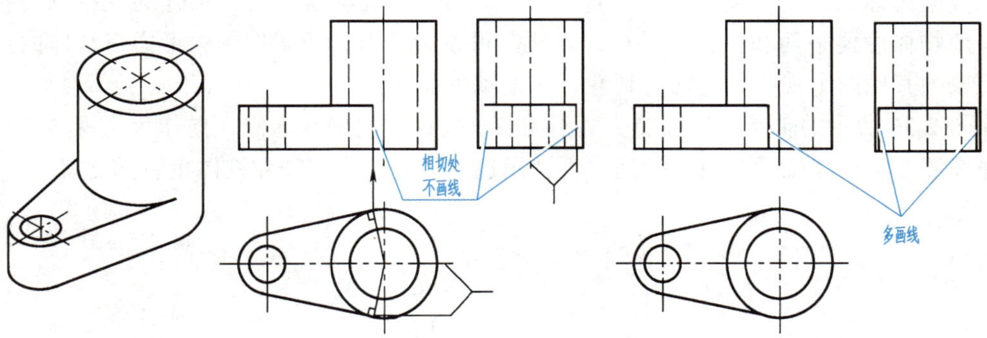

（a）　（b）　（c）

图 2-18　相切画法

4. 相　交

两形体表面相交时，相交处有分界线，应画出表面交线的投影。

如图 1-19 所示的组合体，耳板与圆柱面相交，相交处有分界线，故主视图和左视图应按投影关系画出表面交线的投影。

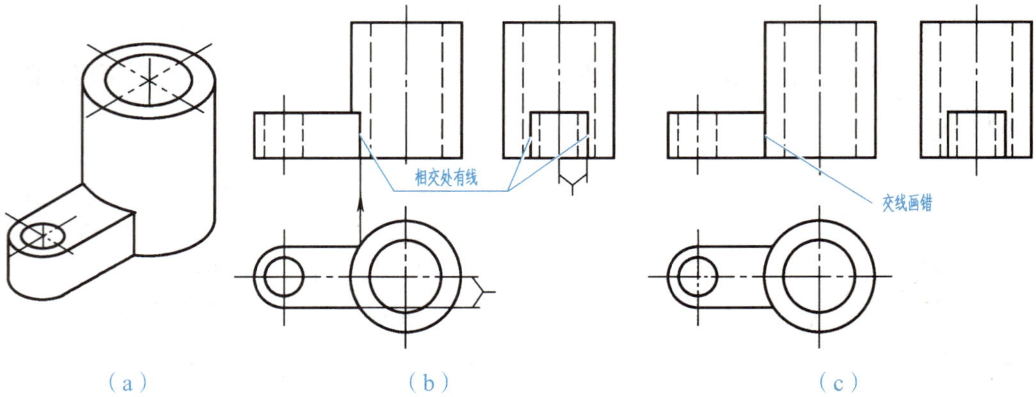

图 2-19　相交画法

三、组合体三视图的画法

下面以轴承座为例，说明组合体三视图的画法。

1. 形体分析

画组合体三视图之前，应先对组合体进行形体分析，清楚各形体间的组合形式及相邻表面的连接关系，才能不多线、不漏线。

2. 选择主视图

一般应选择能较全面反映组合体各形体形状特征和相对位置的一面作为主视图的投射方向；应使物体主要平面和投影面平行，以便获得投影实形，便于作图；考虑组合体的正常位置；要兼顾其他两个视图表达的清晰性，尽量减少虚线。

如图 2-20 所示的轴承座，在箭头所指的各个投射方向中，选择 *A* 向作为主视图的投射方向，并按照图示放置轴承座最为合理。主视图选定后，俯视图和左视图也就随之确定。

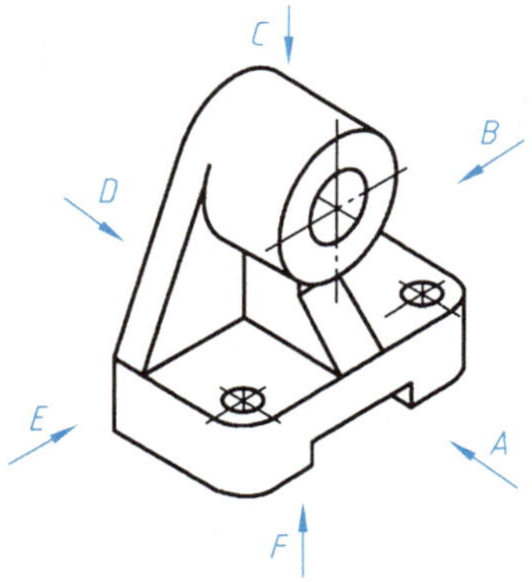

图 2-20　轴承座

3. 选比例，定图幅

视图确定后，应根据物体大小和复杂程度，按照国家标准规定选择比例和图幅。图幅的大小不但要考虑绘图所占的面积，还应留足标注尺寸和标题栏的位置。

4. 布置视图，画出作图基准线

作图基准线是指物体的对称中心线、主要回转体的轴线、底面及重要端面的位置线等。

5. 绘制底稿

具体画图步骤如图 2-21 所示。

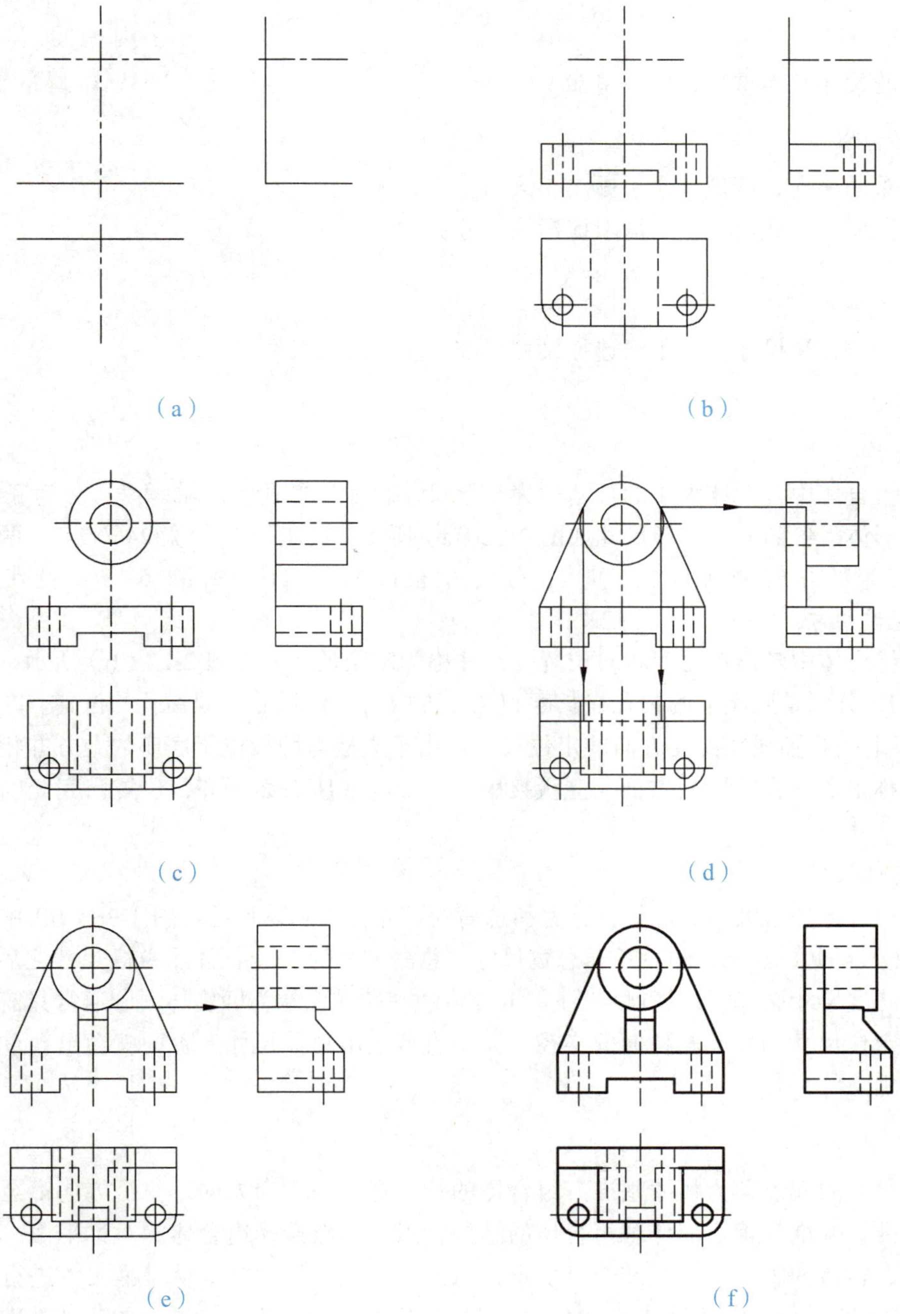

图 2-21　画图步骤

四、组合体的尺寸标注

（一）组合体的尺寸标注基本要求

1. 正　确

标注尺寸符合国家标准规定。

2. 完　整

标注的尺寸既不重复，也不遗漏。

3. 清　晰

尺寸布局整齐、清楚，便于标注和读图。

下面主要介绍如何完整、清晰地标注尺寸。

（二）尺寸完整

要完整地标注尺寸，应正确选择尺寸基准，注全三类尺寸。

1. 尺寸种类

1）定形尺寸

确定组合体中各形体大小的尺寸称为定形尺寸。图 2-22 所示的轴承座可分为底座、立板、肋板三个形体，各部分的定形尺寸如图 2-22（a）所示：底座长 32、宽 24、高 7，两圆孔直径为 6，圆弧半径为 6；肋板长 11、宽 4、高 8；立板长 5，宽 11、18，高 6、24，圆孔直径为 9。

2）定位尺寸

确定组合体中各形体之间相对位置的尺寸称为定位尺寸。如图 2-22（b）所示，俯视图中的 26 和 12 分别是底座上两圆孔在长度和宽度方向的定位尺寸，即钻孔的位置。左视图中的 22 是立板上圆孔轴线在高度方向的定位尺寸。由于立板与肋板位于底座的上方并相接触，三者前后对称平面重合，肋板右面与立板接触，立板与底座右面平齐，位置已完全确定，不需注出定位尺寸。

3）总体尺寸

确定组合体外形大小的总长、总宽和总高的尺寸称为总体尺寸。图 1-26（b）中底座的定形尺寸 32、24 也是轴承座的总长和总宽尺寸，总高尺寸为 31。标注了总高尺寸之后，原来标注的立板高度尺寸 24 就可以省略不注。组合体的一端或两端为回转体时，通常只需标注回转体轴线的定位尺寸和外端圆柱面的半径，而不直接注出总体尺寸，否则就会出现重复尺寸，如图 2-22 所示。

2. 尺寸基准

标注尺寸的起点即为尺寸基准。组合体的长、宽、高三个方向，每个方向都至少应有一个尺寸基准。基准的确定应体现组合体的结构特点，一般选择组合体的对称平面、底面、重要端面、回转体的轴线等。基准一旦确定，组合体的主要尺寸就应从基准出发进行标注。如图 2-22（b）所示，图中的尺寸 5、26、32 是以底座右端面作为长度方向的尺寸基准进行标注的；尺寸 4、11、12、18、24 是以轴承座前后对称平面作为宽度方向的尺寸基准进行标注的；

尺寸 7、22、31 是以底座底面作为高度方向的尺寸基准进行标注的。

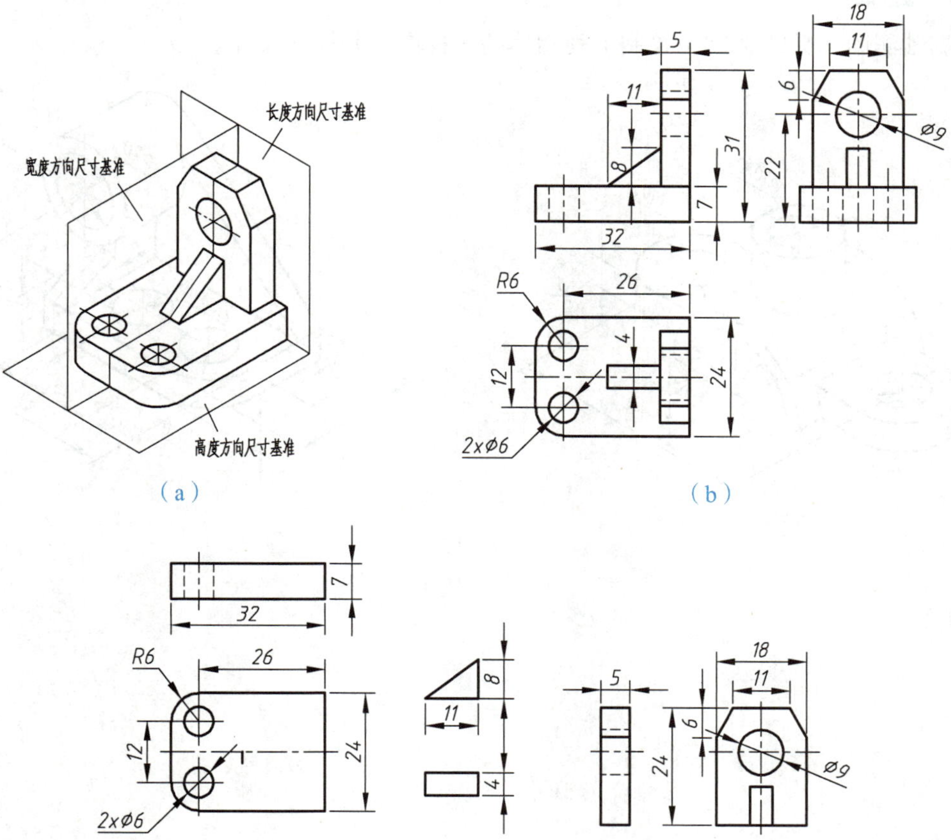

（a）　　（b）　　（c）

图 2-22　轴承座

任务检查

表 2-3　绘制组合体三视图——任务检查单

任务编号	2-3	任务名称	绘制组合体三视图
序号	检查内容	是	否
阐述组合体的组合形式			
1	阐述组合体的几种组合形式		
绘制组合体			
2	按照标准绘制组合体三视图		
3	标注组合体三视图		
识读组合体三视图			
4	识读组合体三视图		

任务拓展

根据轴测图（见图 2-23）绘制下列物体的三视图，并标注尺寸。

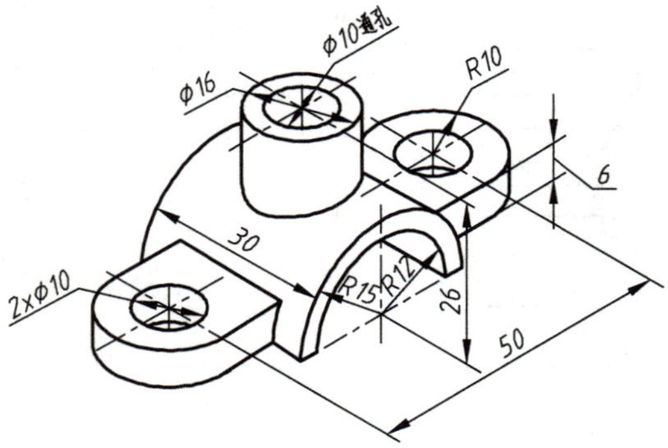

（a）

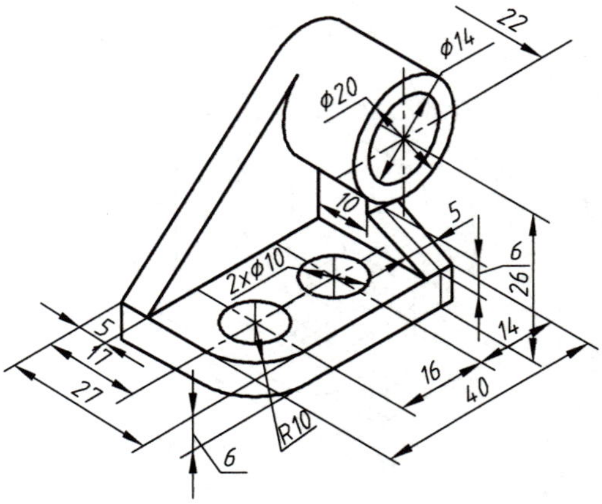

（b）

图 2-23　三视图

任务 4　绘制机件的剖视图和断面图

任务描述

在实际生活中，有许多比较复杂的机件，我们如果只用三视图来表示，只能表现出外部形状以及简单的内部，这样可能会造成在加工时的失误。为了能够清晰地反映出机件的内部情况，我们一般用剖视图来表示。而断面图只是画出机件被剖切断面的形状，剖切之外的形状并不反映。本任务是学习绘制机件的剖视图和断面图。

任务目标

- 理解剖视图的形成过程；
- 能绘制并识读较简单形体的剖视图；
- 掌握断面图的画法及应用。

任务学习

一、剖视图

（一）剖视图的概念

假想地用剖切面剖开物体，将处在观察者和剖切平面之间的部分移去，而将其余部分向投影面投影所得到的图形称为剖视图，简称剖视，如图 2-24 所示。

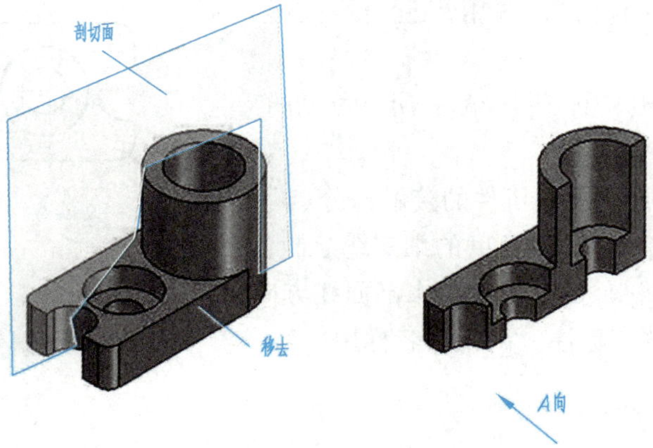

图 2-24　剖视图的形成

国家标准要求尽量避免使用虚线表达机件的轮廓及棱线，采用剖视的目的，就可使机件上一些原来看不见的结构变为可见，用实线表示，这样便清晰可见，如图 2-25 所示。

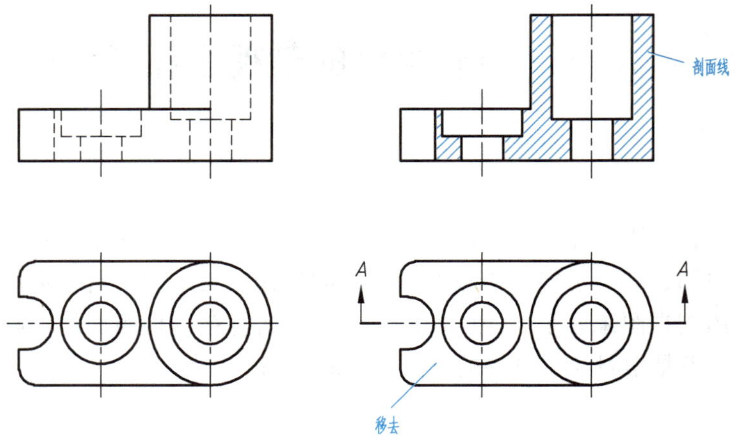

图 2-25　剖视图

（二）剖视图的配置

各种视图的配置形式同样适用于剖视图，根据剖视的目的和国家标准中的有关规定，剖视图的画法要点如下：

1. 剖切位置及剖切面的确定

根据机件的特点，剖切面可以是曲面，但一般为平面，表示机件内部的结构剖视，剖切平面的位置应通过内部结构的对称面或轴线。

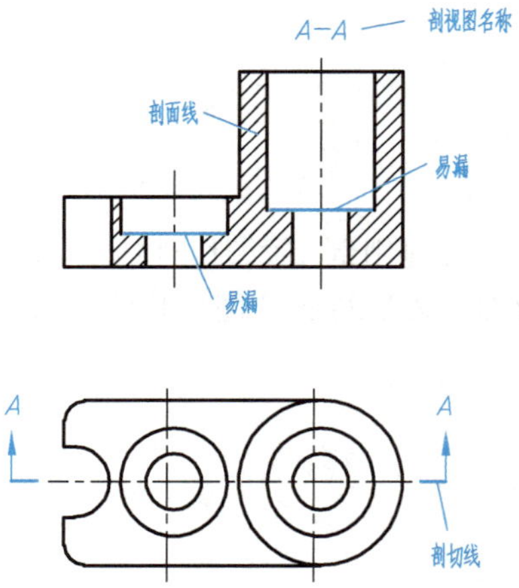

图 2-26　剖视图的配置

2. 剖视图的画法

（1）剖切符号：用粗短画线（线宽 $d \sim 1.5d$）表示，用以指示剖切面的位置，并用箭头表示投影方向。

（2）剖视图："假想"剖开投影后，所有可见的线均画出，不能遗漏。

（3）剖面符号：剖切平面与机件的接触部分（断面）画剖面线，剖面线应以适当角度的细实线绘制，最好为 45°斜线，同一机件的各个视图中剖面线方向与间距必须一致。

（4）剖视图的配置与标注。剖视图名称用"×-×"表示，如图 2-26 所示。

（三）剖视图的种类

按剖切的范围，剖视图可分为全剖视图、半剖视图和局部剖视图。

1. 全剖视图

（1）概念：用剖切面完全地剖开物体所得的剖视图。

（2）应用：表达内形比较复杂、外形比较简单或外形已在其他视图上表达清楚的零件。

示例：全剖视图的作法如图 2-27 所示。

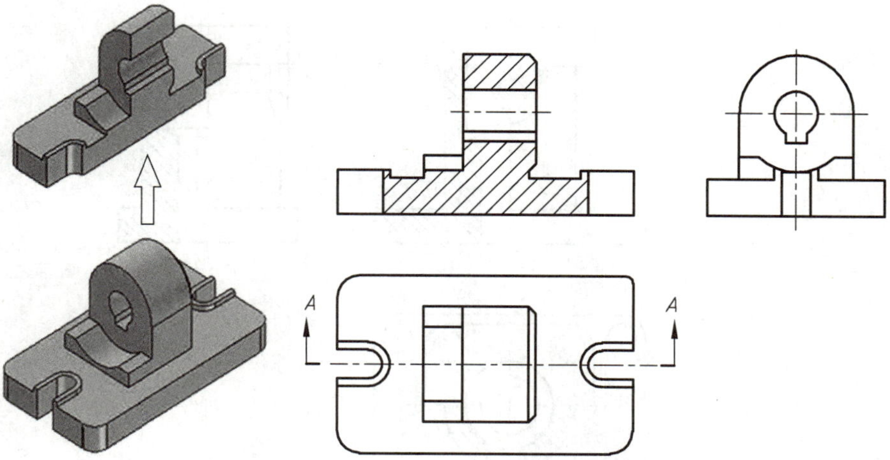

图 2-27　全剖视图作法

（3）注意：因剖视图已表达清楚机件的内部结构，其他视图不必画出虚线。

2. 半剖视图

（1）概念：当零件具有对称平面时，向垂直于对称平面的投影面上投射所得到的图形，以对称中心线为界，一半画成剖视，另一半画成视图。

（2）应用：由于半剖视图既充分地表达了机件的内部形状，又保留了机件的外部形状，所以常采用它来表达内外部形状都比较复杂的对称机件。当机件的形状接近于对称，且不对称的部分已另有图形表达清楚时，也可以画成半剖视图。

（3）注意事项：

① 视图与剖视图的分界线应是对称中心线（细点画线），而不应画成粗实线，也不应与轮廓线重合，如图 2-28 所示。

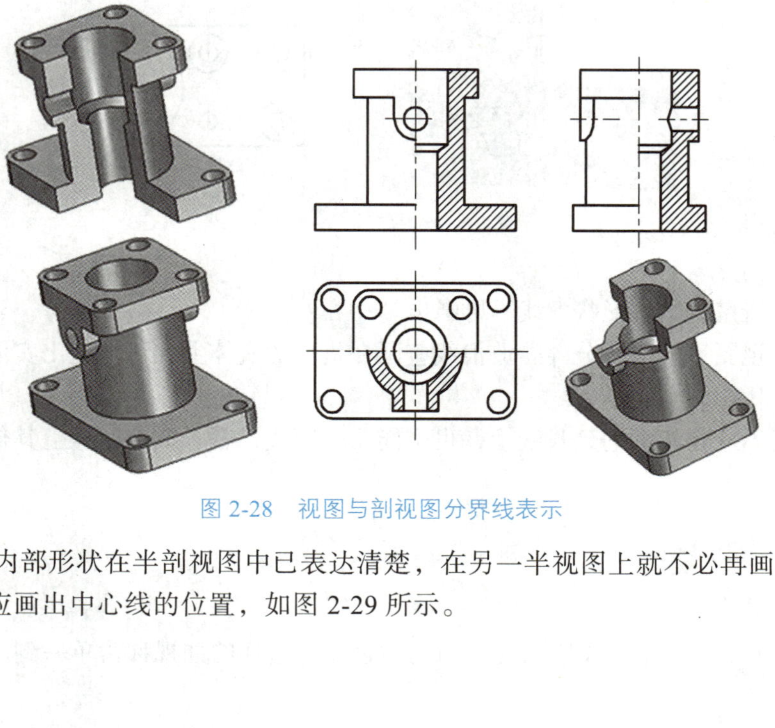

图 2-28　视图与剖视图分界线表示

② 机件的内部形状在半剖视图中已表达清楚，在另一半视图上就不必再画出虚线，但对于孔或槽等，应画出中心线的位置，如图 2-29 所示。

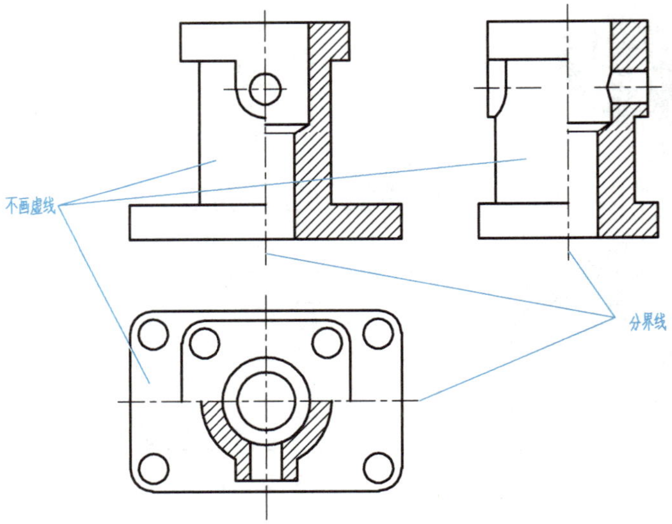

图 2-29　半剖视图分界线表示

3. 局部剖视图

（1）概念：用剖切平面局部地剖开机件所得的视图。

示例：局部剖视图的作法如图 2-30 所示。

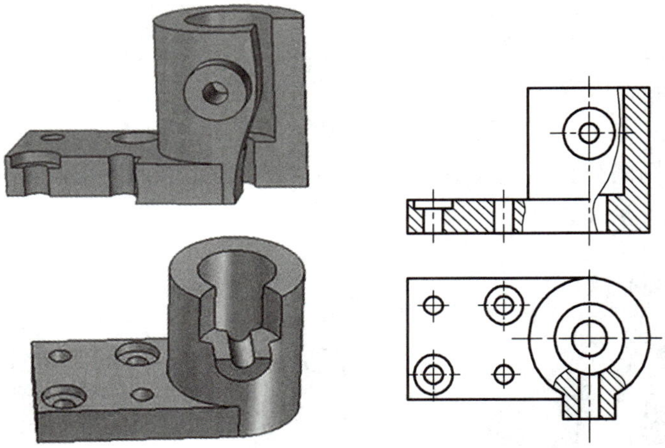

图 2-30　局部剖视图作法

（2）注意事项：

① 已表达清楚的结构形状虚线不再画出。

② 局部剖视图用波浪线分界，波浪线应画在机件的实体上，不能超出实体轮廓线，也不能画在机件的中空处。

③ 波浪线不应在轮廓的延长线上，也不能用轮廓线代替，或与图样上其他图线重合，如图 2-31 所示。

（四）剖切面的种类

1. 单一剖切面剖切

一般用一个平行于基本投影面的平面剖切物体，这样的剖视称为单一剖。全剖视、半剖视和局部剖视采用的都是单一剖。

2. 不平行于任何基本投影面的平面剖切

用不平行于任何基本投影面的剖切面剖开物体，这样的剖视法称为斜剖，所得到的剖视图称为斜剖视图。

画斜剖视图时，其画法和图样的配置位置与斜视图相同，一般按投影关系配置。在剖切位置标注剖切符号、指示投影方向的箭头及用大写字母表示的名称，如“*A*”，并在剖视图上方注明相同的大写字母“*A*—*A*”等。在不致引起误解时，允许将斜剖视图旋转，让主要轮廓或轴线摆正画出，此时在剖视图上方要注明相同的大写字母“*A*—*A*”，同时标注旋转方向，如图 2-32 所示。

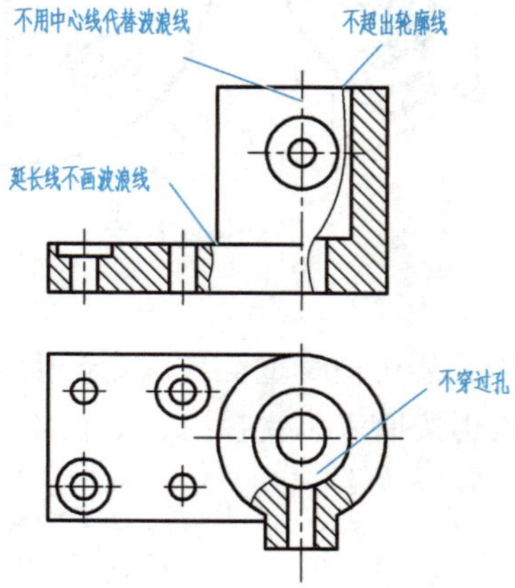

图 2-31　局部剖视图绘制注意事项

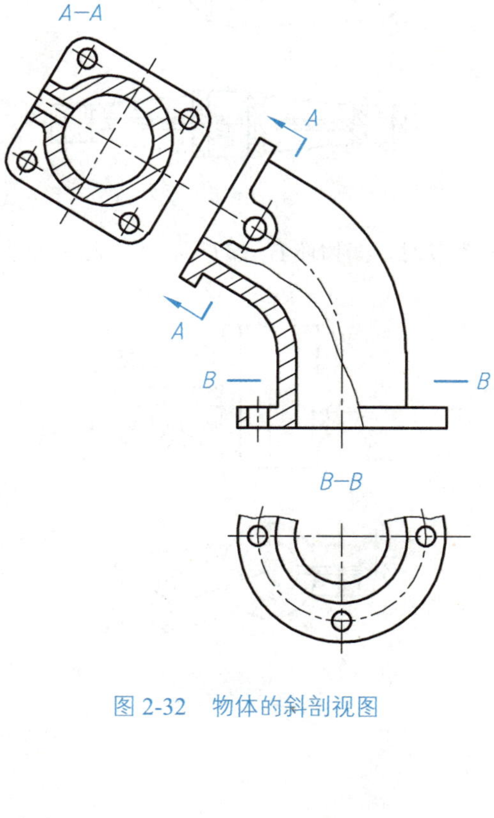

图 2-32　物体的斜剖视图

3. 两相交平面的剖切

用两相交且其交线垂直于某基本投影面的剖切面剖切物体，这样的剖视方法称为旋转剖。作旋转剖时，应在剖切面转折和起讫处画上剖切符号、投影方向的箭头及大写字母 *A*，在剖视图上方注明相同的大写字母“*A*—*A*”，如图 2-33 所示。

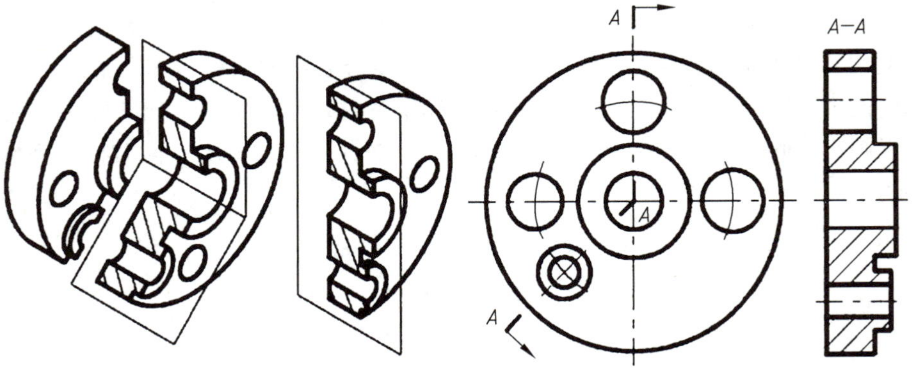

图 2-33　旋转剖视图

注意：

① 两剖切面的交线应与物体上某孔轴线重合，以免产生不完整要素。

② 剖切面后的其他结构一般仍按原来位置投射，如物体下方的小孔（见图 2-34）。

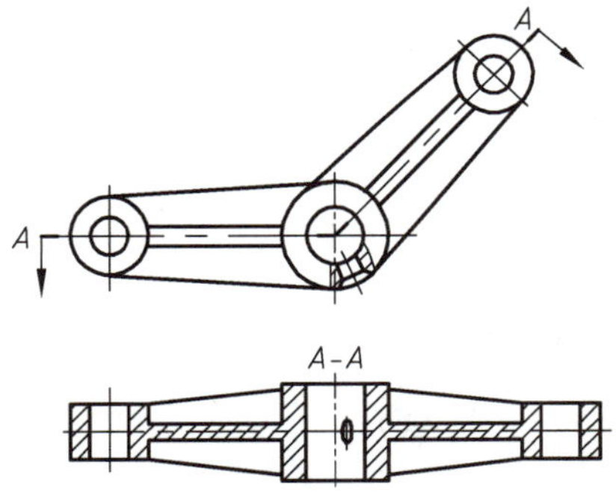

图 2-34　旋转剖视图

③ 当剖切后产生不完整要素时，如物体右边的实心块，此部分按不剖绘制，如图 2-35 所示。

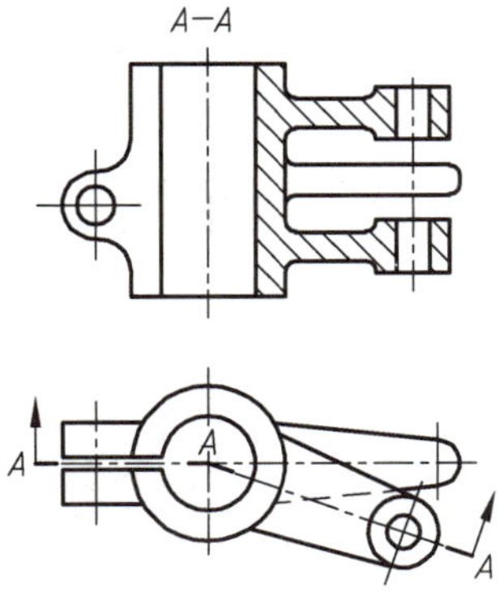

图 2-35　产生不完整结构要素时的处理

4. 几个平行平面的剖切

用几个平行的剖切平面剖开物体的方法称为阶梯剖。剖视图中剖切面转折处不画任何图线。剖切面不得相互重叠，以免剖视图形紊乱，如图 2-36 所示。

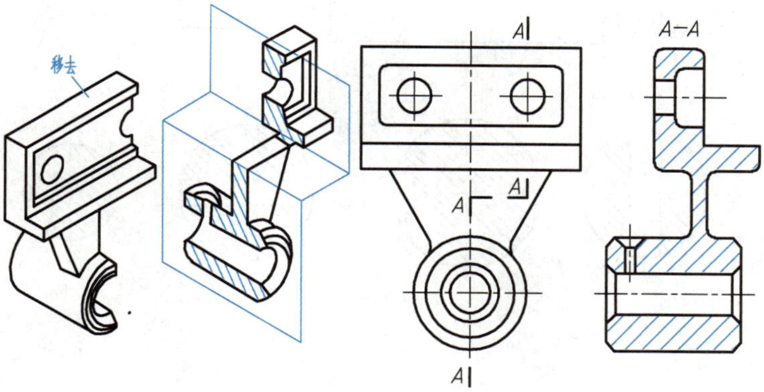

图 2-36　阶梯剖视图

阶梯剖视图内不应出现不完整要素（如孔、槽、凸台、筋板等结构）。当两个要素具有公共对称中心线或轴线时，可以各画一半，并以中心线分界，分界线两边的剖面线位置要错开，如图 2-37 所示。

剖切面转折和起讫处要画剖切符号并加注相同字母，剖视图上方注明相同的大写字母“*A*—*A*”，必要时要用箭头标明投射方向。当转折处位置有限，又不会引起误解时，允许省略标注字母，如图中的小圆孔处。

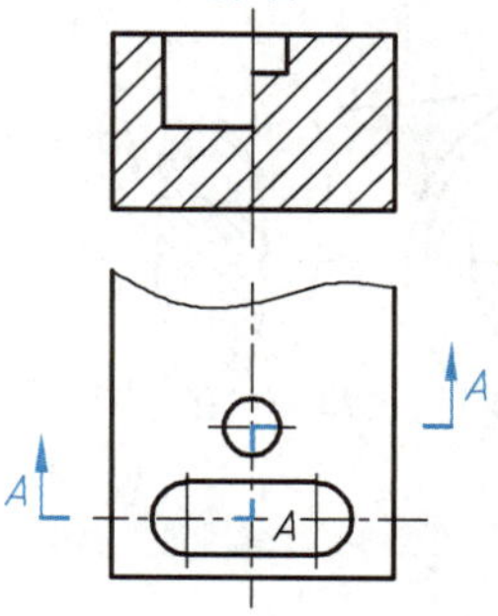

图 2-37　阶梯剖视图的画法与标注

二、断面图

假想用剖切面将机件的某处切断，仅画出断面的图形，称为断面图，如图 2-38 所示。断面图和剖视图的区别在于断面图只画机件上剖切处断面的形状，而剖视图除画出断面的形状外，还要画出机件在剖切平面后面部分的投影。断面图一般用于表达机件某一部分的断面形状或轴、杆上的孔、槽等结构。

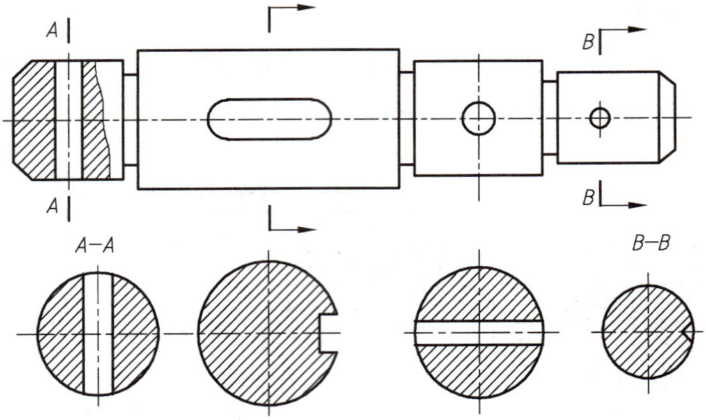

图 2-38　断面图

断面图分为移出断面图和重合断面图两种。

1. 移出断面图

画在视图外的断面图称为移出断面图，其轮廓线用粗实线绘制。

移出断面图应尽量配置在剖切符号或剖切平面迹线的延长线上（剖切平面迹线是剖切平面与投影面的交线，用细点画线表示），如图 2-39 所示。

断面图图形对称时，也可画在视图中断处，如图 2-39 所示。

必要时可将移出断面图配置在其他适当位置，在不致引起误解时，允许将图形旋转，如图 2-40 所示。

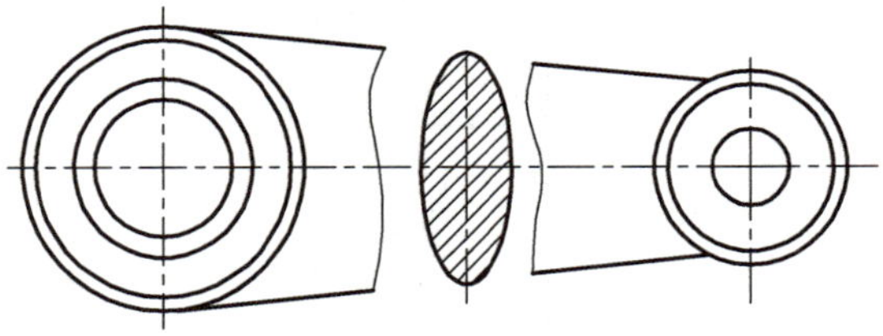

图 2-39　移除断面图 1

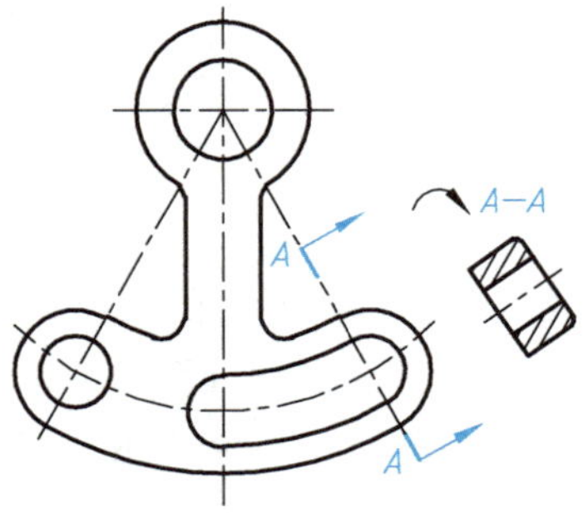

图 2-40　移除断面图 2

2. 重合断面图

画在视图内的断面图称为重合断面图，其轮廓线用细实线绘制，如图 2-41 所示。当视图中的轮廓线与重合断面图形重叠时，视图中的轮廓线仍应连续画出，不可间断。

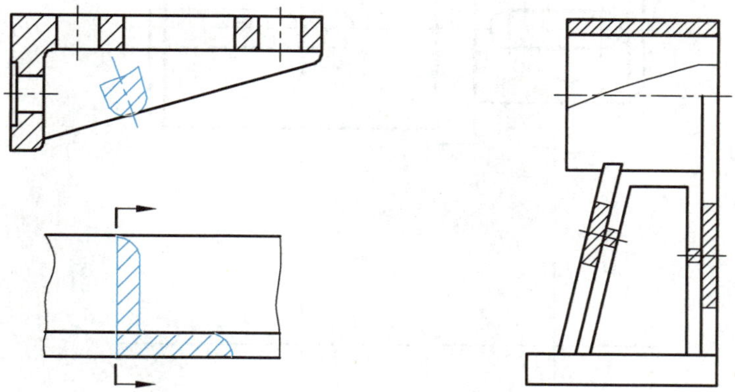

图 2-41　重合断面图

任务检查

表 2-4　绘制机件的剖视图和断面图——任务检查单

任务编号	2-4	任务名称	绘制机件的剖视图和断面图
序号	检查内容	是	否
阐述剖视图和断面图的作用			
1	阐述剖视图和断面图的含义		
2	举例说明剖视图和断面图的作用		
绘制剖视图			
3	绘制剖视图		
绘制断面图			
4	绘制断面图		

任务拓展

在图 2-42 中指定位置画出剖面图（键槽深为 3 mm）。

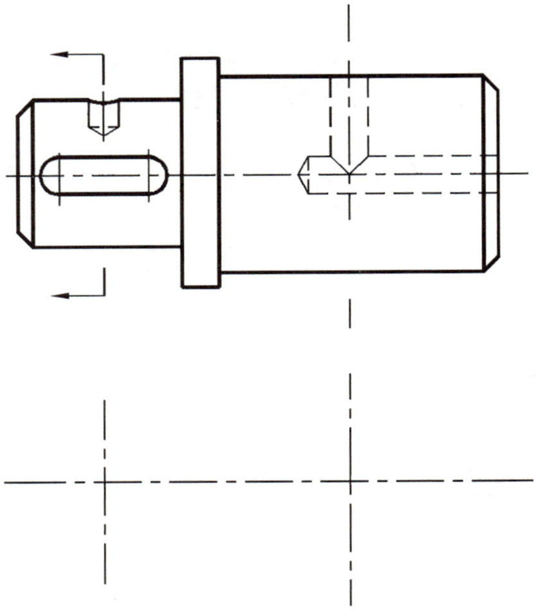

图 2-42　剖面图

项目练习

一、填空题

1. 三视图的投影规律：________________________________。

2. 按剖切范围的大小来分，剖视图可分为__________、__________、_________三种。

3. 断面图用来表达零件的形状，剖面可分为__________和__________两种。

4. 移出断面图和重合断面图的主要区别是：移出断面图画在___________________，轮廓线用____________绘制；重合断面图画在__________。

5. 组合体的视图上，一般应标注出__________、__________和__________三种尺寸，标注尺寸的起点称为尺寸的__________。

二、选择题

1. 已知立体的主、俯视图，正确的左视图是（　　）。

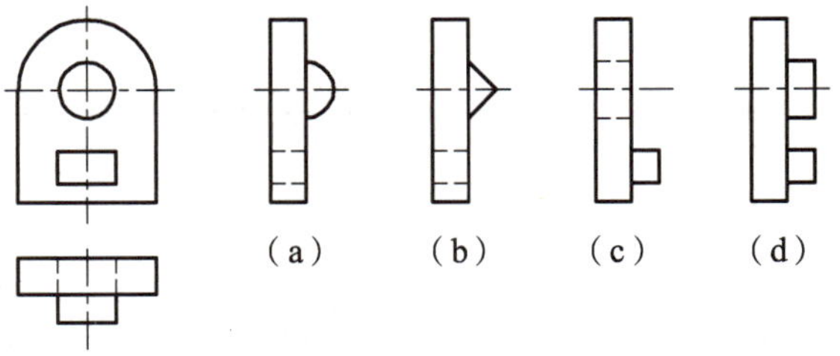

图 2-43　第 1 题

2. 已知主、俯视图，剖视图正确的是（　　）。

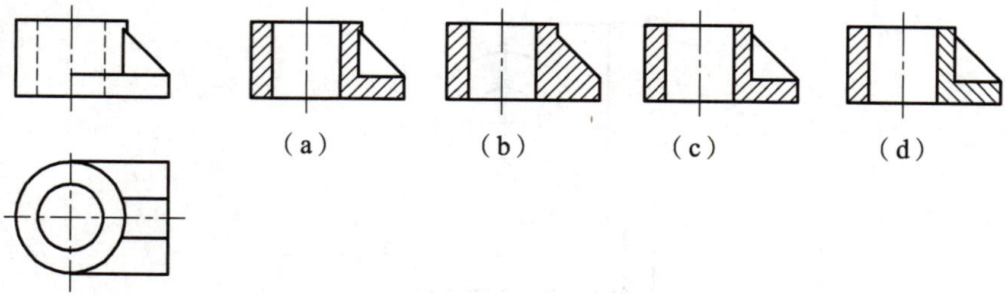

图 2-44　第 2 题

3. 已知物体的主、俯视图，正确的左视图是（　　）。

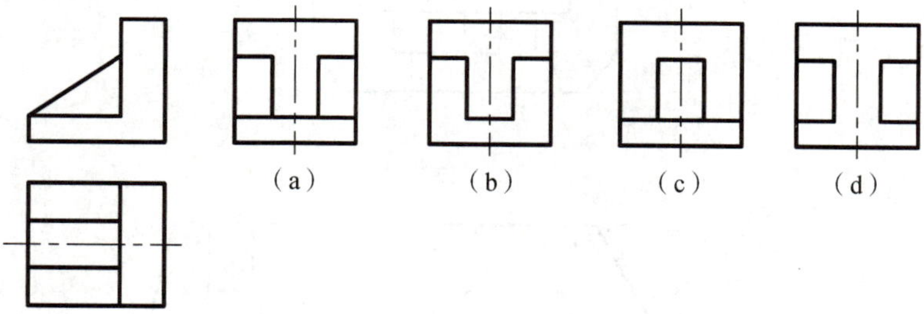

图 2-45　第 3 题

4. 已知圆柱截切后的主、俯视图，正确的左视图是（　　）。

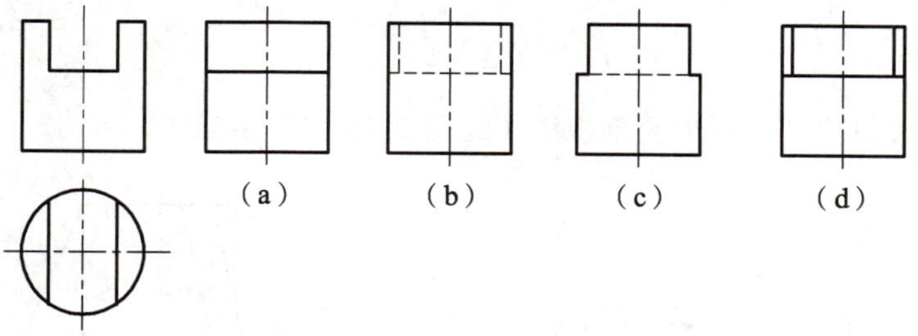

图 2-46　第 4 题

三、作图题

1. 根据给出的视图，补画第三视图（或视图所缺的图线）（见图 2-47 ~ 图 2-50）。

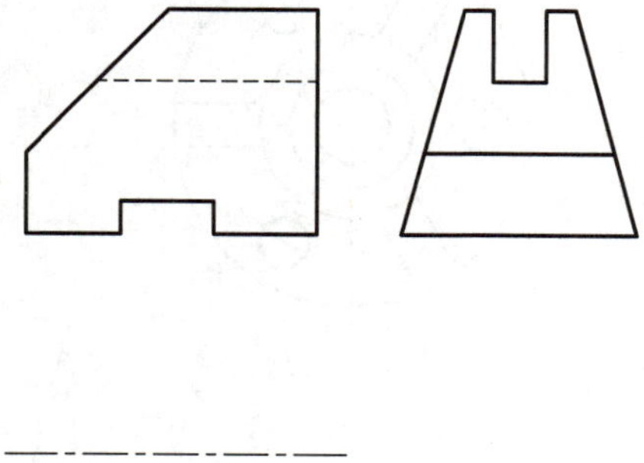

图 2-47

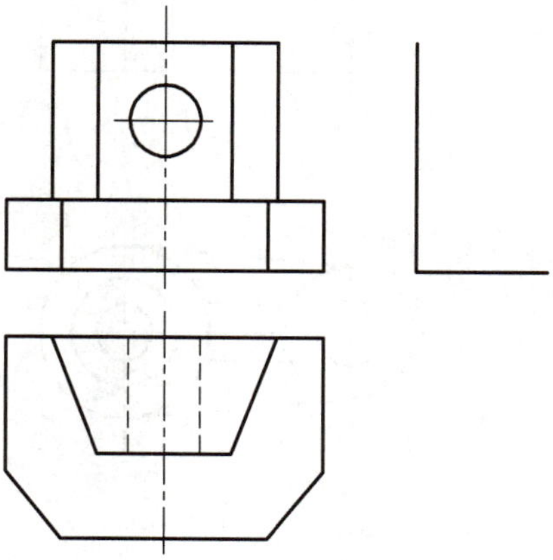

图 2-48

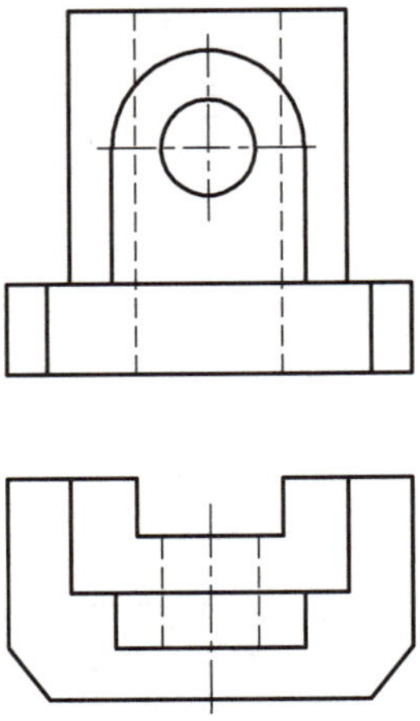

图 2-49

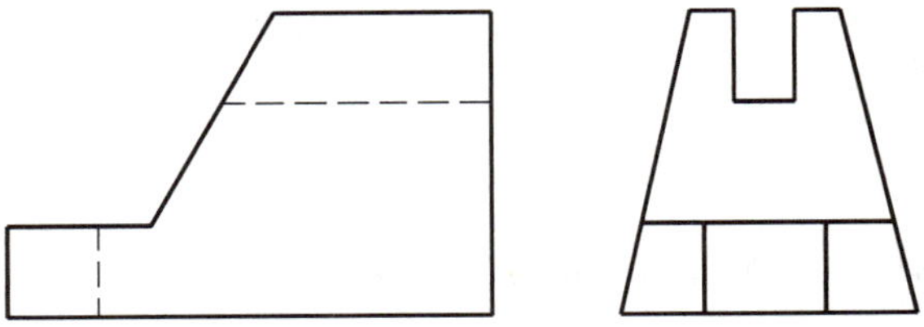

图 2-50

2. 在指定位置将主视图画成全剖视图（见图 2-51 和图 2-52）。

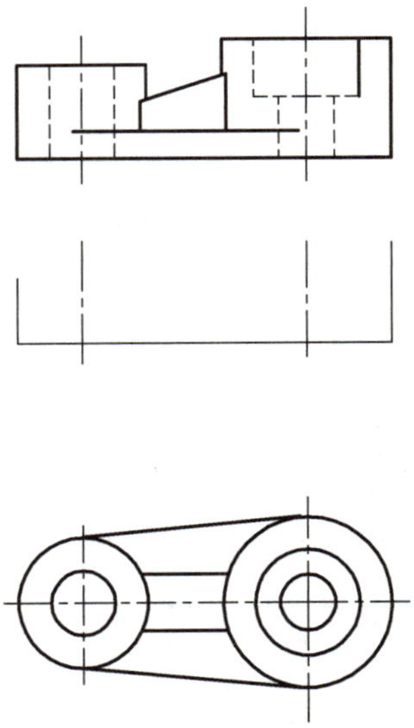

图 2-51

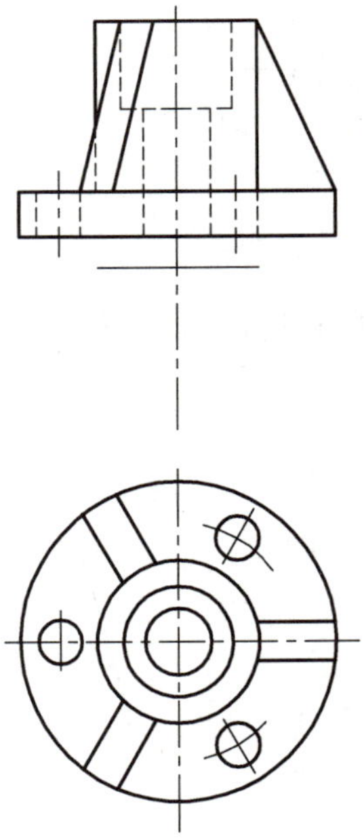

图 2-52

3. 将主视图画成半剖视图（见图 2-53）。

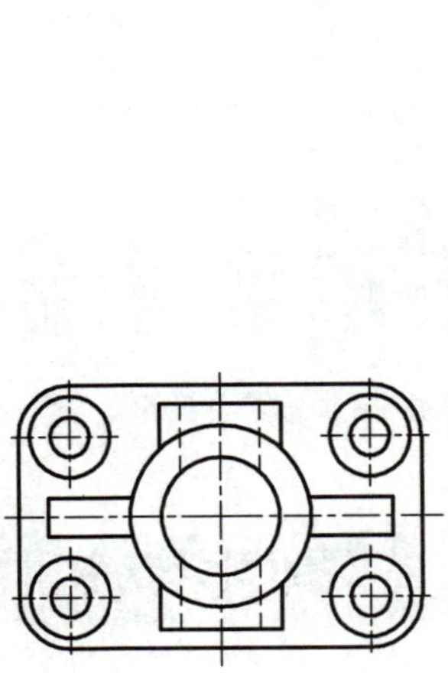

图 2-53

4. 作 *A*—*A* 断面图和 *B*—*B* 断面图（见图 2-54）。

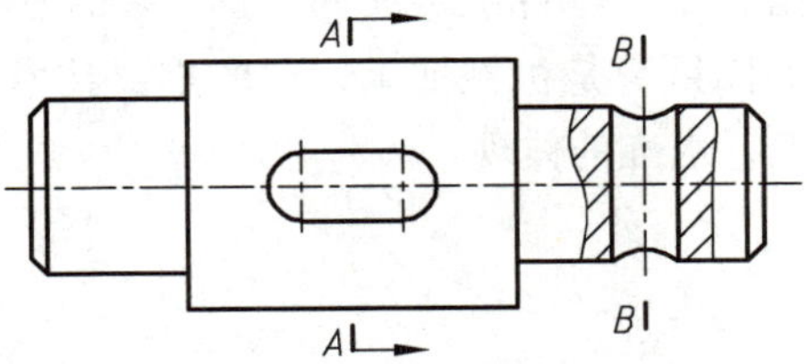

图 2-54

项目 3 零件图及技术要求认知

任务 1 零件图认知

任务描述

任何一件机器设备都是由若干个零件组装成的，加工零件必须以零件图为标准和依据。零件图是生产实际中所使用的图纸，是机械加工行业的重要技术文件。零件图是一个零件所要达到的尺寸、技术水平、工艺水准的体现。

任务目标

- 能识读零件图；
- 能识读简单装配图。

任务学习

一、零件图

（一）零件图的内容

零件是组成机器的不可拆分的最小单元。表示零件结构、大小及技术要求的图样称为零件图。

零件图是表达设计信息的主要媒介，它反映了设计者的意图，表达了对零件的要求（包括对零件的结构要求和制造工艺的可能性、合理性要求等），是制造和检验零件的依据。

一张完整的零件图，一般应具有下列内容。

1. 一组视图

用一组视图（包括视图、剖视图、断面图等），完整、清晰和简便地表达此零件的结构形状。

2. 尺寸标注

用一组尺寸，完整、清晰和合理地标注出零件的结构形状及其相互位置的大小。

3. 技术要求

用一些规定的符号和文字，简明地给出零件在制造、检验和使用时应达到的技术要求。

4. 标题栏

用标题栏填写出零件的名称、材料、图样的比例、制图人与校核人的姓名和日期等。

（二）零件图的特点

零件的视图是根据零件的结构和形状特点及零件的复杂程度确定的。主视图一般反映零件的主要结构和形状特征，同时还要符合零件的工作位置。

零件视图的数量和形式（视图、剖视、断面等），是由零件的复杂程度决定的。用较少的视图，能够清楚地表达零件的内外结构和形状，是视图表达方案的基本要求。

（三）零件图尺寸标注

零件图中的尺寸是指零件加工和检验的依据，必须满足正确、完整、清晰、合理的要求。

对于正确、完整、清晰的要求和组合体的尺寸标注法一致。而尺寸标注的合理性，是指正确选择尺寸基准，使标注的尺寸既符合设计的要求，又便于加工、测量和检验。

1. 零件的尺寸基准

基准是设计、加工、检验零件尺寸的起点。由于每个零件都有长、宽、高三个方向，所以零件至少应有三个尺寸基准。

按照用途的不同，尺寸基准可分为设计基准和工艺基准。在设计、制造、测量等不同阶段，常会采用不同的基准。

（1）设计基准是根据其结构特点和设计要求，确定零件在机器中的位置所设定的基准。

（2）工艺基准是根据零件加工、测量等工艺要求所设定的基准。

2. 基准的选择

从设计基准出发标注尺寸，能反映设计要求，保证零件在机器中的性能。从工艺基准出发标注尺寸，能将尺寸标注与零件的制造、加工与测量统一起来。在标注尺寸时，一般设计基准与工艺基准是统一的。若二者不能统一时，应首先满足设计要求。通常以零件的主要平面（如底面、断面、对称面、结合面）、直线（如中心线、轴线）、点（如圆心、坐标原点）作为尺寸基准。

如果一个方向一个尺寸基准不能满足零件的设计要求或加工要求时，还可以增加一些基准，称为辅助基准。决定零件主要尺寸的基准称为主要基准。主要基准和辅助基准间一定有尺寸联系。

3. 尺寸标注的要点

（1）主要尺寸应从设计基准直接注出，如图 3-1 所示。

（2）避免出现封闭的尺寸链。尺寸同一方向串联并头尾连接，即形成封闭的尺寸链，如图 3-2（a）所示，这是错误的标注方法，按照这样的尺寸进行加工，可能出现累计加工误差过大，超过设计许可要求。正确标注如图 3-2（b）所示。

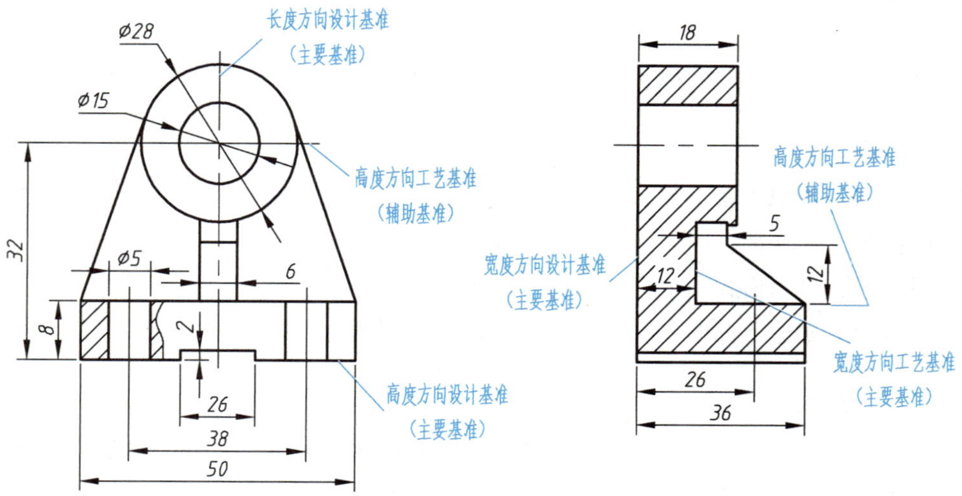

图 3-1　轴承座的尺寸基准

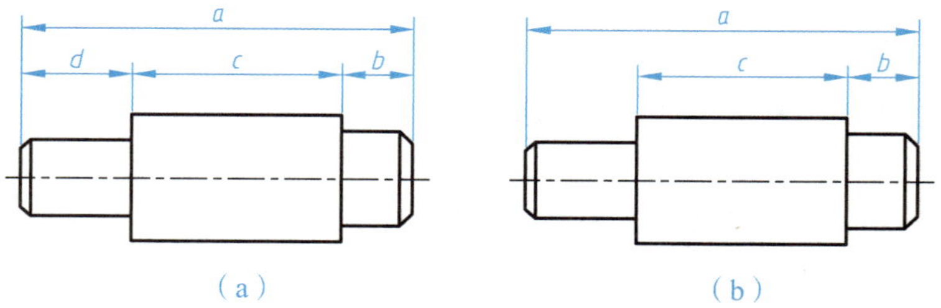

图 3-2　尺寸链

二、装配图

（一）装配图的内容

装配图是表达机器或部件的图样，是表达设计思想、指导生产和进行技术交流的重要技术文件。

一张完整的装配图，必须具有下列内容。

1. 一组视图

用一组视图完整、清晰、准确地表达出机器的工作原理、各零件的相对位置及装配关系、连接方式和重要零件的形状结构。

2. 必要的尺寸

装配图上要有表示机器或部件的规格、装配、检验和安装时所需要的一些尺寸。

3. 技术要求

技术要求是说明机器或部件的性能和装配、调整、试验等所必须满足的技术条件。如滑动轴承装配图中的部件，其技术要求是：装配后要进行接触面涂色检查。

4. 零件的序号、明细栏和标题栏

装配图中的零件编号、明细栏用于说明每个零件的名称、代号、数量和材料等。标题栏

包括零部件名称、比例、绘图及审核人员的签名等。

（二）装配图的画法

（1）两相邻零件的接触面和配合面只画一条线，非接触表面应画成两条线，如图 3-3 所示。

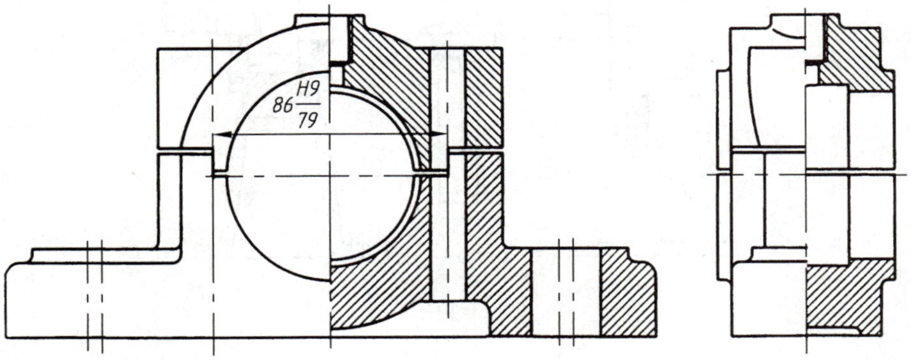

图 3-3 相邻零件画法

（2）相邻两个或多个零件的剖面线应有区别，或者方向相反，或者方向一致但间隔不等，相互错开，如图 3-4 所示。

注意： 在装配图中，所有剖视图、剖面图中同一零件的剖面线方向和间隔必须一致。

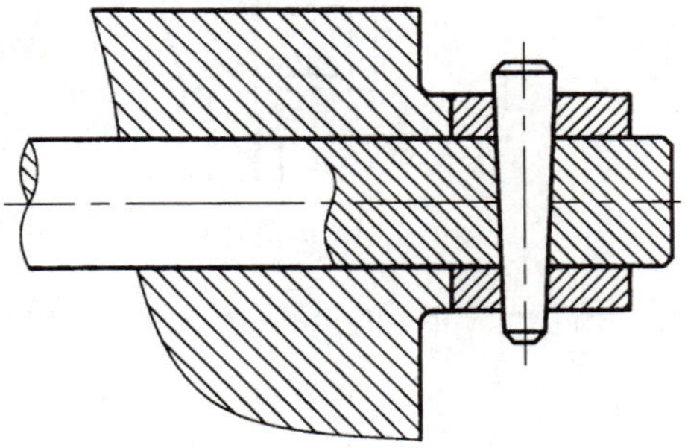

图 3-4 相邻两个或多个零件的剖面线画法

（3）对于紧固件以及实心的球、手柄、键等零件，若剖切平面通过其对称平面或轴线，则这些零件均按不剖绘制；如需表明零件的凹槽、销孔等构造，可用局部剖视表示，如图 3-4 所示。

（4）装配图的特殊画法：

① 拆卸画法：当某些零件的图形遮住了其后面的需要表达的零件，或在某一视图上不需要画出某些零件时，可拆去某些零件后再画；也可选择沿零件结合面进行剖切，如图 3-5 所示。

② 单独表达某零件的画法：如所选择的视图已将大部分零件的形状、结构表示清楚，但仍有少数零件的某些方面还未表达清楚时，可单独画出这些零件的视图或剖视图，如图 3-6 所示的转子油泵中泵盖的 *B* 向视图。

③ 假想画法：为表示部件或机器的作用、安装方法，可将其他相邻零件、部件的部分轮廓用细双点画线画出，如图 3-7 所示。

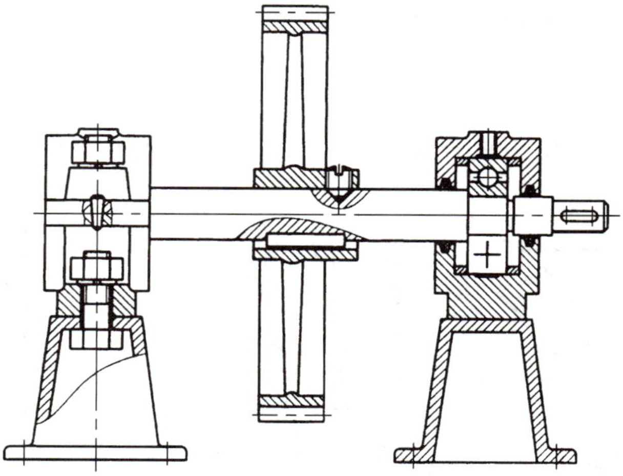

图 3-5　拆卸画法

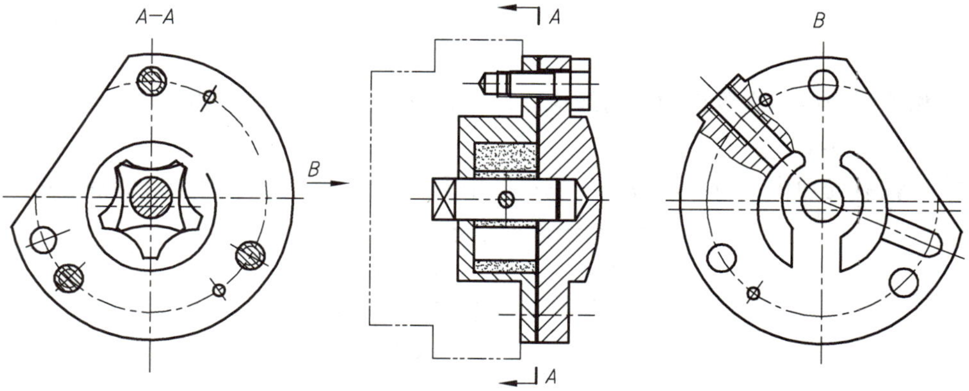

图 3-6　单独表达某零件的画法

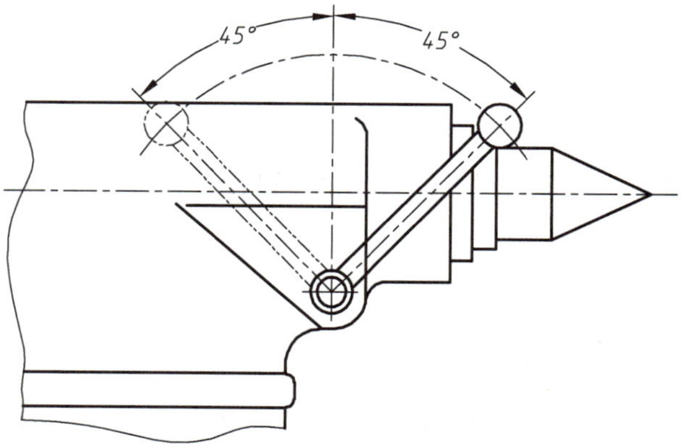

图 3-7　假想画法

（5）装配图的简化画法：

① 对于装配图中若干相同的零、部件组，如螺栓连接等，可详细地画出一组，其余只需用细点画线表示其位置即可，如图 3-8 所示。

② 在装配图中，对薄的垫片等不易画出的零件可将其涂黑，如图 3-8 所示。

③ 在装配图中，零件的工艺结构，如小圆角、退刀槽、拨模斜度等不可画出，如图 3-8 所示。

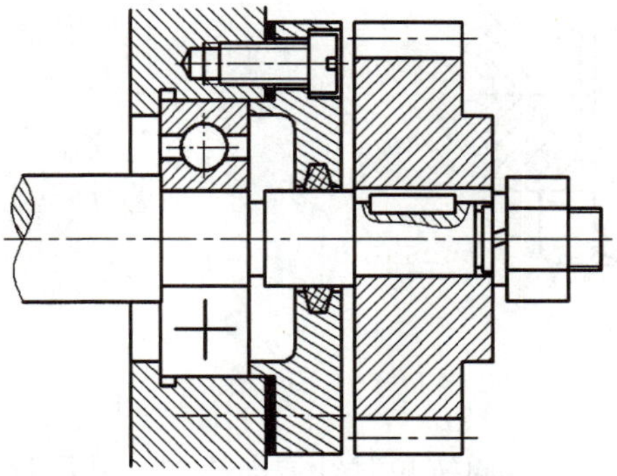

图 3-8　装配图的简化画法

（三）零、部件序号的编排方法

1. 一般规定

（1）装配图中所有的零、部件都必须标注序号，规格相同的零件只编一个序号，标准化组件（如滚动轴承、电动机等）可看作一个整体，编注一个序号。

（2）装配图中零件序号应与明细栏中的序号一致。

2. 序号的组成（见图 3-9）

四要素：指引线（细实线）、圆点（或箭头）、横线（或圆圈）和序号数字。具体要求如下：

（1）指引线不要与轮廓线或剖面线等图线平行，指引线之间不允许相交，但指引线允许弯折一次。

（2）指引线末端不便画出圆点时，可在指引线末端画出箭头，箭头指向该零件的轮廓线。

（3）序号数字比装配图中的尺寸数字大一号或大两号。

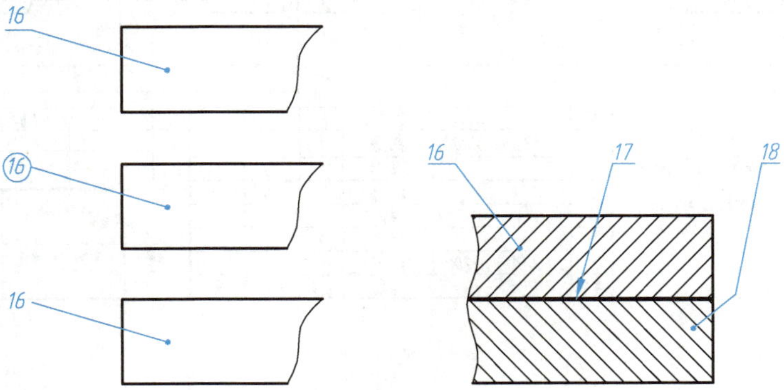

（a）　　（b）

图 3-9　序号的组成

3. 零件组序号

对紧固件组成或装配关系清楚的零件组，允许采用公共指引线，如图 3-10 所示。

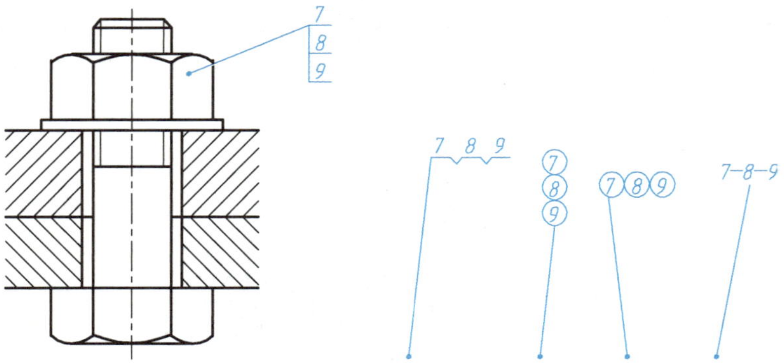

图 3-10　零件组序号

4. 序号的排列

零件的序号应沿水平或垂直方向按顺时针方向排列，并尽量使序号间隔相等，如图 3-11 所示。

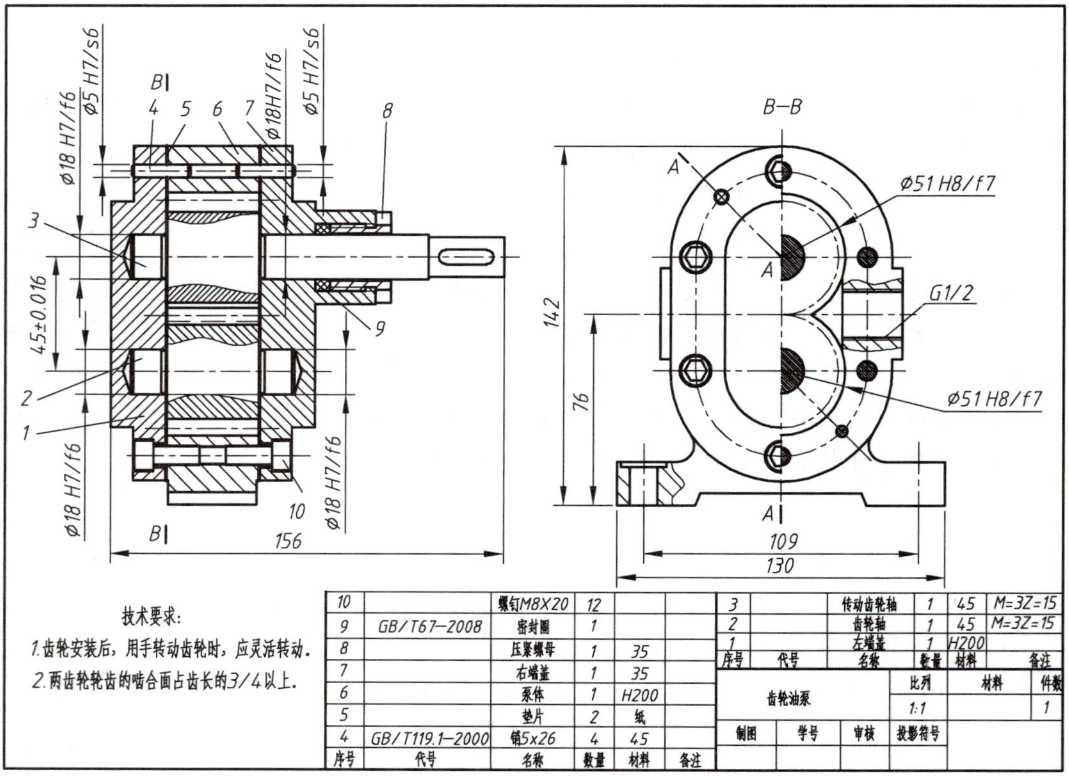

图 3-11　装配图

（四）装配图尺寸标注

装配图的作用是表达零、部件的装配关系，因此，其尺寸标注的要求不同于零件图。不需要注出每个零件的全部尺寸，一般只需标注规格尺寸、装配尺寸、安装尺寸、外形尺寸和其他重要尺寸五大类尺寸。

（1）规格（或性能）尺寸：说明部件规格或性能的尺寸，它是设计和选用产品时的主要依据，如图 3-11 中的 ϕ 50H8 就是规格尺寸。

（2）装配尺寸：是保证部件正确装配，并说明配合性质及装配要求的尺寸。装配尺寸包括配合尺寸和相对位置尺寸。如图 3-11 中 86H9/f9、60H9/f9 及连接螺栓中心距等都属于装配尺寸。

（3）安装尺寸：将部件安装到其他零、部件或基础上所需要的尺寸。如图 3-11 中地脚螺栓孔的尺寸等属于安装尺寸。

（4）外形尺寸：机器或部件的总长、总宽和总高尺寸，它反映了机器或部件的体积大小，即该机器或部件在包装、运输和安装过程中所占空间的大小。如图 3-11 中的 236、121 和 76 即是外形尺寸。

（5）其他重要尺寸：除以上四类尺寸外，在装配或使用中必须说明的尺寸，如运动零件的位移尺寸等。

需要说明的是，装配图上的某些尺寸有时兼有几种意义，而且每一张图上也不一定都具有上述五类尺寸。在标注尺寸时，必须明确每个尺寸的作用，对装配图没有意义的结构尺寸不需注出。

任务检查

表 3-1　零件图和装配图认知——任务检查单

任务编号	3-1	任务名称	零件图认知
序号	检查内容	是	否
阐述零件图的内容和特点			
1	阐述零件图的特点		
2	举例说明零件图的尺寸基准		
阐述装配图的内容和特点			
3	阐述装配图的内容和特点		
识读零件图和装配图			
4	识读零件图和装配图		

任务拓展

识读零件图（见图 3-12），并回答问题。

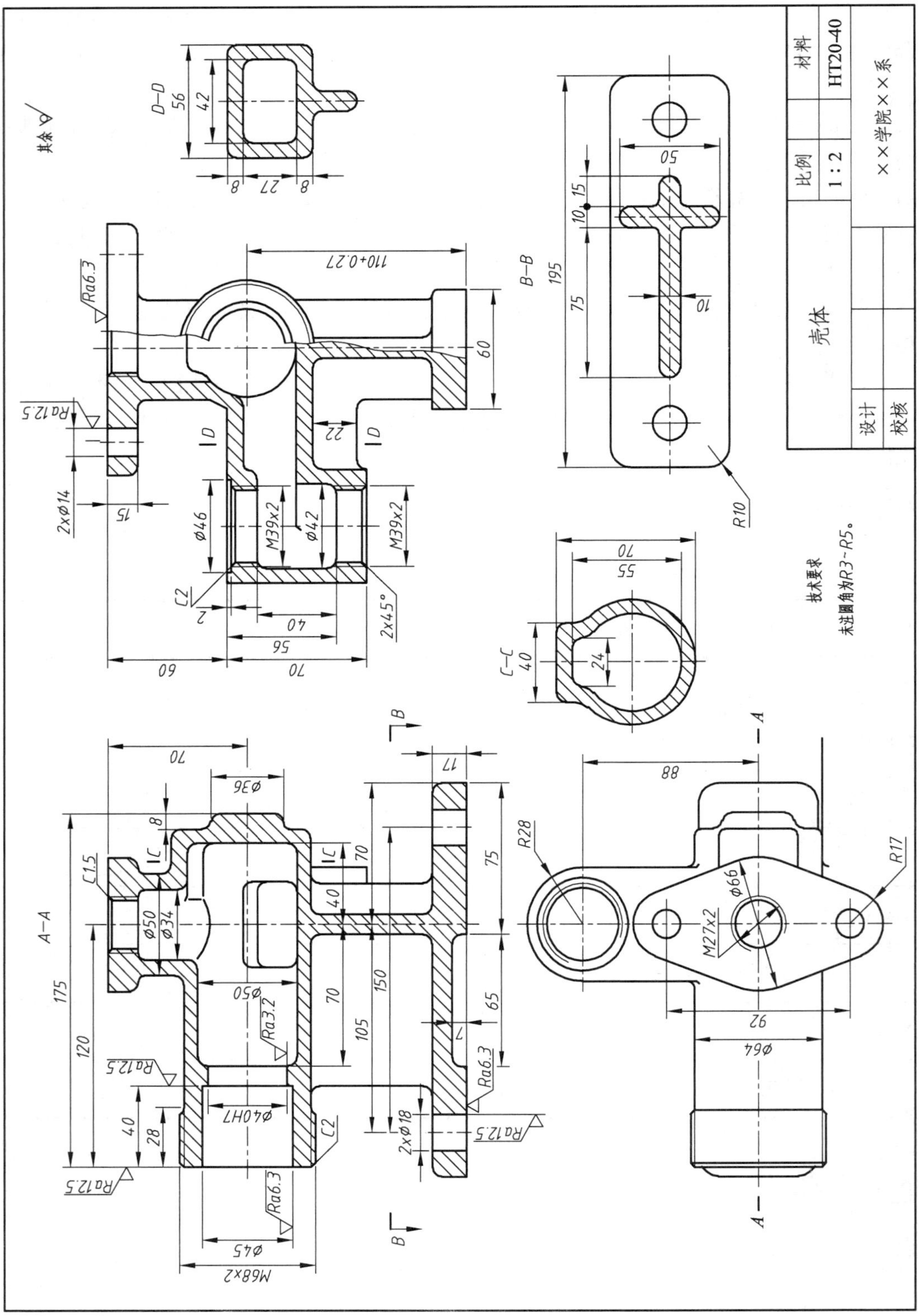

图 3-12 零件图

（1）该零件采用了哪些视图、剖视图或其他表达方法？说明数量和名称。
（2）指出该零件在长、宽、高三个方向的主要尺寸基准。
（3）说明 M68×2 的含义。

任务2 零件图技术要求认知

任务描述

零件图上除了视图和尺寸外，还应标注制造和检验零件时所需要的全部技术要求。技术要求主要包含表面结构、极限与配合、形状和位置公差代号、热处理和表面处理等内容。它对于保证零件具有互换性，满足机器对零件的功能要求具有重要的作用。这些项目凡是有规定代号的，应用代号直接标注在图样上，无规定代号的，用文字书写在标题栏上方或左侧。

任务目标

- 能识读零件图上的公差与配合；
- 能理解表面粗糙度的含义；
- 能识读零件图上的形位公差。

任务学习

一、公差与配合

设计零件的尺寸时，首先要保证部件的工作精度，要求能够确定零件在机器部件中的准确位置，所确定的配合连接关系要适当，并要保证所要求的互换性；其次是满足零件本身机械性能的要求，并便于加工制造。

（一）互换性

若从相同规格制造出的一批零件中，在装配时任取其中一个不需再经过修配就能保证装配出性能合格的产品，零件具有的这种性质，称为互换性。零件具有了互换性，便于装配、维修，是实现大规模生产的必要条件。

（二）公差的名词解释

（1）基本尺寸：设计时根据计算或经验所给定的尺寸。

（2）实际尺寸：通过测量所得的尺寸。

（3）极限尺寸：允许尺寸变化的两个界限值，它是以基本尺寸为基数来确定的。

① 最大极限尺寸——允许尺寸变化的最大界限值；

② 最小极限尺寸——允许尺寸变化的最小界限值。

（4）上偏差：最大极限尺寸减基本尺寸所得的代数差。

（5）下偏差：最小极限尺寸减基本尺寸所得的代数差。

（6）公差（尺寸公差）：① 指允许实际尺寸的变动量，是实现零件互换性的必要条件；
② 是最大极限尺寸与最小极限尺寸代数差的绝对值；
③ 或是上偏差与下偏差代数差的绝对值。

（7）零线：在公差带图中，确定偏差时的一条基准线。通常零线表示基本尺寸，零线之上偏差为正，零线之下偏差为负。

（8）标准公差：国家标准规定的用以确定公差带大小的任一公差。它由基本尺寸大小和公差等级两个因素决定。

根据零件使用性能的不同，对其尺寸的精确程度要求也不同，国家标准规定对于一定的基本尺寸，其标准公差共分 20 个等级（公差），即：IT01、IT0、IT1、IT2…IT18，“IT”表示标准公差，后面的数字是公差等级代号。IT01 为最高一级（即精度最高，公差值最小），IT18 为最低一级（即精度最低，公差值最大）。IT01…IT11 常用于配合公差，而 IT12…IT18 用于自由尺寸公差，自由尺寸公差一般在图上不予标注。

（9）公差带：由代表上偏差与下偏差的两条直线所限定的区域。公差带越宽，精度越低。一般以画有 45°斜细实线的矩形表示孔的公差带，以画有细点的矩形表示轴的公差带。

（10）公差带图：在讨论尺寸公差时，人们常常采用公差带图这一简化形式，如图 3-13 所示。

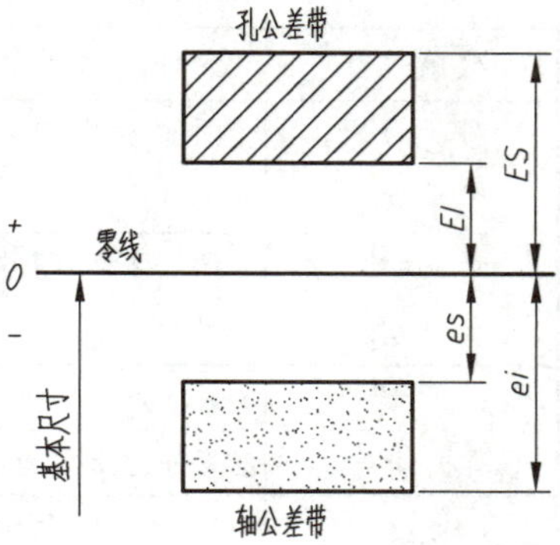

图 3-13　公差带图

（11）基本偏差：用以确定公差带相对于零线位置的上偏差或下偏差，一般指其中最靠近零线的那个偏差为基本偏差。

注：按国家标准规定，基本偏差共有 28 个，均分别用不同的拉丁字母表示。且规定孔的基本偏差用大写字母，而轴的基本偏差用小写字母。孔与轴各有 28 个基本偏差，分别构成基本偏差系列，同画于一个图中（见图 3-14）。在基本偏差系列中由于只表示公差带相对于零线的各种位置，而不标注其公差大小，该图中表示基本偏差的一端为封闭的而另一端则是开口的。其中，孔的 JS 和轴的 js，因为它们的极限偏差取±IT/2，故无基本偏差，其两端也就均为开口。

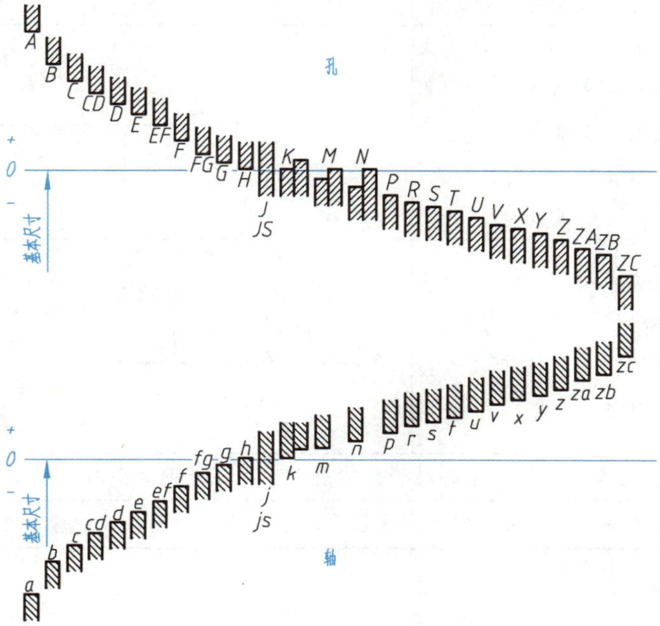

图 3-14　基本偏差系列

公差的名词解释示例见表 3-2。

表 3-2　公差的名词解释

名称	解释	示例	
		孔	轴
基本尺寸 A	设计给定的尺寸	孔的尺寸 $\phi 50H8(^{+0.039}_{0})$ $A=50$	轴的尺寸 $\phi 50f7(^{-0.025}_{-0.050})$ $A=50$
实际尺寸	通过测量所得的尺寸		
极限尺寸	允许尺寸变化的两个界限值，它以基本尺寸为基数来确定		
最大极限尺寸 A_{max}	两个极限值中较大的一个尺寸	最大极限尺寸 A_{max}=50.039	最大极限尺寸 A_{max}=49.975
最小极限尺寸 A_{min}	两个极限值中较小的一个尺寸	最小极限尺寸 A_{min}=50	最小极限尺寸 A_{min}=49.950
尺寸偏差（简称偏差）	极限尺寸与基本尺寸代数差（分为上偏差和下偏差）	上、下偏差用 ES、EI 表示	上、下偏差用 es、ei 表示
上偏差	最大极限尺寸与其基本尺寸代数差	ES=50.039−50=+0.039	es=49.975−50=−0.025
下偏差	最小极尺寸与其基本尺寸代数差	EI=50−50=0	ei=49.950−50=−0.050
尺寸公差（简称公差）T	允许尺寸的变动量，公差值为最大极限尺寸与最小极限尺寸的代数差的绝对值，也等于上偏差与下偏差的代数差的绝对值	T=50.039−50=0.039 或 T=(+0.039)−0=0.039	T=49.975−49.950=0.025 或 T=(−0.025)−(−0.05)=0.025
零线	在公差带图中，确定偏差的一条基准直线，即零偏差线。当零线画成水平时，零线之上的偏差为正，零线之下的偏差为负	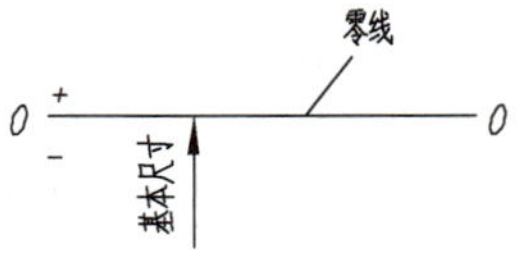	
公差带	在公差带图中，由代表上下偏差两条直线所限定的区域。用放大两条直线的相对位置的方框表示	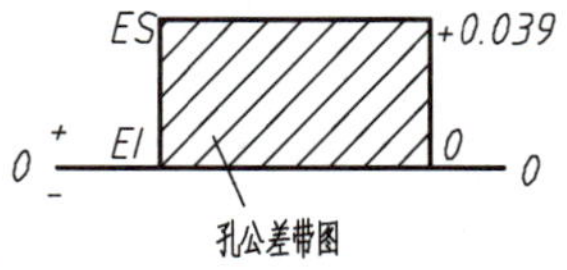 方框内画斜线表示	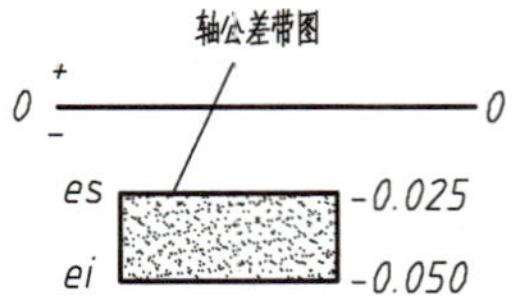 方框内用点表示
标准公差	“公差与配合”国家标准表列的用以确定公差带大小的任一公差		
基本偏差	用来确定公差带相对于零线位置的上偏差或下偏差，一般为靠近零线的那个偏差		

（三）配　合

配合是指基本尺寸相同、互相配合的孔和轴公差带之间的关系。

（1）配合的种类：零件之间的配合性质，随使用要求不同而不同。根据生产的需要，国家标准把配合分为三类：间隙配合、过渡配合、过盈配合。

① 间隙配合——具有间隙（包括最小间隙为零）的配合。此类配合适用于孔和轴在装配后，要求它们之间具有相对运动的情况，如图 3-15 所示。

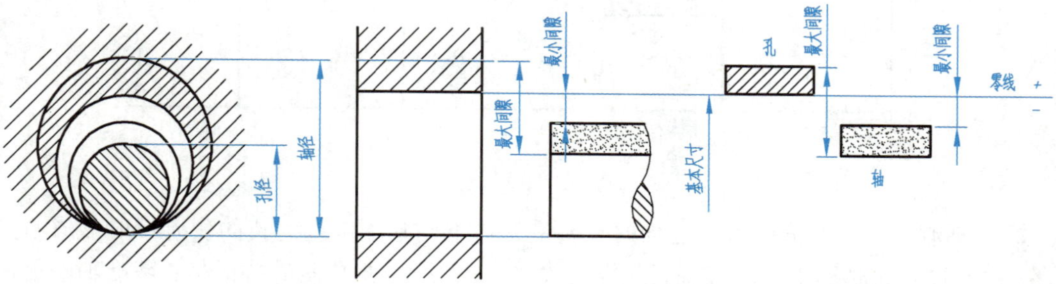

图 3-15　间隙配合

② 过盈配合——具有过盈的配合（包括最小过盈为零）的配合。此类配合适用于孔与轴装配后，要求它们之间无相对运动的情况，如图 3-16 所示。

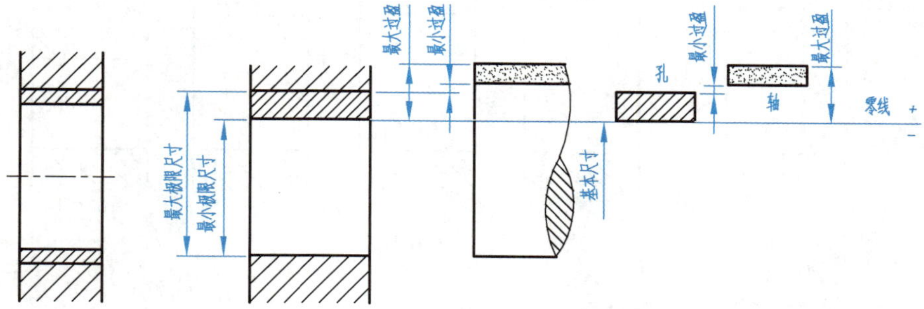

图 3-16　过盈配合

③ 过渡配合——可能有较小的间隙或较小的过盈的配合，即配合后松紧程度介于间隙配合与过盈配合之间的配合。过渡配合适用于孔与轴装配后，虽然要求它们之间无相对运动，但需经常拆卸的情况，如图 3-17 所示。

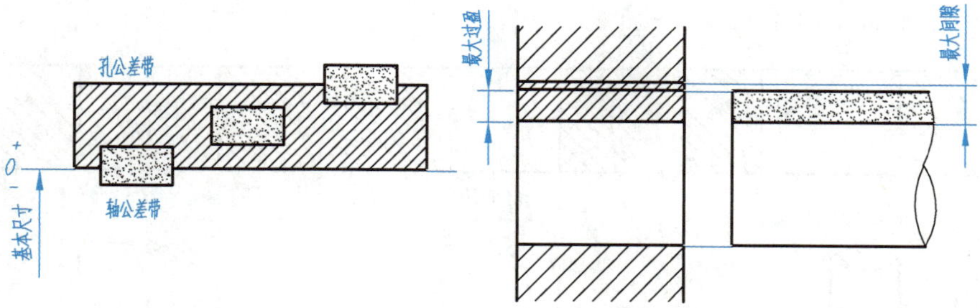

图 3-17　过渡配合

（2）基准制：在加工零件时，为减少刀具、量具的规格数量，国家标准对配合制定了基孔制和基轴制的两种基准制。

① 基孔制——基本偏差为一定孔的公差带，与不同基本偏差的轴的公差带所形成不同配合的一种制度。此时称孔为基准孔，并规定代号为大写 H。基孔制的特征是：基准孔的下偏

差为零，并且此时轴的基本偏差在 a ~ h 为间隙配合，在 j ~ n 为过渡配合，在 p ~ zc 为过盈配合，如图 3-18 所示。

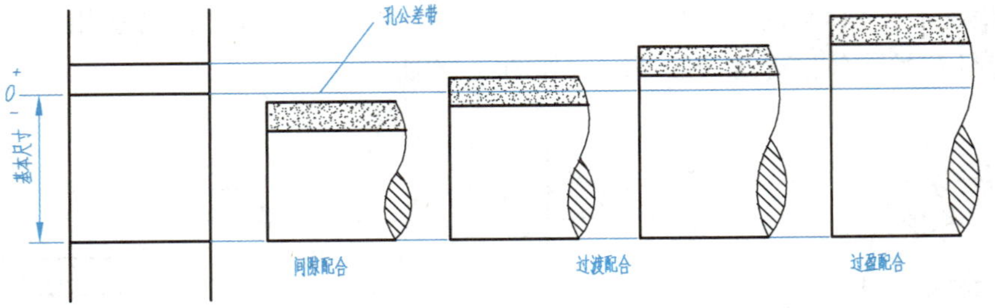

图 3-18　基孔制配合

② 基轴制——基本偏差为一定轴的公差带，与不同基本偏差的孔的公差带所形成不同配合的一种制度。此时称轴为基准轴，并规定代号为小写 h。基孔制的特征是：基准轴的上偏差为零，此时孔的基本偏差在 A ~ H 为间隙配合，在 J ~ N 为过渡配合，在 P ~ ZC 为过盈配合，如图 3-19 所示。

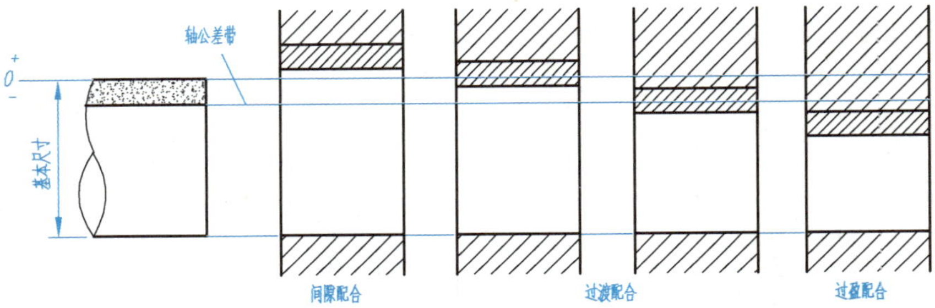

图 3-19　基轴制配合

（四）公差与配合的标注

1. 在零件图上的标注

用于大批量生产的零件图，可以只标注公差代号，如图 3-20（a）所示。用于中小批量生产的零件图，一般只标注出极限偏差，上偏差注在右上方，下偏差应与基本尺寸注在同一底线上，如图 3-20（b）所示。如需同时标注公差代号和对应的偏差值时，则其偏差值应加上圆括号，如图 3-20（c）所示。

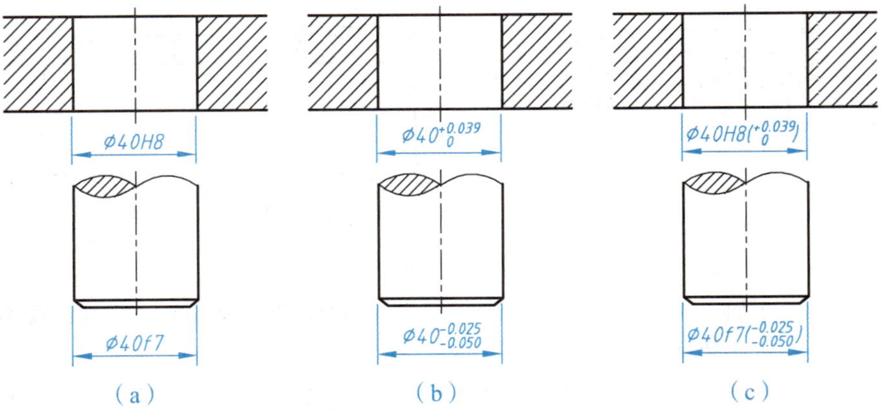

图 3-20　标注公差

2. 在装配图上的标注

配合的代号由两个相互结合的孔和轴的公差带的代号组成，用分数形式表示，分子为孔的公差带代号，分母为轴的公差带代号，如图3-21所示。

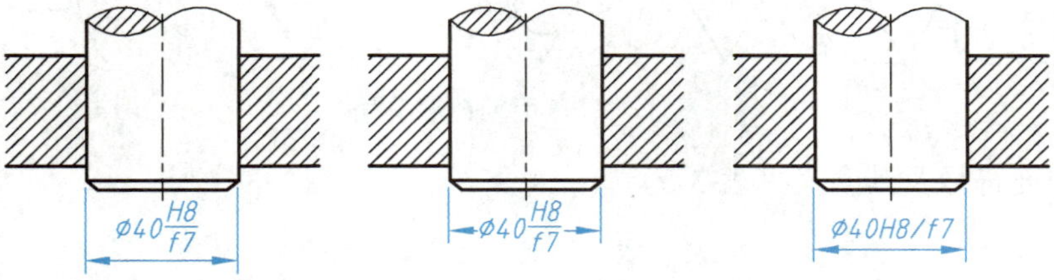

图3-21　配合代号在装配图上的标注

二、表面粗糙度

（一）定　义

零件在加工过程中，受刀具的形状和刀具与工件之间的摩擦、机床的振动及零件金属表面的塑性变形等因素影响，表面不可能绝对光滑，如图3-22所示。零件表面上这种具有较小间距的峰谷所组成的微观几何形状特征称为表面粗糙度。

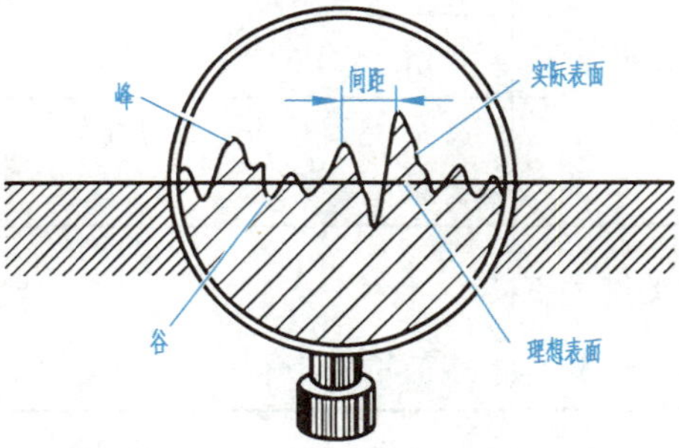

图3-22　零件表面的放大状况

不同的加工方法可以得到不同的表面粗糙度，光滑的表面不仅会增加零件的美观性和密封性，且会增加零件的耐磨性和耐腐蚀性；但是提高零件的表面光滑程度，不仅要增加它的加工工序，还要增加加工成本。因此，在保证零件使用要求的前提下，应为零件表面规定适当的粗糙度。

（1）参数 *Ra*：轮廓偏差绝对值的算数平均值（简称轮廓算数平均偏差），定义为在取样长度1内，轮廓偏差绝对值的算数平均值。

表面粗糙度 *Ra* 值已标准化，可查表。

（2）国标中规定常用表面粗糙度评定参数除 *Ra* 以外，还有：*Rz*——微观不平度十点高度；*Ry*——轮廓最大高度。

（二）表面粗糙度符号

表面粗糙度符号画法和符号尺寸如图3-23所示。

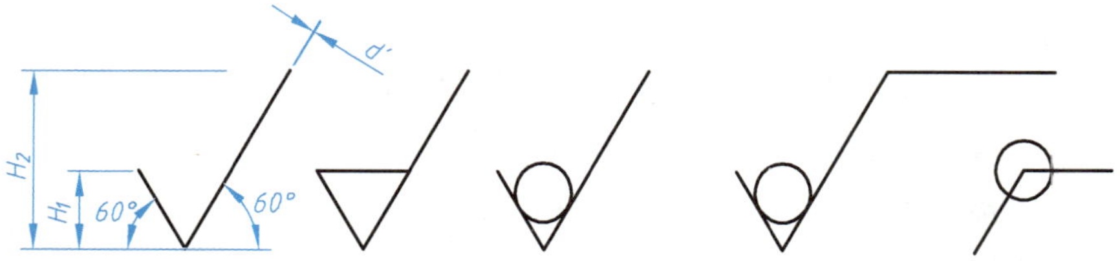

图 3-23　表面粗糙度符号

表面粗糙度符号及其含义见表 3-3。

表 3-3　表面粗糙度符号及其含义

符号	意义及说明
	基本符号，表示表面可用任何方法获得。当不加注粗糙度参数值或有关说明（如表面处理、局部热处理状况等）时，仅适用于简化代号标注
	基本符号加一短画，表示表面是用去除材料的方法获得，如车、铣、钻磨、剪切、抛光、腐蚀、电火花加工、气割等
	基本符号加一小圆，表示表面是用不去除材料的方法获得，如铸、锻、冲压变形、热轧、冷轧、粉末冶金等，或者是用于保持原供应状况的表面（包括保持上道工序的状况）
	在上述三个符号的长边上均可加一横线，用于标注有关参数和说明
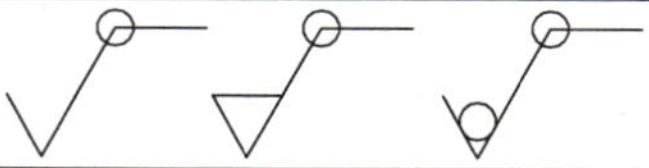	在上述三个符号上均可加一小圆，表示所有表面具有相同的表面粗糙度要求

表面粗糙度代号及其意义见表 3-4。

表 3-4　表面粗糙度代号及其意义

代号	意义	代号	意义
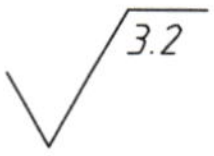	用任何方法获得的表面粗糙度，*Ra* 的上限值为 3.2 μm	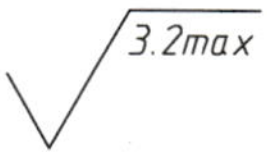	用任何方法获得的表面粗糙度，*Ra* 的最大值为 3.2 μm
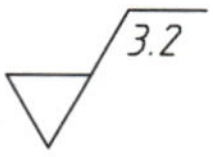	用去除材料方法获得的表面粗糙度，*Ra* 的上限值为 3.2 μm	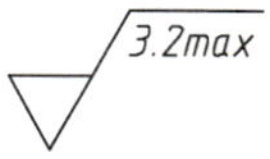	用去除材料方法获得的表面粗糙度，*Ra* 的最大值为 3.2 μm
	用不去除材料方法获得的表面粗糙度，*Ra* 的上限值为 3.2 μm	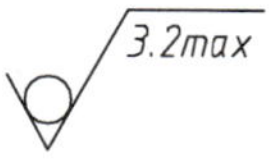	用不去除材料方法获得的表面粗糙度，*Ra* 的最大值为 3.2 μm
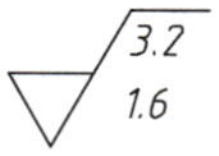	用去除材料方法获得的表面粗糙度，*Ra* 的上限值为 3.2 μm，*Ra* 的下限值为 1.6 μm	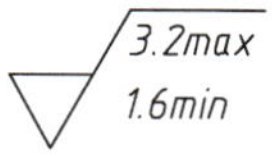	用去除材料方法获得的表面粗糙度，*Ra* 的最大值为 3.2 μm，*Ra* 的最小值为 1.6 μm

（三）图样上表面粗糙度的标注规则

表面粗糙度用来指出零件表面在加工时所要达到的光滑程度，因此它只标注在零件图上。标注方法必须符合 GB/T 131—2006 的规定，只有掌握它的标注规则，才能正确标注和识别它。

规定注法：

（1）在同一图样中，零件的每一表面都应标注相应的表面粗糙度。每一表面的粗糙度代号只能标注一次，并尽可能标注在具有确定该表面大小或位置尺寸的视图上，且代号应注在可见轮廓线、尺寸线、尺寸界线或其延长线上，必要时可注在指引线上。

（2）符号的尖端必须由材料外指向该表面。

（3）代号中的数字为表面粗糙度高度参数允许值，其单位是微米（μm）。

（4）标写轮廓算数平均偏差（*Ra*），可省略“*Ra*”符号；标注其他参数时，必须加上参数符号（如 *Ry*、*Rz*）。

（5）代号中 *Ra* 值数字的大小和书写方向必须与图上尺寸数字的大小和书写方向一致。

标注示例见表 3-5。

表 3-5　标注示例

标注类型	图例	说明
一般标注	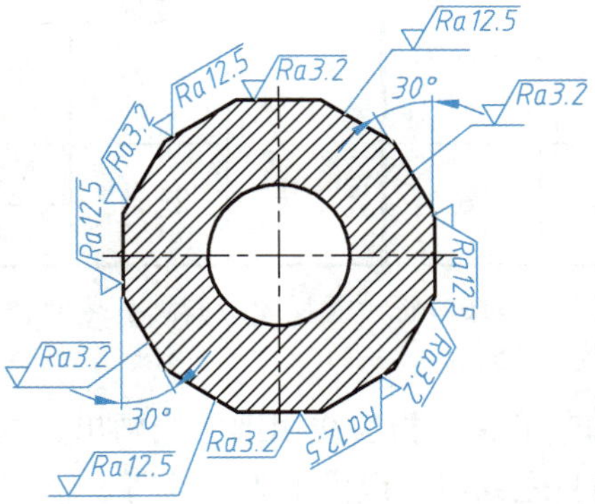	符号的尖端必须从材料外指向零件表面。每个表面只能标注一次。当轮廓线处于图中所示 30°内，可以应用指引线引出标注
	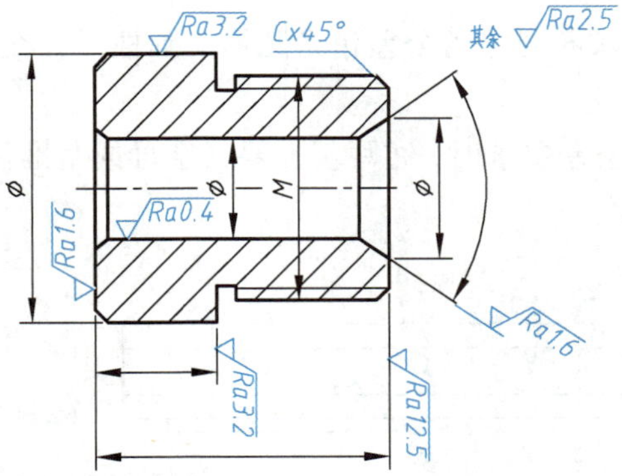	代号中数字的方向必须与尺寸数字方向一致。对其中使用最多的一种代（符）号可统一注在图样右上角，并加注“其余”两字，且高度应是图形中其他代（符）号的 1.4 倍

三、形状和位置公差

评定零件质量的因素是多方面的，不仅零件的尺寸影响零件的质量，零件的几何形状和结构的位置也大大影响零件的质量。

零件存在严重的形状和位置误差，将使其装配困难，影响机器的质量，因此，对于精度要求较高的零件，除给出尺寸公差外，还应根据设计要求，合理地确定出形状和位置误差的最大允许值，即形状和位置公差。

形状公差是指实际要素的形状所允许的变动量。位置公差是指实际要素的位置对基准所允许的变动量，它包括定向公差、定位公差和跳动公差。形状和位置公差特征项目的规定符号见表 3-6。

表 3-6　形状和位置公差特征项目的规定符号

分类		项目名称	符号	基准要求	分类		项目名称	符号	基准要求
形状公差	形状	直线度	—	无	位置公差	定向	平行度	//	有
		平面度	▱	无			垂直度	⊥	有
		圆度	○	无			斜度	∠	有
		圆柱度	⌭	无		定位	同轴度	◎	有
形状或位置	轮廓	线轮廓度	⌒	有或无			对称度	⌯	有
		面轮廓度	⌓	有或无			位置度	⌖	有或无
						跳动	圆跳动	↗	有
							全跳动	⌰	有

注：国家标准规定项目特征符号线型为 $h/10$，符号高度为 h（同字高）。其中，平面度、圆柱度、平行度、跳动等符号的倾斜角度为 75°。

形位公差代号的标注：框格和带箭头的指引线用细实线画出，框格应水平或垂直放置。矩形框格由两格或多格组成，框格自左到右，或由上到下填写。

第一格注写形位公差特征项目的符号。

第二格注写形位公差值和有关符号。若公差带是圆形、圆柱形，在公差值前加注“ϕ”，是球形应注写“$S\phi$”。

第三格及其以后格，有位置公差要求时，注写基准要素字母或基准体系的字母，如图 3-24 所示。

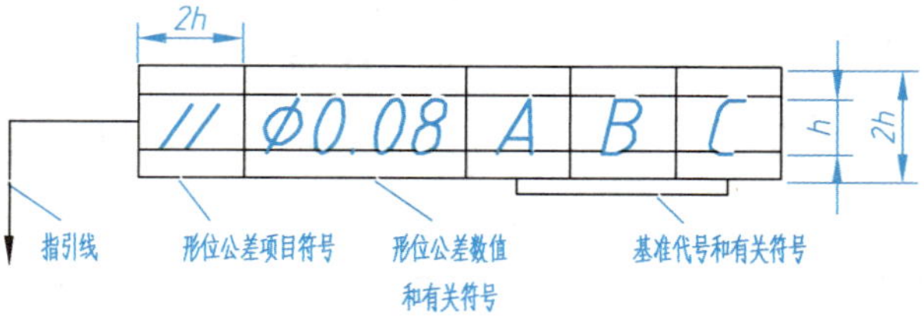

图 3-24　形位公差代号的标注

形位公差标注示例见表 3-7。

表 3-7 形位公差标注示例

标注代号	含义说明
⊥ | 0.025 | A	表示 $\phi72^{0}_{-0.30}$ 的右端面对于基准 *A* 的垂直度公差为 0.025 mm，其公差带是垂直于基准轴线的距离为公差值 0.025 mm 的两平行平面内
◎ | Ø0.1 | A	表示 M12×1 的轴线对基准 *A* 的同轴度公差为 0.1 mm，其公差带是与基准 *A* 同轴，直径为公差值 0.1 mm 的圆柱面
↗ | 0.01 | A	表示 ϕ32f7 的端面对基准 *A* 的端面圆跳动公差为 0.1 mm，其公差带是与基准轴线同轴的任一直径位置的测量圆柱面上，沿母线方向宽度为公差值 0.1 mm 的圆柱面区域
⌭ | 0.005	表示 ϕ32f7 圆柱面的圆柱度公差为 0.005 mm，其公差带是半径差为 0.005 mm 的两同轴面，是该圆柱面纵向和正截面形状的综合公差

任务检查

表 3-8 零件图技术要求认知——任务检查单

任务编号	3-2	任务名称	零件图技术要求认知
序号	检查内容	是	否
理解公差与配合			
1	阐述公差相关术语的含义		
2	讲解零件图上公差与配合代号的意义		
识读零件图表面粗糙度			
3	识读零件图上表面结构代号		
4	讲解零件图上表面粗糙度代号的含义		
形位公差			
5	讲解零件图上形位公差的含义		

任务拓展

（1）识读端盖零件图（图 3-25），回答下列问题。

① 表面Ⅰ的表面粗糙度代号为______，表面Ⅱ的表面粗糙度代号为______，表面Ⅲ的表面粗糙度代号为______。

② 尺寸 ϕ 70d11，其基本尺寸为__________，基本偏差代号为___________，标准公差等级为___________。

（2）识读齿轮轴零件图（见图 3-26），在指定位置补画 *A*—*A* 断面图，并回答下列问题。

① 说明 M12×1.5-6g 的含义：_____________。

② 说明 ⊥ | 0.03 | A 的含义：_____________。

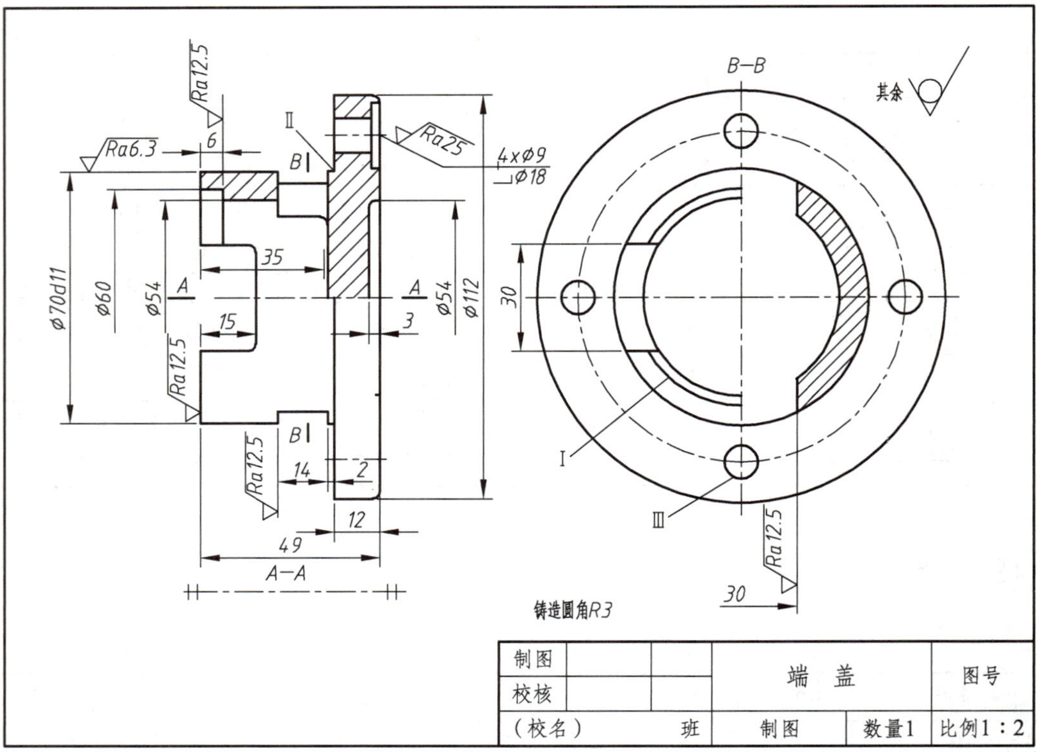

图 3-25 端盖

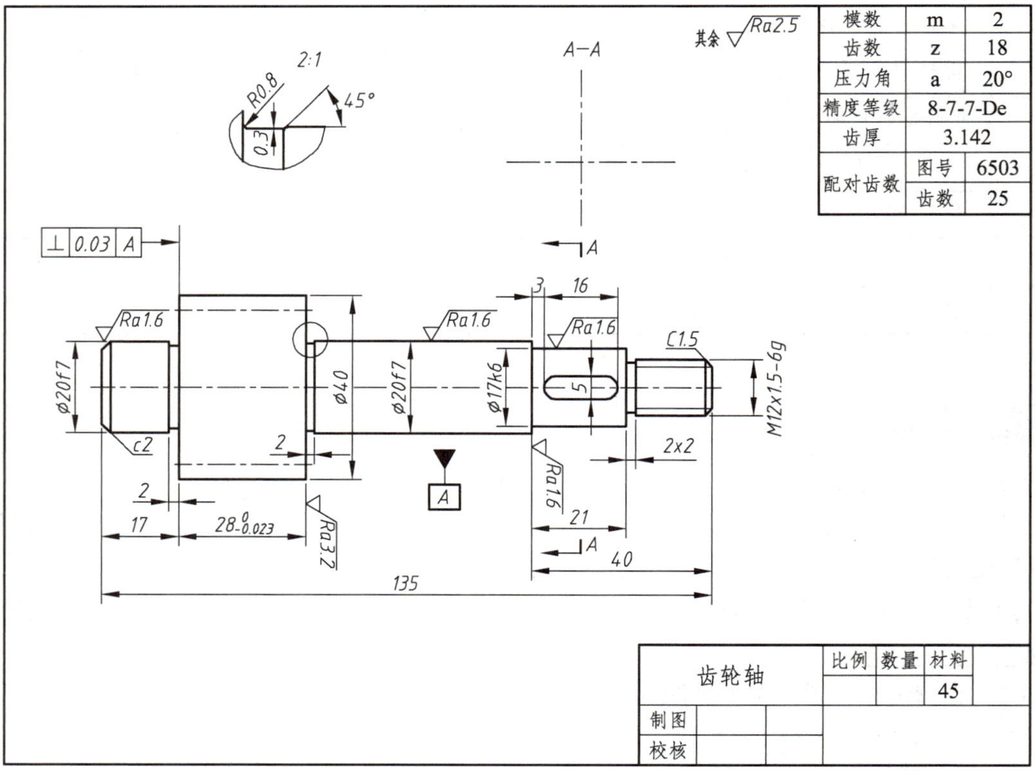

图 3-26 齿轮轴

③ 指出图中的工艺结构：它有________处倒角，其尺寸分别为________，有________处退刀槽，其尺寸为________。

任务训练

一、填空题

1. 一张完整的零件图应包括下列四项内容：________、________、________、________。

2. 图样中的图形只能表达零件的________________，零件的真实大小应以图样上所注的______为依据。

3. 表面粗糙度是评定零件______的一项技术指标，常用参数是______，其值越小，表面越______；其值越大，表面越______。

4. 标准公差是国家标准所列的用以确定____________的任一公差。

5. 对于一定的基本尺寸，公差等级越高，标准公差值越________，尺寸的精确程度越________。

6. 配合分为______________。

7. 配合的基准制有__________和__________两种。优先选用__________。

8. 形状公差项目有______、______、______、______、______、______等六种。

9. 一张完整的装配图应具有下列四部分内容________、________、________、________。

10. 孔与轴的配合为 $\phi30\dfrac{H8}{f7}$，这是基____制配合。

二、选择题

1. 下面哪种符号是代表形位公差中的同轴度（　　）。

A. ◎　　B. ⌖　　C. ↗　　D. ⌭

★2. 以下尺寸标注不合理的是（　　）。

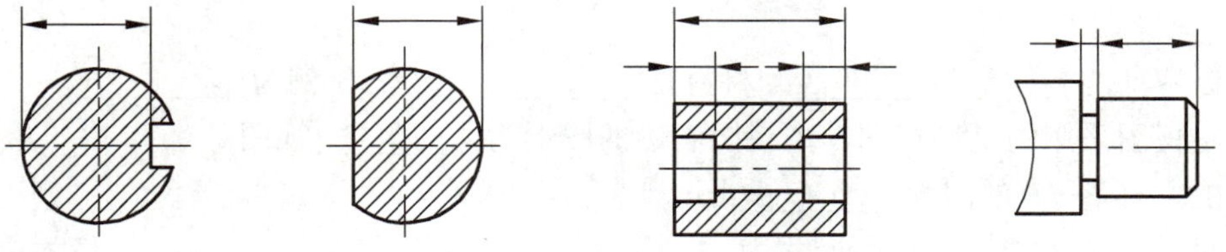

A　　B　　C　　D

3. 132±0.0125 的公差为（　　）。

A. +0.0125　　B. −0.0125　　C. +0.025　　D. 0.025

4. 公差表示尺寸允许变动的范围，所以（　　）。

A. 一定为正值　　B. 一定为负值　　C. 可以为零　　D. 以上值都可以

*5. 零件图主视图选择原则有（　　）。

A. 形状特征原则　　B. 加工位置原则　　C. 工作位置原则　　D. 以上答案均正确

*6. 在零件图中对尺寸基准根据其作用分为（　　）两类。

A. 设计基准和工艺基准　　B. 长宽高基准

C. 主要基准和辅助基准　　D. 合理基准和不合理基准

7. 表面粗糙度中，Ra 的单位为（　　）。

A. 米　　B. 毫米　　C. 微米　　D. 厘米

三、识读题

1. 识读零件图（见图 3-27），并回答问题。

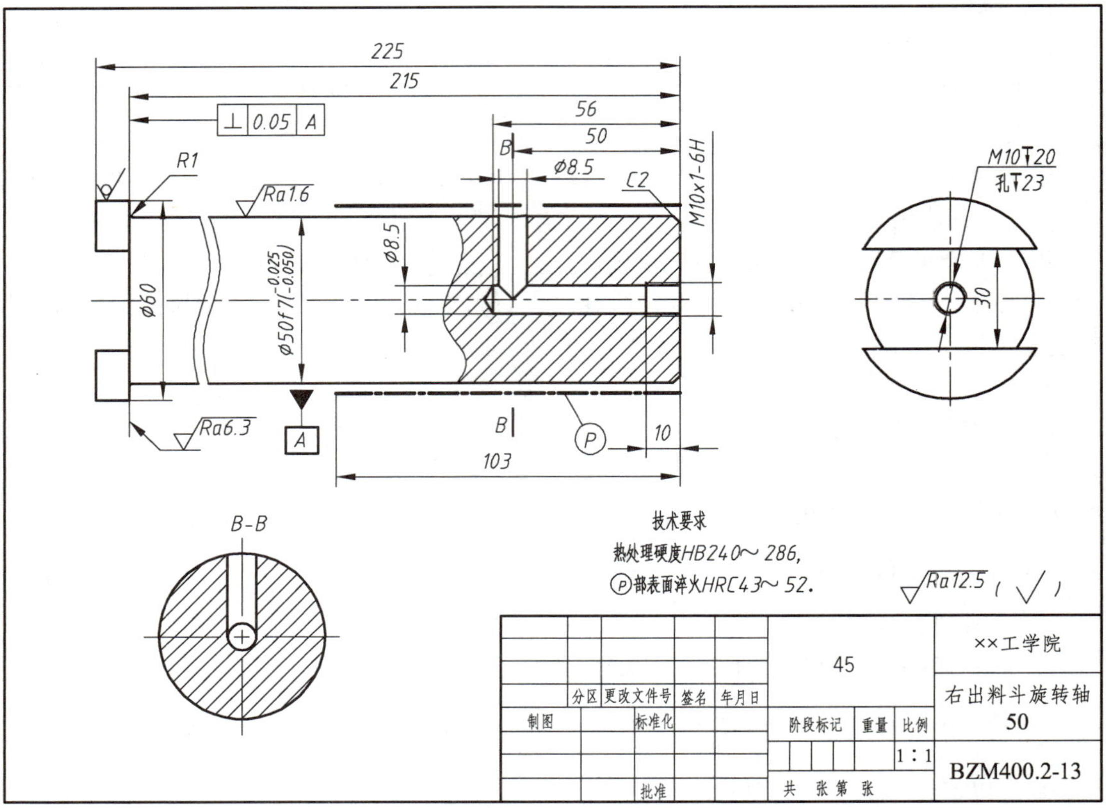

图 3-27　零件图

（1）该零件的名称是__________，材料是__________，绘图比例为__________。

（2）主视图采用的是剖视图，主视图右边的图形为__________视图。

（3）上方有 *B*—*B* 的图为__________图。

（4）尺寸 $\phi50f7(^{-0.025}_{-0.050})$ 的基本尺寸为__________，基本偏差是__________，最大极限尺寸是__________，最小极限尺寸是__________，公差是__________。

（5）该零件轴向的尺寸基准是__________，径向的尺寸基准是__________。

（6）零件的右端面螺纹尺寸为 M10×1-6H，其螺距为__________。

（7）零件的右端面的倒角为__________。

（8）套 $\phi50$ 的外圆面的表面粗糙度为__________。

（9）说明图中形位公差的意义：

⊥ 0.05 A 被测要素为__________，基准要素为__________，公差项目为__________，公差值为__________。

2. 识读装配图（见图 3-28），并回答问题。

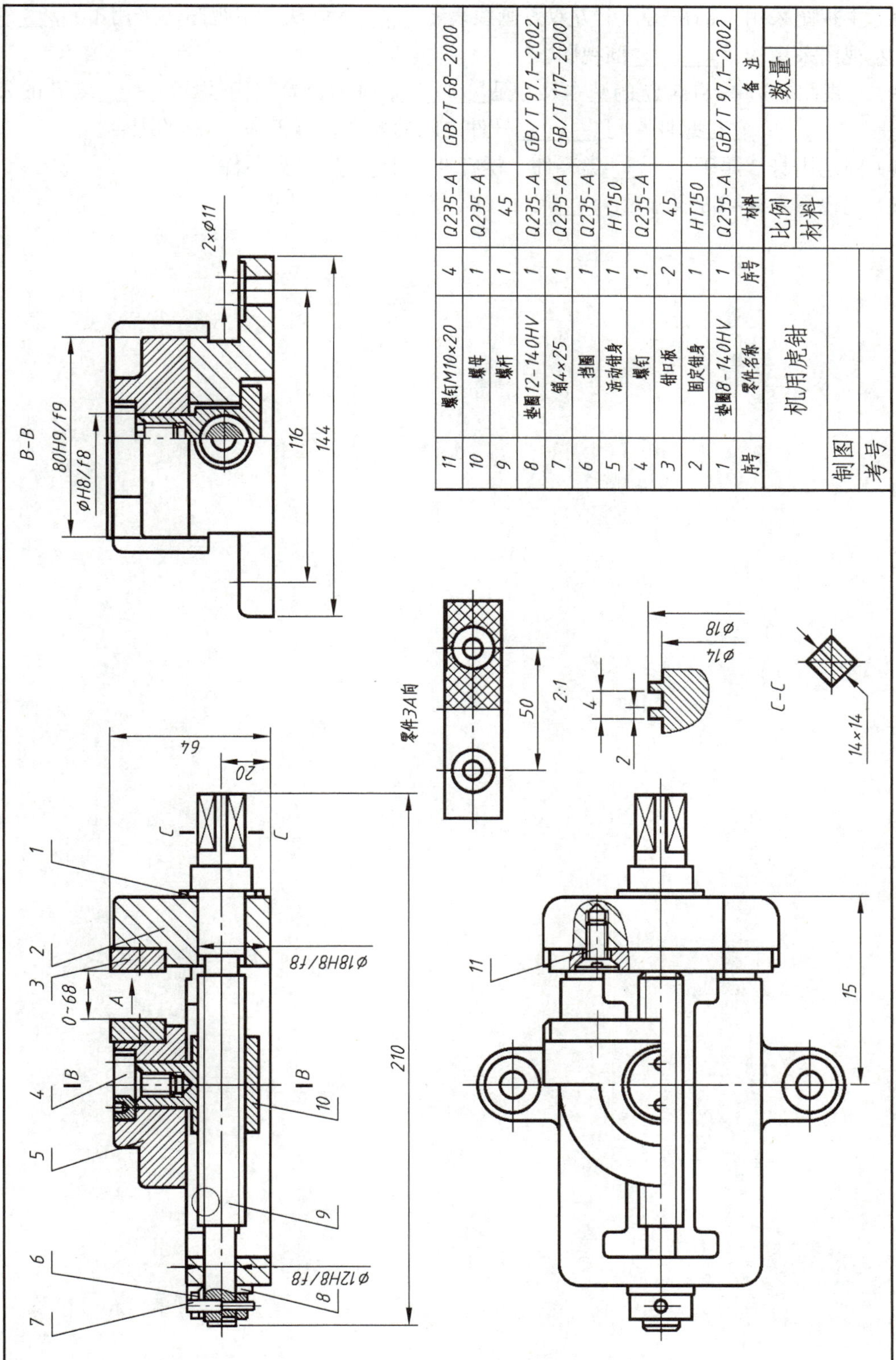
B-B
80H9/f9
ϕH8/f8
2×ϕ11
116
144
11 螺钉M10×20 4 Q235-A GB/T 68-2000
10 螺母 1 Q235-A
9 螺杆 1 45
8 垫圈12-140HV 1 Q235-A GB/T 97.1-2002
7 销4×25 1 Q235-A GB/T 117-2000
6 挡圈 1 Q235-A
5 活动钳身 1 HT150
4 螺钉 1 Q235-A
3 钳口板 2 45
2 固定钳身 1 HT150
1 垫圈8-140HV 1 Q235-A GB/T 97.1-2002
序号 零件名称 序号 材料 备注
机用虎钳
比例 数量
材料
制图
考号
64
20
ϕ18H8/f8
0~68
A
ϕ12H8/f8
210
零件3A向
50
2:1
4
2
ϕ18
ϕ14
C-C
14×14
15

图 3-28　装配图

（1）机用虎钳共用了 11 种零件，标准件有_______种。

（2）主视图采用了剖视图，上方双点画线表示_______画法，主视图还采用了_______剖视图；左视图采用的是_______剖视图。

（3）主视图右边 ϕ 18H8/f7 的基本尺寸是_______，轴的公差带代号是_______，孔的公差带代号是_______；它是螺杆 9 与_______号件之间的配合，属于基___制的配合。

（4）固定钳身 2 属于_______类零件，螺杆 9 属于_______类零件。

（5）主视图中 0 ~ 68 属于_______尺寸，64 属于_______尺寸。

项目4 常用机械材料认知

任务1 金属材料的力学性能认知

任务描述

在轨道交通中，不论是列车设备还是车站设备，工程材料的应用都非常普遍。为保障轨道交通的正常运营，特别是在制造和维护过程中，我们必须了解和掌握有关工程材料的各种性能，为轨道交通的安全行车保驾护航。

本任务主要了解轨道交通相关金属材料的力学性能。

任务目标

- 能阐述强度、塑性、硬度、冲击韧度、疲劳强度的含义；
- 能举例说明各种性能指标的应用；
- 能进行简单的性能指标计算。

任务学习

材料的性能通常分为使用性能和工艺性能。使用性能是指材料在使用过程中所表现出来的特性，它是保证机械零件或工具正常工作应具备的性能。使用性能包括物理性能、化学性能和力学性能。工艺性能是指金属在加工、制造机械零件和工具过程中所表现出来的特性，也就是材料采用某种加工方法制成成品的难易程度。它包括铸造性能、锻造性能、焊接性能、热处理性能、切削加工性能等。

材料的力学性能是指材料在外力作用下所表现出来的性能，主要有强度、塑性、硬度、冲击韧度、疲劳强度等。

一、强　度

强度是指材料抵抗塑性变形和断裂的能力，其大小用应力来表示。金属材料的强度指标可以通过拉伸试验获得。

（一）拉伸试验

拉伸试验是指沿试样轴向用静拉伸力进行拉伸，并测量拉伸力和相应的伸长量，来确定其力学性能的试验。拉伸试验在拉伸试验机上进行，通常采用圆柱形试样。

根据 GB 6397—86 的规定，拉伸试样分为长比例试样和短比例试样。

长比例试样：$L=10d$

短比例试样：$L=5d$

将试样装在拉伸试验机的上、下夹头上，启动拉伸试验机，在轴向拉力的作用下，试样受到拉伸。同时，记录拉伸过程中的力-伸长曲线。

观察拉伸试验和力-伸长曲线可知，在拉伸试验的开始阶段，试样的伸长量 ΔL 与拉伸力 F 之间呈正比关系。在 OP 阶段，随拉伸力 F 的增加，试样伸长量 ΔL 也呈正比增加。当去除拉伸力后试样恢复其原始形状，表现为弹性变形。图中 F_p 是试样保持弹性变形时的最大拉伸力。

随着拉伸力的不断增加，当拉伸力超过 F_p 时，试样开始产生塑性变形，即使去除拉伸力后，变形也不能完全恢复，塑性伸长将被保留下来。当拉伸力继续增加到 F_e 时，力-伸长曲线在 E 点之后出现一个平台或锯齿，即拉伸力不再增加，试样也会明显伸长，这种现象称为“屈服”，F_e 称为屈服拉伸力。

当拉伸力达到 F_b 时，试样的局部截面开始收缩，产生了“缩颈”现象，如图 4-1 所示。由于缩颈而使试样局部截面迅速减小，直至试样被拉断。缩颈现象在力-伸长曲线上表现为一段下降的曲线 BK。试样拉断前能承受的最大拉伸力，称为极限拉伸力 F_b，如图 4-2 所示。

图 4-1 “缩颈”现象

从完整的拉伸试验和力-伸长曲线可以看出，试样从开始拉伸到断裂要经过弹性变形、屈服、缩颈与断裂几个阶段，如图 4-3 所示。

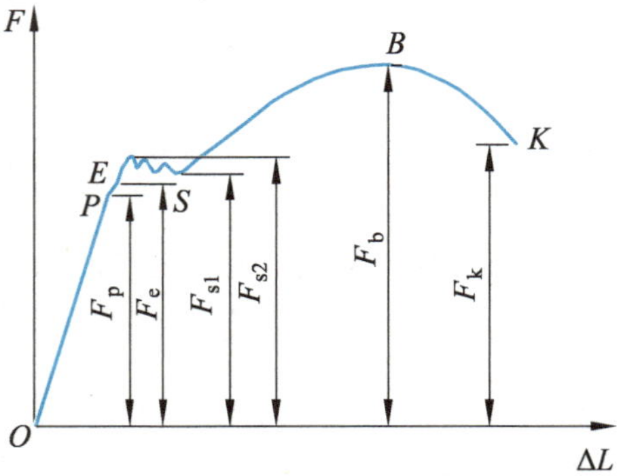

图 4-2 力-伸长曲线

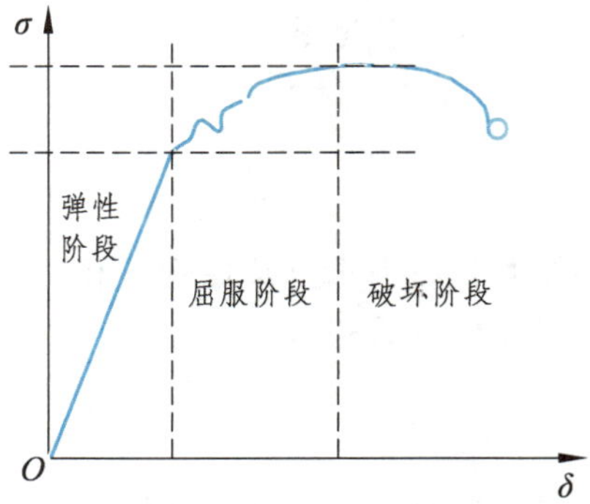

图 4-3 试样拉伸变形阶段

（二）强度指标

金属材料强度指标常用的有屈服强度 R_e、抗拉强度 R_m 等。

屈服强度是当金属材料呈现屈服现象时，在试验期间达到塑性变形发生而力不增加的应力点，也是产生明显塑形变形的最低应力值，用符号 R_e 表示，单位为 MPa。屈服强度是工程技术上极为重要的力学性能指标之一，也是大多数机械零件选材和设计的依据。

$$R_C = \frac{F_e}{A_0}$$

式中，F_e 为试样屈服时的载荷（N）；A_0 为试样原始横截面积（mm^2）。

抗拉强度是指试样拉断前承受的最大标称拉应力，用符号 R_m 表示，单位为 MPa。

$$R_m = F_b / A_0$$

二、塑　性

金属材料的塑性指标主要有断后伸长率和断面收缩率，用拉断试样时的最大相对变形量来表示。

（一）断后伸长率

在进行拉伸试验时，拉伸试样在力的作用下产生塑性变形，原始试样中的标距长度会不断伸长。试样拉断后，断后标距的残余伸长与原始标距之比的百分率为断后伸长率，用符号 A 表示。

$$A = \frac{L_U - L_0}{L_0} \times 100\%$$

（二）断面收缩率

试样拉断后横截面积的最大缩减量与原始横截面积的百分率称为断面收缩率。断面收缩率用符号 Z 表示。

$$Z = \frac{S_0 - S_u}{S_0} \times 100\%$$

金属的塑性对零件加工和使用具有重要的实际意义。塑性好的材料不仅能顺利地进行锻压、轧制等成形工艺，而且在使用时由于塑性好，万一超载，能避免突然断裂。所以大多数机械零件除要求具有较高的强度外，还必须具有一定的塑性。

三、硬　度

硬度是衡量金属软硬程度的一种力学性能。硬度的大小通过硬度试验测定。

硬度试验和拉伸试验都是在静态力作用下测定材料力学性能的方法。由于硬度试验不需要制作专门试样，方法简便迅速，基本上不损伤试样，而且可以直接在工件上进行测试，因而在生产中被广泛应用。硬度是一项综合的力学性能指标，从金属表面的局部压痕即可反映出材料的强度和塑性，因此在零件图上常常标注各种硬度指标来作为技术要求。硬度值的高低直接影响机械零件的耐磨性，一般情况下硬度值越高，耐磨性也越好。

硬度测定方法有压入法、划痕法、回弹法等，其中应用最为普遍的是压入法。

压入法是在规定的静态试验力作用下，将一定规格的压头压入金属材料表面层，然后根据产生的压痕面积大小或深度来确定其硬度值。目前，常用的有布氏硬度和洛氏硬度。

根据 GB/T 231.1—2018 的规定，布氏硬度试验法是在布氏硬度计上进行的一项硬度试验方法。

它是在规定的试验力作用下，将一定直径的硬质合金球压入试样表面，保持一定的时间后去除试验力，测量试样表面的压痕直径 d，然后根据压痕直径 d 计算其硬度值。原理如图 4-4 所示。

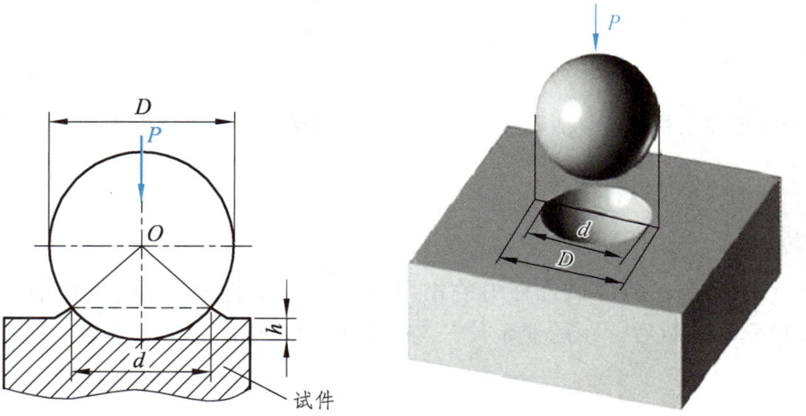

图 4-4　布氏硬度试验法

布氏硬度值是指压痕单位表面积上所承受的平均压力，用符号 HB 表示。

$$HB = 0.102 \times \frac{2F}{\pi D(D - \sqrt{D^2 - d^2})}$$

布氏硬度试验法的特点是试验时在金属表面产生的压痕较大，能在较大范围内反映材料的平均硬度，测得的硬度值较为准确，数据重复性较强。其缺点是由于压痕大，对金属表面的损伤也较大，因此不宜测定尺寸太小或厚度太薄的试样，也不宜用于成品件硬度的测试。

洛氏硬度试验法是用锥角为 120°的金刚石圆锥体或直径为 1.588 mm 的淬火钢球作为压头，在洛氏硬度计上进行的一项硬度试验方法，如图 4-5 所示。试验时，先加初试验力，然后再加主试

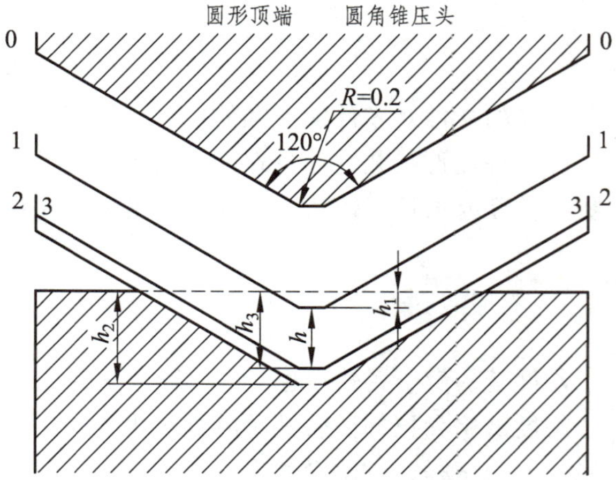

图 4-5　洛氏硬度试验法

验力，将压头压入试样表面之后，去除主试验力，在保留初试验力的情况下，根据试样压痕深度来确定金属的硬度大小。

试验时，根据压头和试验材料不同，洛氏硬度常用 HRA、HRB、HRC 三种标尺，见表 4-1。

表 4-1　洛氏硬度

符号	压头类型	载荷/N	硬度有效范围	使用范围
HRA	金刚石圆锥体	588	70～80	适用于测量硬质合金、钢表、淬火层或渗碳层
HRB	直径为 1.588 mm 的钢球	980	25～100（相当 60～230HB）	适用于测量非铁金属退火、正火等
HRC	金刚石圆锥体	1 470	20～67（相当 230～700HB）	适用于调质钢、淬火钢等

洛氏硬度试验是生产实际中广泛应用的一种硬度试验。其特点是：对试样表面损伤较小，硬度试验压痕也较小，可直接用来检验成品或半成品的硬度；试验时直接从试验机上读取硬度值，试验操作简便，省去了烦琐的测量、计算、查表等工作。其缺点是由于压痕较小，硬度值的准确性、重复性不如布氏硬度试验，因此，在测试洛氏硬度时，通常选取不同位置的三点测出硬度值，用平均值作为被测金属的洛氏硬度值。

四、冲击韧度

强度、塑性、硬度等力学性能指标都是在静态力作用下测定的。但在实际生产过程中，有些零件受到的是动态力，如压力机的冲头、锻锤的锤杆等，这些工件除要求具有一定的强度、塑性、硬度等力学性能外，还必须具有足够的韧性，以满足实际性能的需要。

韧性是指金属材料在动态力作用下抵抗断裂的能力，也即金属在断裂前吸收变形能量的能力。动态力，特别是冲击载荷，比静态力的破坏性要大得多。因此，需要采用测定冲击载荷下的冲击吸收功来确定韧性，用冲击韧度表示。为了测定金属的冲击吸收功，通常都采用夏比冲击试验，如图 4-6 所示。

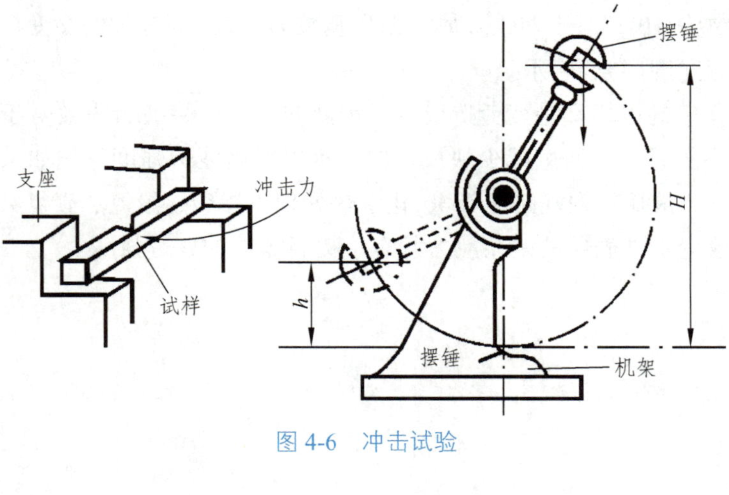

图 4-6　冲击试验

冲击韧度值 α_k 可用试样断口处截面面积去除冲击吸收功。

$$\alpha_k=A_k/S_0$$

式中，A_k 为试样冲断时所消耗的冲击功（J）；S_0 为试样的断口处截面面积（cm^2）。

冲击吸收功和冲击韧度是评定金属力学性能的重要指标。冲击吸收功和冲击韧度对组织缺陷非常敏感，能有效检验金属材料在冶炼、加工、热处理工艺等方面的质量。

多次冲击抗力取决于金属的强度和塑性指标，随着条件的不同，其强度和塑性的作用和要求是不同的。小能量多次冲击的脆断问题，主要由金属的强度决定；大能量多次冲击的脆断问题，主要取决于金属的塑性。

五、疲劳强度

（一）疲劳现象

许多零件（如轴、齿轮、弹簧等）是在循环应力和应变作用下工作的。循环应力和应变是指应力或应变的大小和方向都随时间发生周期性变化的一类应力和应变。许多零件工作时承受的应力值通常都低于材料的屈服强度或规定残余延伸强度，零件在这种循环载荷作用下，经过一定循环次数后仍会产生裂纹或发生突然断裂，这种现象称为金属的疲劳。

疲劳断裂与静态力作用下的断裂不同。在疲劳断裂前断裂是突然发生的，都不产生明显的塑性变形，因此具有很大的危险性，常常造成较为严重的事故。据统计，80%以上损坏的机械零件都是由于疲劳造成的。因此，研究疲劳现象具有非常重要的意义。

疲劳断裂首先是在零件局部区域产生应力集中造成的。首先，形成微小的裂纹核心，即微裂源。随后，在循环应力作用下，裂纹继续扩展长大。由于疲劳裂纹不断扩展，使零件的有效工作面逐渐减小，因此裂纹所在的断面上，零件所受应力不断增加。当应力超过材料的断裂强度时，就会形成最后瞬断区，发生疲劳断裂。

（二）疲劳强度

金属在循环应力作用下经受无限次循环而不断裂的最大应力值，称为金属的疲劳强度。在工程实践中，一般都是求疲劳极限，即对应于指定的循环基数下的中值疲劳强度。对于钢铁材料，循环基数为 10^7；对于非铁金属，循环基数为 10^8。当施加的交变应力是对称循环应力时，所得的疲劳强度用 σ_{-1} 表示。

大部分机械零件的损坏都是疲劳造成的，因此减少或消除疲劳失效对于提高零件的使用寿命具有极为重要的意义。通过减少缺口效应，可以提高疲劳强度，例如采用高频淬火、表面形变强化（喷丸、滚压、内孔挤压等）、化学热处理（渗碳、渗氮、碳氮共渗）等表面热处理，都可以用来改变零件表层的残余应力状态，提高零件的疲劳强度。

任务检查

表 4-2　金属材料的力学性能认知——任务检查单

任务编号	4-1	任务名称	金属材料的力学性能认知
序号	检查内容	是	否
阐述强度、塑性、硬度、冲击韧度、疲劳强度的含义			
1	阐述强度、塑性、硬度、冲击韧度、疲劳强度的含义		
2	简述强度、塑性、硬度、冲击韧度、疲劳强度的试验方法		
举例说明各种性能指标的应用			
3	举例说明各种性能指标的应用		
力学性能指标计算			
4	强度、塑性性能指标计算		

任务拓展

有一钢试样，其直径为 10 mm，标距长度为 50 mm，当拉伸力达到 18 840 N 时试样产生屈服现象。当拉伸力加至 36 110 N 时，试样产生缩颈现象，然后被拉断。拉断后标距长度为 73 mm，断裂处直径为 6.7 mm，求试样的 R_m、A 和 Z。

任务 2 钢铁材料认知

任务描述

金属材料质量稳定，性价比具有一定的优势，占据着材料工业的主导地位。而钢铁材料是金属材料中应用最为广泛的。轨道交通中，钢铁材料占据了很大比例，是比较常见的结构材料。本任务主要了解轨道交通中钢铁材料的力学性能。

任务目标

- 能阐述金属材料中的基本概念；
- 能举例说明常见钢铁材料的性能；
- 能讲解常见钢铁材料牌号及应用。

任务学习

一、金属材料基础知识

（一）金属的晶体结构

固态物质是由原子组成的。根据原子排列的特征，固态物质可分为晶体与非晶体两类。晶体是指组成原子呈规则排列的物质，其具有固定熔点和各向异性的特性，如金刚石、石墨、金属材料等都是晶体，如图 4-7 所示。非晶体是指组成原子无规则排列的物质，如玻璃、沥青、石蜡、松香等。

图 4-7 晶体结构

用于描述晶体中原子排列规律的几何空间格子，称为晶格，如图 4-8 所示。

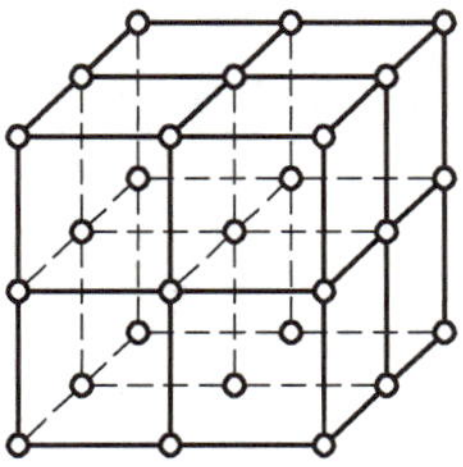

图 4-8 晶格

大部分金属的晶格都属于以下三种类型：体心立方晶格（见图 4-9）、面心立方晶格（见图 4-10）、密排六方晶格（见图 4-11）。

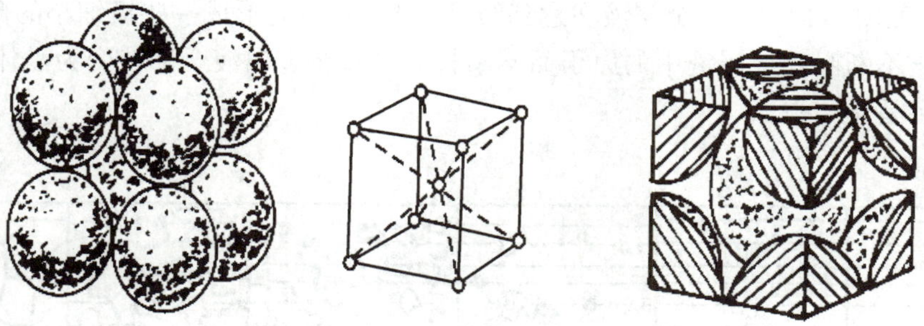

图 4-9　体心立方晶格

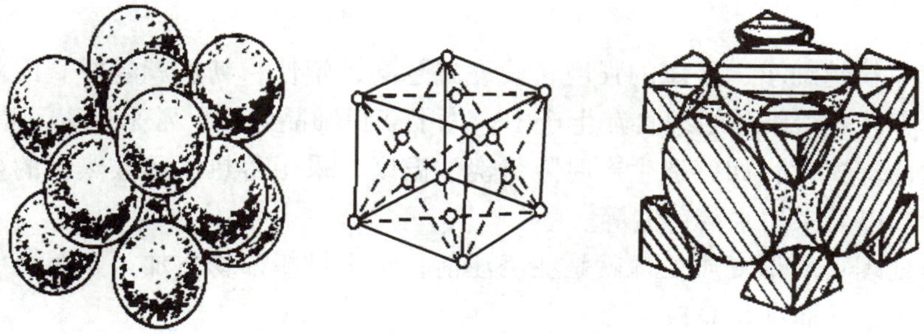

图 4-10　面心立方晶格

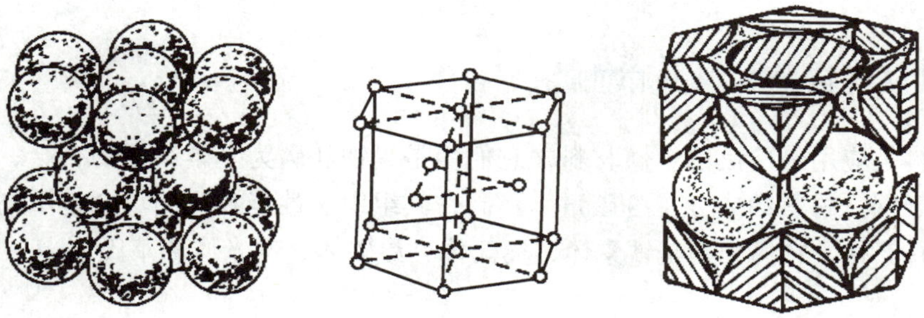

图 4-11　密排六方晶格

（二）合金

合金是以一种金属为基础，加入其他金属或非金属，经过熔合而获得的具有金属特性的材料，即合金是由两种或两种以上的元素所组成的金属材料。例如，工业上广泛应用的钢铁材料就是由铁和碳组成的合金。与纯金属相比，合金具有更好的力学性能，可通过调整组成元素之间的比例，获得一系列性能各异的合金，以满足工业生产对材料不同性能的要求。

组成合金最简单的、最基本的、能够独立存在的元物质称为组元，简称元。组元一般是指元素，但有时稳定的化合物也可以作为组元，如 Fe_3C、Al_2O_3、CaO 等。

合金按组元的数目可分为二元合金、三元合金及多元合金。例如，碳素钢是由铁和碳组成的二元合金。

（三）金属的结晶

由液体转变为晶体的过程称为结晶。纯金属结晶的基本过程包括晶核的形成和晶核的长大两个过程。如图 4-12 所示，金属液在达到结晶温度时，首先形成一些极细小的微晶体——晶核，随后晶核不断吸收金属液中的原子而不断长大，直至金属液全部转变为晶体，形成由多晶粒组成的多晶体结构。

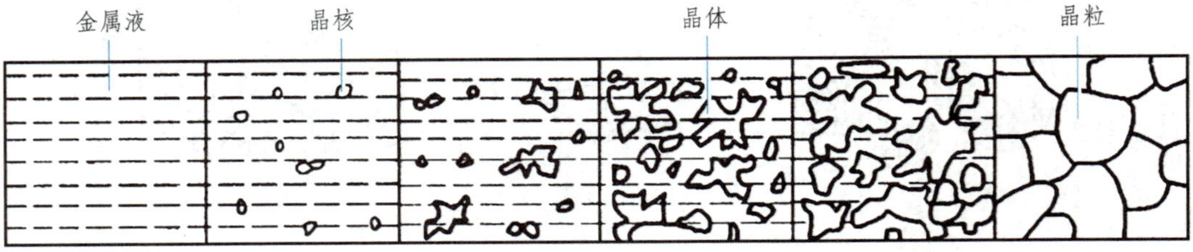

图 4-12　金属的结晶

常温下，晶粒越细小，金属的强度、硬度就越高，塑性、韧性就越好。因此，生产实践中总是希望使零件获得细晶组织。在生产中，为了获得细晶组织，常采用以下措施：

（1）增大冷却速度：如铸造生产时降低浇注温度、采用蓄热大和散热快的金属铸型、铸型中局部加冷铁以及采用水冷铸型等。

（2）变质处理：所谓变质处理就是在浇注前，将少量粉末物质加入金属液中，促进形核或控制晶核长大，从而细化晶粒。

（3）附加振动：在结晶过程中对金属液附加机械振动、超声波振动、电磁振动等，可使生长中的枝晶破碎，使晶核数增多，以细化晶粒。

二、钢铁材料基本组织和性能

钢铁材料是应用最广泛的金属材料，它们均是以铁和碳为基本组元的合金，故又称为铁碳合金。由于钢铁材料的成分（含碳量）不同，其组织、性能和应用场合也不同。铁碳合金的基本组织有五种，它们分别是铁素体、奥氏体、渗碳体、珠光体和莱氏体。

（一）铁素体（F）

碳溶解在 α-Fe 中形成的间隙固溶体称为铁素体，用符号 F 表示。其晶胞示意图如图 4-13 所示。由于 α-Fe 是体心立方晶格，晶格间隙较小，所以碳在其中的溶解度很小。铁素体是钢的五种组织中含碳量最低的组织，其室温性能接近于纯铁，即具有良好的塑性、韧性，较低的强度、硬度。

（二）奥氏体（A）

碳溶于 γ-Fe 中形成的间隙固溶体称为奥氏体，用符号 A 表示。其晶胞示意图如图 4-14 所示。由于 γ-Fe 是在高温状态下存在的面心立方晶格结构，晶格间隙较大，故奥氏体的溶碳能力较强。奥氏体的含碳量虽比铁素体高，但其呈面心立方晶格，强度、硬度虽不高，却具有良好的塑性，尤其是具有良好的锻压性能。

图 4-13　铁素体（F）

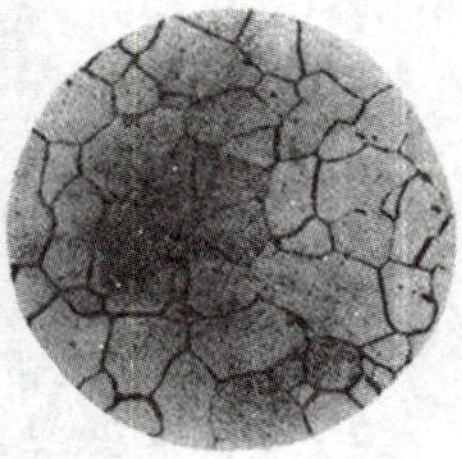

图 4-14　奥氏体（A）

（三）渗碳体（Fe_3C）

渗碳体是含碳量为 6.69%的铁与碳的金属化合物，其化学式为 Fe_3C。它具有复杂的斜方晶格，与铁和碳的晶体结构完全不同，如图 4-15 所示。渗碳体的性能特点是高熔点、高硬度，塑性和韧性几乎为零，脆性极大。渗碳体主要作为强化相存在于钢铁中，它的数量、形态（片状、粒状、网状等）、大小和分布对钢铁材料的性能有重要影响。

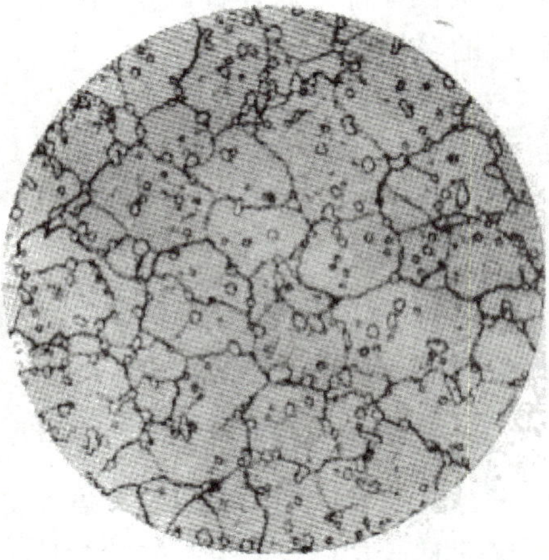

图 4-15　渗碳体（Fe_3C）

（四）珠光体（P）

珠光体是铁素体和渗碳体的混合物，用符号 P 表示。它是渗碳体和铁素体片层相间、交替排列形成的混合物。其显微组织如图 4-16 所示，其中白色为铁素体机体，黑色线条为渗碳体。在缓慢冷却条件下，珠光体的含碳量为 0.77%，由于珠光体是由硬的渗碳体和软的铁素体组成的混合物，其力学性能是两者的综合，强度较高，硬度适中，具有一定的塑性。

（五）莱氏体（Ld）

莱氏体是奥氏体和渗碳体的混合物，用符号 Ld 表示。它是含碳量为 4.3%的液态铁碳合金在 1 148 °C 时的共晶产物。当温度降到 727 °C 时，由于莱氏体中的奥氏体将转变为珠光体，室温下的莱氏体由珠光体和渗碳体组成，这种混合物称为低温莱氏体，用符号 Ld′ 表示，如图 4-17 所示。

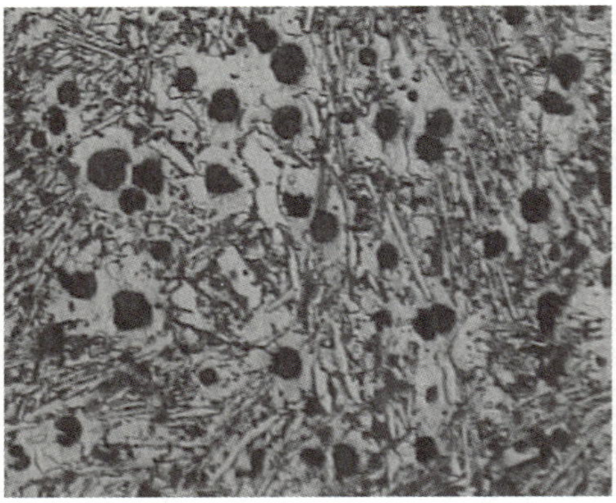

图 4-16　珠光体（P）

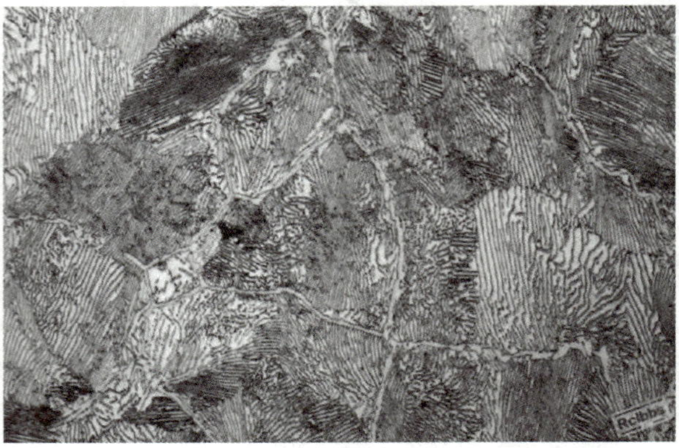

图 4-17　莱氏体（Ld）

由于莱氏体的基体是渗碳体，它的性能接近于渗碳体，硬度很高，塑性很差。莱氏体是白口铸铁的主要组织。

以上五种组织中，铁素体、奥氏体和渗碳体都是单相组织，称为铁碳合金的基本相；珠光体和莱氏体则是由基本相组成的多相组织。

三、非合金钢

（一）杂质元素对钢性能的影响

非合金钢除含有铁和碳元素之外，还含有少量的硅（Si）、锰（Mn）、硫（S）、磷（P）等杂质元素。杂质元素对钢的组织和性能都有一定的影响。

1. 硅的影响

硅是非合金钢中的有益元素，可以溶解于铁素体中，强化铁素体，提高钢的强度和硬度。但硅会降低钢的塑性和韧性。炼钢时不要求严格控制硅的含量，但其含量一般不超过 0.5%。

2. 锰的影响

锰是非合金钢中的有益元素，可以溶解于铁素体中，强化铁素体，提高钢的强度和硬度，还可以与硫化合形成 MnS，以减小硫的有害作用，改善钢的热加工性能。非合金钢中锰的平均质量分数一般在 0.25% ~ 0.80%，最高可达 1.2%。

3. 硫的影响

硫是非合金钢中的有害元素。在固态下，硫不溶于铁，而以 FeS 的形式存在，FeS 与 Fe 形成共晶体 Fe + FeS。共晶体 Fe + FeS 分布在晶界上，当对钢材进行压力加工时，由于共晶体熔化，导致晶界开裂。这种金属材料在高温时出现脆裂的现象，称为“热脆”。炼钢时必须严格控制硫含量。此外，硫对钢的焊接性能也有不良的影响，容易导致焊缝出现裂纹、气孔、疏松等缺陷。但适当提高钢中硫的含量，可以提高钢材的切削加工性能。

4. 磷的影响

磷也是钢中的有害元素。钢中的磷能全部溶于铁素体中，提高了铁素体的强度和硬度。

但在室温下磷使钢的塑性和韧性下降，产生低温脆性，这种现象称为“冷脆”。炼钢时必须严格控制磷含量。

（二）非合金钢

非合金钢是指以铁为主要元素、碳的平均质量分数小于 2%并含有其他少量杂质元素的铁碳合金。非合金钢在旧的国家标准中称碳素钢。非合金钢具有价格低、工艺性能好、力学性能较高等优点，是工业生产中应用广泛的金属材料之一。

1. 分类

（1）按钢中碳的平均质量分数不同，分为低碳钢、中碳钢和高碳钢。

（2）按钢的品质（实质是按有害杂质 S、P 含量）不同，分为普通质量碳钢、优质碳钢和高级优质碳钢。

（3）按钢的用途不同，分为碳素结构钢和碳素工具钢。

（4）按炼钢时所用脱氧方法不同，分为沸腾钢、镇静钢和半镇静钢。

（5）按照主要质量等级和主要性能及使用性能，非合金钢也可分为普通质量非合金钢、优质非合金钢和特殊质量非合金钢三类。

2. 牌号及用途

1）碳素结构钢

碳素结构钢的牌号由代表屈服强度的字母、屈服强度数值、质量等级符号、脱氧方法符号等四部分组成。牌号中“Q”表示钢材屈服强度“屈”字汉语拼音首位字母；质量等级分 A、B、C、D 四级，按顺序质量依次提高；脱氧方法用 F、Z、TZ 表示，分别表示沸腾钢、镇静钢、特殊镇静钢。在牌号组成表示方法中，“Z”“TZ”可以省略。例如，Q235AF 表示屈服强度不低于 235 MPa、质量为 A 级的碳素结构钢，属沸腾钢。

2）优质碳素结构钢

优质碳素结构钢的牌号用两位数字表示，两位数字表示钢中碳平均质量分数的万分数；若钢中锰的平均质量分数较高时（达到 0.70% ~ 1.00%），则在其牌号后面标出元素符号“Mn”；若为沸腾钢，则在数字后加“F”。例如，45 表示碳的平均质量分数为 45%的优质碳素结构钢；08F 表示碳的平均质量分数为 0.08%的优质碳素结构钢，属沸腾钢；65Mn 表示碳的平均质量分数为 0.65%、锰的平均质量分数较高的优质碳素结构钢。

3）碳素工具钢

碳素工具钢是指用于制造刃具、模具和量具的碳钢。由于大多数工具都要求高硬度和高耐磨性，故碳素工具钢中碳的平均质量分数都不小于 0.70%，而且此类钢都是优质钢或特殊质量钢。

碳素工具钢的牌号用“T＋数字”表示。“T”是汉字“碳”的汉语拼音字首；数字表示钢中碳的平均质量分数的千分数；牌号末尾标字母“A”，表示该钢是特殊质量钢。例如，T8 表示碳的平均质量分数为 0. 80%的碳素工具钢；T12A 表示碳的平均质量分数为 1.20% 的特殊质量碳素工具钢。

四、合金钢

（一）分类

（1）按合金元素的总质量分数，分为低合金钢、中合金钢和高合金钢。

（2）按用途，分为合金结构钢、合金工具钢和特殊性能钢。

（二）低合金钢和合金结构钢

1. 低合金高强度结构钢

低合金高强度结构钢中的合金元素有 Mn、V、Ti、Nb、Al、Cr、Ni 等，具有较高的强度、韧性、耐蚀性及良好的焊接性，而且价格与非合金钢接近，因此，低合金高强度结构钢广泛用于制造桥梁、车辆、船舶、建筑钢筋等。常用钢种有 16Mn、15MnTi 等。

2. 合金渗碳钢

合金渗碳钢中的合金元素有 Cr、Ni、Mn、V、Ti 等，主要用于制造承受强烈冲击和摩擦磨损，要求表面具有高的硬度和耐磨性，心部具有较高强度和足够韧性的机械零件，如汽车变速箱齿轮、内燃机凸轮轴、活塞销等。常用钢种有 20Cr、20CrMnTi 等。

3. 合金调质钢

合金调质钢中的合金元素主要有 Cr、Ni、Mn、Si、B、Mo、W、V、Ti 等，在调质处理后具有高强度与良好的塑性及韧性，即良好的综合力学性能。常用来制造载荷较大的重要零件，如发动机轴、连杆、传动齿轮等。常用钢种有 40Cr、40CrMn 等。

4. 合金弹簧钢

合金弹簧钢中加入的合金元素主要有 Mn、Si、Cr、V、Mo、W、B 等，主要用于制造截面尺寸大、受力大的弹簧等弹性零件，要求具有高的弹性极限、高的屈强比、高的疲劳强度以及足够的韧性。常用钢种有 60Si2Mn 等。

5. 滚动轴承钢

滚动轴承钢具有较高而均匀的硬度、高耐磨性、高抗压强度和高接触疲劳强度、足够的韧性和对大气的耐蚀能力等特点，主要用于制造滚动轴承的滚动体和内外套圈，在量具、模具、低合金刃具等方面也有应用。常用钢种有 GCr15、GCr15SiMn 等。

（三）合金工具钢

碳素工具钢淬火后，虽能达到高的硬度和耐磨性，但因它的淬透性差、红硬性差（只能在 200 °C 以下保持高硬度），因此模具、量具及刃具大多可以采用合金工具钢制造。合金工具钢的淬硬性、耐磨性和韧性均比碳素工具钢高，具有高含碳量，可加入 Cr、Mn、Si、Cr、V、W 等合金元素，提高其淬透性和回火稳定性。合金工具钢分为合金刃具钢（低合金工具钢、高速钢）、合金模具钢（冷作模具钢、热作模具钢）、合金量具钢。

合金工具钢的牌号表示方法与合金结构钢相似，其区别在于用一位数字表示平均碳含量的千分数，即一位数字+元素符号+数字。当碳含量大于或等于 1.00%时则不予标出。例如：9SiCr，其中平均碳含量为 0.9%，Si、Cr 的含量都小于 1.5%；Cr12MoV，表示平均碳含量大于 1.00%，铬含量约为 12%，钼和钒的含量都小于 1.5%的合金工具钢。

（四）特殊性能钢

特殊性能钢是指具有特殊物理、化学性能的钢。特殊性能钢的种类很多，在机械制造中常用的有不锈钢、耐热钢和耐磨钢。

不锈钢是不锈钢和耐酸钢的统称。能抵抗大气、蒸汽、水等弱腐蚀性介质腐蚀的钢为不锈钢；能抵抗酸、碱、盐等强腐蚀性介质腐蚀的钢为耐酸钢。Cr 是不锈钢的基本合金元素，当 Cr 含量达到一定值时，钢的表面会形成致密的保护膜，避免形成电化学腐蚀电池，提高钢的耐蚀性；Cr、Ni 等合金元素，能提高钢的电极电位或使钢的室温组织单相化，提高钢的耐蚀能力。不锈钢广泛用于城市轨道车辆，如天津地铁 2 号线，北京地铁 1 号、2 号、5 号线的地铁车辆等都采用不锈钢车体。不锈钢用于制造地铁车辆车体的车顶、端墙、底架等结构。

任务检查

表 4-3　钢铁材料认知——任务检查单

任务编号	4-2	任务名称	钢铁材料认知	
序号	检查内容		是	否
阐述金属材料中的基本概念				
1	阐述金属的晶体结构			
2	简述合金概念			
3	阐述金属结晶过程			
举例说明常见钢铁材料的性能				
4	举例说明钢铁材料五种基本组织及性能			
讲解常见钢铁材料牌号及应用				
5	列举常见钢铁材料，并讲解其牌号的含义			
6	列举轨道交通中钢铁材料的应用			

任务拓展

列举金属材料在轨道交通中的应用，制作 PPT 并进行小组演讲。

任务3 非铁金属材料认知

任务描述

黑色金属主要指钢和铸铁，而把其余金属（如铝、镁、铜、锡、铅、锌等及其合金）统称为非铁金属。非铁金属冶炼较困难，成本较高，故产量和使用量远不如钢铁材料，但是，由于非铁金属具有的某些特殊物理、化学性能，使之成为现代工业中不可缺少的重要工程材料，广泛用于机械制造、航空、航海、化工、电气等领域。本任务主要了解轨道交通中非铁金属材料的力学性能。

任务目标

- 能阐述铝合金和铜合金的性能特点；
- 能举例说明铝合金和铜合金的应用。

任务学习

一、铝及铝合金

铝及铝合金是应用最广的非铁金属材料，其产量仅次于钢铁，广泛用于汽车、轨道车辆、化工等领域，也是航空工业的主要结构材料。

（一）纯　铝

纯铝具有银白色金属光泽，密度为 2.72 g/cm^3，熔点为 660.4°C，具有良好的导电和导热性，其导电性仅次于银和铜。纯铝在空气中易氧化，表面形成一层能阻止内层金属继续被氧化的致密的氧化膜，因此具有良好的耐蚀性。

纯铝具有面心立方结构，具有极好的塑性和较低的强度，良好的低温性能（−235°C 塑性和冲击韧度也不降低），冷变形加工可提高其强度，但塑性降低。铸、压力加工、焊和切削加工性能俱佳。工业纯铝中含有少量铁、硅等杂质元素，杂质含量增加，其导电性、抗蚀性及塑性都降低。

工业纯铝牌号有 L1 ~ L7 七种，数字越小，纯度越高。工业纯铝的主要用途是配制铝合金，还可用来制造导线、包覆材料、耐蚀和生活器皿等。

（二）铝合金

铝中加入适量 Si、Cu、Mg、Zn、Mn 等主加元素和 Cr、Ti、Zr、B、Ni 等辅加元素，组成铝合金，可提高强度并保持纯铝的特性。铝合金具有良好的耐蚀性和较好的工艺性能，因此在航空工业中得到广泛应用。

根据成分和生产工艺特点可将铝合金分为两大类：变形铝合金和铸造铝合金。

1. 变形铝合金

变形铝合金塑性好，适于进行锻造、轧制等，一般都以型材（板、带、管、线等）供应。常用的变形铝合金有以下四类：

1）防锈铝合金

防锈铝合金具有很高的塑性、较低或中等的强度、优良的耐蚀性能和良好的焊接性能，主要是 Al-Mn 系和 Al-Mg 系合金。它属于热处理不能强化的变形铝合金，只能通过冷变形强化来提高其强度。防锈铝合金主要用于制造油罐、油箱、导管、生活用器皿、各种容器、防锈蒙皮等。

2）硬铝合金

硬铝合金属于 Al-Cu-Mg 系合金，焊接性和耐蚀性较差，对于板材可包覆一层高纯铝，通常还要进行阳极氧化处理和表面涂装，为提高其耐蚀性，一般采用自然时效。部分 A1-Cu-Mg 系硬铝具有较高的耐热性，如 LY11、LY12，可在较高温度使用。硬铝合金经固溶处理和时效处理后能获得相当高的强度，故称为硬铝。硬铝的耐蚀性较差，不耐海洋大气的腐蚀，所以有些硬铝的板材常在其表面包覆一层纯铝后使用。硬铝合金主要用于制造中等强度的构件和零件，如铆钉、螺栓及航空工业中的一般受力结构件。

3）超硬铝合金

超硬铝合金属于 Al-Cu-Mg-Zn 系合金，常用 LC4、LC9 等，具有良好的热塑性，但疲劳性能较差，耐热性和耐蚀性也不高；表面通常包覆铝锌合金，零构件也要进行阳极化防腐蚀处理；一般采用淬火加人工时效的热处理强化工艺；超硬铝经固溶处理和人工时效后，可获得强度最高的铝合金，主要用于制造受力大的重要构件和高载荷零件，如飞机大梁、桁架、翼肋、活塞、加强框、起落架、螺旋桨叶片等。

4）锻铝合金

锻铝合金大多属于 Al-Cu-Mg-Si 系合金，热塑性好，力学性能与硬铝相近，可用锻压方法来制造形状较复杂的零件；一般在淬火加人工时效后使用，常用 LD2、LD5、LD6、LD10 等；主要制造要求中等强度、高塑性和耐热性的锻件、模锻件，如各种叶轮、导风轮、接头、框架等形状较复杂的零件。

各类变形铝合金的主要特性、用途及新旧牌号对照见表 4-4。

表 4-4　变形铝合金的主要特性、用途及新旧牌号对照

类别	牌号（旧）	牌号（新）	主要特性	用途举例
防锈铝	LF2 LF21	5A02 3A21	热处理不能强化，强度不高，塑性与耐蚀性好，焊接性好	在液体介质中工作的零件，如油箱、油管、液体容器、防锈蒙皮等
硬铝	LY12	2A12	可热处理强化，力学性能良好，但耐蚀性不高	中等强度的零件和构件，如飞机骨架等零件，蒙皮、铆钉等
超硬铝	LC4	7A04	室温强度高，塑性较低，耐蚀性不高	高载荷零件，如飞机上的大梁、桁条、加强框、起落架等
锻铝	LD5	2A50	高强度锻铝，锻造性能好，耐蚀性不高，切削加工性好	形状复杂和中等强度的零件、冲压件等
	LD7	2A70	耐热锻铝，热强性较高，耐蚀性、切削加工性好	内燃机活塞、叶轮、在高温下工作的复杂锻件等

2. 铸造铝合金

铸造铝合金是指以铝为基的铸造合金。铸造铝合金与变形铝合金相比，合金元素的质量分数较高，具有良好的铸造性能，但塑性与韧性较差，不能进行压力加工。铸造铝合金主要有 Al-Si 系、Al-Cu 系、Al-Mg 系、Al-Zn 系等。

1）A1- Si 系铸造铝合金

A1- Si 系铸造铝合金俗称硅铝明，其铸造性能好，密度小，具有优良的耐蚀性、耐热性和焊接性，用于制造形状复杂但强度要求不高的铸件，如飞机、仪表壳体等，还用于制造低、中强度的形状复杂的铸件，如电机壳体、气缸体、风机叶片、发动机活塞等。

2）A1-Cu 系铸造铝合金

A1-Cu 系铸造铝合金有较高的强度、耐热性，但密度大、耐蚀性差，铸造性能不好，常用代号有 ZL201、ZL202、ZL203 等，主要用于制造较高温度下工作的要求高强度的零件，如内燃机气缸头、增压器导风叶轮等。

3）A1- Mg 系铸造铝合金

A1- Mg 系铸造铝合金耐蚀性好，强度高，密度小，但铸造性能差，耐热性低。常用代号有 ZL301、ZL303 等，主要用于制造在腐蚀介质下工作的承受一定冲击载荷的形状较为简单的零件，如舰船配件、氨用泵体等。

4）A1- Zn 系铸造铝合金

Al-Zn 系铸造铝合金铸造性能好，强度较高，但密度大，耐蚀性较差。常用代号有 ZL401、ZL402 等，主要用于制造受力较小、形状复杂的汽车、飞机、仪器零件。

常用铸造铝合金的牌号、代号、力学性能和特点见表 4-5。

表 4-5　常用铸造铝合金的牌号、代号、力学性能和特点

类别		牌号	代号	力学性能					特点
				方法	热处理	R_m/MPa	A/%	HBW	
铝硅合金	简单硅铝明	ZAlSil2	ZL102	J	F	155	2	50	铸造性能好，力学性能低
	特殊硅铝明	ZAlSi7Mg	ZL101		T5	205	2	60	良好的铸造性能和力学性能
		ZAlSi7Cu4	ZL107		T6	275	2.5	100	
铝铜合合		ZAlCu5Mn	ZL201	S	T4	295	8	70	耐热性好，铸造性能及耐蚀性低
铝镁合金		ZAlMglO	ZL301	S	T4	280	10	60	力学性能较高，耐蚀性好
铝锌合金		ZAlZnllSi7	ZL401	J	T1	244	1.5	90	力学性能较高，适宜压力铸造

二、铜及铜合金

（一）纯　铜

纯铜又称紫铜，密度为 8.96 g/cm^3，熔点为 1 083.4 °C，具有优良的导电性和导热性，其

导电性仅次于银。纯铜在大气、淡水中具有良好的耐蚀性，但在海水中较差。纯铜的抗拉强度不高，硬度较低，但塑性很好，容易进行压力加工。利用冷塑性变形，可提高纯铜的强度，但塑性有所下降。纯铜具有面心立方结构，无同素异构转变，无磁性。

纯铜的代号用汉语拼音字母“T”加顺序号表示。顺序号数字越大，则其纯度就越低。例如 T3，表示 3 号纯铜。纯铜中常含有铅、铋、氧、硫、磷等杂质元素，它们对铜的力学性能和工艺性能有很大的影响，尤其是铅和铋的危害最大。纯铜的强度低，不宜作为结构件材料，主要用于制造电线、电缆、铜管、电刷以及作为冶炼铜合金的原料。纯铜的牌号、化学成分和用途见表 4-6。

表 4-6 纯铜的牌号、化学成分和用途

组别	牌号	代号	化学成分/%				用途
			$W_{cu} \geqslant$	W_{Bi}	W_{Pb}	杂质的质量分数	
纯铜	一号铜	T1	99.95	0.001	0.003	0.05	导电、导热、耐腐蚀器具材料，如电线、蒸发器、雷管、贮藏器等
	二号铜	T2	99.90	0.001	0.005	0.10	
	三号铜	T3	99.70	0.002	0.010	0.30	
无氧铜	一号无氧铜	Tul	99.97	0.001	0.003	0.03	电真空器材、高导电性导线等
	二号无氧铜	Tu2	99.95	0.001	0.004	0.05	

（二）铜合金

按化学成分，铜合金可分为黄铜、白铜和青铜三类。黄铜是以锌为主加元素的铜合金，白铜是以镍为主加元素的铜合金，青铜是除黄铜和白铜以外的其他铜合金。

黄铜按成分特点，分为普通黄铜和特殊黄铜两类；按加工方法的不同，黄铜又可分为压力加工黄铜与铸造黄铜两类。普通黄铜为铜锌二元合金；在铜锌合金中加入其他元素形成特殊黄铜，如铅黄铜、锰黄铜、铝黄铜等。

白铜分为普通白铜和特殊白铜。普通白铜是铜镍二元合金；在铜镍合金中加入其他元素形成特殊白铜，如锌白铜、锰白钢、铁白铜等。

按成分特点，青铜分为锡青铜和无锡青铜两类；按加工方法的不同，青铜又分为压力加工青铜与铸造青铜两类。以锡为合金元素的青铜合金称为锡青铜；以铝、铍、硅、锰等元素代替锡形成的青铜称为无锡青铜，如铝青铜、铍青铜、硅青铜、锰青铜等。

1. 黄 铜

1）普通黄铜

普通黄铜是 Cu-Zn 二元合金，其牌号用“H+数字”表示，“H”是“黄”字汉语拼音首字母，数字表示铜的平均质量分数。例如，H68 表示铜的平均质量分数为 68%的黄铜合金。

黄铜中当锌的平均质量分数小于 39% 时，锌能全部溶于铜中形成固溶体组织。随着锌的平均质量分数增加，固溶强化效果明显增强，使黄铜的强度、硬度提高，同时仍保持较好的塑性。该类黄铜称 α 黄铜或单相黄铜，强度低、塑性好，冷塑性加工成板材、线材、管材等，主要用作弹壳和精密仪器。两相黄铜热塑性好，一般热轧成棒材、板材，主要用作水管、油管、散热器、螺钉。普通黄铜具有良好的耐蚀性，但冷加工后的黄铜在海水、湿气、氨的环境中容易产生应力腐蚀开裂，应进行去应力退火。

以下介绍几种常用的普通黄铜。

H70：属单相黄铜，强度高，塑性好，冷成形性能好，可用深冲压的方法制造弹壳、散热器、垫片等零件，故有弹壳黄铜之称。

H80：属单相黄铜，呈金黄色，可用作装饰材料，有“金色黄铜”的美称。其力学性能，冷、热压力加工性能均较好，在大气和海水中具有较高的耐蚀性。

H62：属双相黄铜，有较高的强度，热加工性能与切削性能都好。另外，它还具有焊接性好、耐腐蚀、价格较便宜等优点。此类黄铜在工业上应用较多，常用于制造散热器、油管、垫片、螺钉、弹簧等。

2）特殊黄铜

在普通黄铜的基础上加入铅、铝、硅、锡等元素，分别形成铅黄铜、铝黄铜、硅黄铜、锡黄铜等特殊黄铜。加入铅，可以改善黄铜的切削加工性；加入硅，能提高黄铜的强度和硬度；加入锡，能增加黄铜的强度和在海水中的耐蚀性。

特殊黄铜的代号用“H+主加合金元素符号+铜及主加元素的平均质量分数”表示。例如，HPb59-1表示铜的平均质量分数为59%、铅的平均质量分数为1%的铅黄铜。

2. 青 铜

根据所加主要合金元素Sn、Al、Be、Si、Pb等，青铜分为锡青铜、铝青铜、铍青铜、硅青铜、铅青铜等。青铜的代号用“Q+主加元素符号+数字”表示，Q是“青”字汉语拼音首字母，数字依次表示主加元素和其他加入元素平均质量分数。例如，QAl9-4表示铝的平均质量分数为9%、其他加入元素平均质量分数为4%的铝青铜。

1）锡青铜

锡青铜是以锡为主要合金元素的铜合金。锡青铜具有良好的强度、硬度、耐蚀性和铸造性能。锡青铜的性能受锡含量的显著影响：

$W_{sn}<5\%$的锡青铜塑性好，适于进行冷变形加工；

$W_{sn}=5\%\sim7\%$的锡青铜热塑性好，适于进行热加工；

$W_{sn}=10\%\sim14\%$的锡青铜塑性较低，适于作铸造合金。

锡青铜的铸造流动性差，易形成分散缩孔，铸件致密度低，但合金体积收缩率小，适于铸造外形及尺寸要求精确的铸件。

常用锡青铜有QSn4-3、QSn6.5-0.4、ZCuSn10Pb1等，主要用于制造弹性元件、耐磨零件、抗磁及耐蚀零件，如弹簧、轴承、齿轮、蜗轮、垫圈等。

2）铝青铜

铝青铜是以铝为主要合金元素的无锡青铜，其特点是价格便宜，强度、硬度、耐磨性、耐热性、耐蚀性都高于黄铜和锡青铜，主要应用于在海水或高温下工作的高强度耐磨零件，是应用最广泛的无锡青铜。

常用铝青铜有低铝青铜和高铝青铜两种。低铝青铜如QA15、QA17等，具有一定的强度，较高的塑性和耐蚀性，一般在压力加工状态使用，主要用于制造高耐蚀弹性元件；高铝青铜如QA19-4、QA110-4-4等，具有较高的强度、耐磨性、耐蚀性，主要用于制造齿轮、轴承、摩擦片、蜗轮、螺旋桨等。

3）铍青铜

铍青铜是铜合金性能最好的一种铜合金，是唯一可固溶强化的铜合金。它具有很高的强度、弹性、耐磨性、耐蚀性及耐低温性，良好的导电、导热性，无磁性，受冲击时不产生火花，还具有良好的冷、热加工和铸造性能。常用代号有 QBe2、QBe1.9 等，用于制造重要的精密弹簧、膜片等弹性元件，高速、高温、高压下工作的轴承等耐磨零件，防爆工具等。但铍是稀有金属，价格高昂，且铍青铜生产工艺较复杂，成本很高，因而在应用上受到了限制。在铍青铜中加入 Ti 元素，可以降低成本，改善其工艺性能。

任务检查

表 4-7 非铁金属材料认知——任务检查单

任务编号	4-3	任务名称	非铁金属材料认知
序号	检查内容	是	否
阐述铝合金和铜合金的性能特点			
1	阐述铝合金和铜合金的构成		
2	阐述铝合金的性能特点		
3	阐述铜合金的性能特点		
举例说明铝合金和铜合金的应用			
4	解释铝合金和铜合金材料，并讲解其牌号的含义		
5	列举轨道交通中铝合金和铜合金的应用		

任务拓展

借助网络媒体资料，查找其他非铁金属材料在轨道交通中的应用，完成简要报告。

项目拓展

一、判断题

1. 金属在外力作用下产生的变形都不能恢复。 （ ）
2. 所有金属在拉伸试验过程中都会产生“屈服”现象和“颈缩”现象。 （ ）
3. 一般低碳钢的塑性优于高碳钢，而硬度低于高碳钢。 （ ）
4. 低碳钢、变形铝合金等塑性良好的金属适合于各种塑性加工。 （ ）
5. 布氏硬度试验法适合于成品的硬度测量。 （ ）
6. 金属的工艺性能好，表明加工容易，加工质量容易保证，加工成本也较低。 （ ）
7. 低碳钢的焊接性能优于高碳钢。 （ ）
8. 低碳钢和低合金钢的锻造性能差，而中、高碳钢和高合金钢的锻造性能好。
9. 凡由液体转变为固体的过程都叫结晶。 （ ）
10. 金属结晶时冷却速度越大，结晶晶粒越细。 （ ）

11. 一般金属件结晶后，表面晶粒比心部晶粒细小。 ( )
12. 一般合金钢的淬透性优于与之相同成分含碳量的碳钢。 ( )
13. 高碳钢的力学性能优于中碳钢，中碳钢的力学性能优于低碳钢。 ( )
14. 一般情况下，钢中的杂质 Mn 与 Si 是有益元素，P 与 S 是有害元素。 ( )
15. 一般来说，碳素结构钢主要用于制作机械零件。 ( )
16. 优质碳素结构钢主要用于制作机械零件。 ( )
17. 铸钢比铸铁的力学性能好，但铸造性能差。 ( )
18. 碳素工具钢一般具有较高的碳的质量分数。 ( )
19. 工程材料中陶瓷的硬度最高，一般高于 1 500 HV。 ( )
20. 用硬质合金制作刀具，其热硬性比高速钢刀具好。 ( )

二、选择题

1. 金属抵抗塑性变形和断裂的能力称为（　　）。
   A. 硬度　　B. 强度　　C. 塑性　　D. 韧性
2. 拉伸试验可用于测定金属的（　　）。
   A. 强度　　B. 硬度　　C. 塑性　　D. 韧性
3. 一般工程图样上常标注材料的（　　），作为零件检验和验收的主要依据。
   A. 强度　　B. 硬度　　C. 塑性　　D. 冲击吸收功
4. 承受（　　）作用的零件，使用时可能会出现疲劳断裂。
   A. 静拉力　　B. 静压力　　C. 大的冲击力　　D. 交变应力
5. 要求高硬度和耐磨性的工具，应选用（　　）的钢。
   A. 低碳成分　　B. 高碳成分　　C. 中碳成分　　D. 都可以
6. 对于要求综合力学性能良好的轴、齿轮、连杆等重要零件，应选择（　　）。
   A. 合金调质钢　　B. 合金弹簧钢　　C. 合金工具钢
7. 灰铸铁牌号 HT250 中的数字 250 表示（　　）。
   A. 抗拉强度　　B. 屈服点　　C. 断后伸长率　　D. 冲击吸收功
8. 按性能来分类，变形铝合金的（　　）优良，而铸造铝合金的（　　）良好。
   A. 工艺性能　　B. 塑性　　C. 铸造性能　　D. 使用性能
9. 原用 40Cr 钢制作的零件，若因材料短缺，可用（　　）钢来替代。
   A. 40MnB　　B. 60Si2Mn　　C. 20Cr
10. 变质处理的目的是（　　）。
   A. 细化晶粒　　B. 改变晶体结构　　C. 改善冶炼质量，减少杂质

三、简答题

1. 什么叫材料的使用性能？什么叫工艺性能？
2. 金属的疲劳断裂是怎样产生的？
3. 下列材料各宜采用何种硬度试验方法来测定其硬度值？

供应态碳钢　淬火钢　铸铁　铝合金　硬质合金

4. 高速钢是否适宜制作锉刀、丝锥、板牙等低速切削工具？
5. 从下列材料中选择合适的牌号填入表 4-8 中。

Q235-A.F　T10　Q420　CrWMn　W18Cr4V　45　20CrMnTi　50CrVA　HT150　QT800-2

Cr12MoV　3Cr13　GCr15　ZL108　ZCuPb30　PS　LF21　38CrMoAl

表 4-8　选用材料

零件名称	选用材料	零件名称	选用材料
机床主轴		手用锯条	
汽车变速箱齿轮		柴油机曲轴	
大型冷冲模		车床床身	
医用手术刀		车辆减振弹簧	
机用麻花钻		大型桥梁钢结构	
建筑钢结构件		高精度量具	
滚动轴承		汽油机活塞	
柴油机曲轴轴承		汽车灯罩	
饮料罐		精密磨床主轴	

项目 5 常用机构认知

任务 1 平面机构基础认知

任务描述

构件是机构中运动的单元体，它是组成机构的要素。若组成机构的所有构件都在同一平面或相互平行的平面内运动，则称该机构为平面机构。平面机构是生产生活中的常用机构，其形状简单，易制造；面接触的情况下承载能力大，可承受冲击力；可实现远距离传动或操纵；构件运动形式多样性，可以实现往复摆动、连续转动与往复移动之间的相互转换等。

本任务主要认识平面机构。

任务目标

- 能举例说明运动副的应用特点；
- 能绘制简单运动机构简图；
- 能计算简单形式的平面机构自由度。

任务学习

一、运动副

组成平面机构的每个构件是以一定的方式与其他构件组成可动连接。两构件直接接触并能产生一定相对运动的连接，称为运动副。运动副也是组成机构的主要要素，通常都是通过点、线、面接触来实现的。根据运动副接触形式不同，运动副可分为低副和高副。

（一）低　副

通过面接触而构成的运动副称为低副。根据构件之间的相对运动是转动还是移动，低副又可分为转动副（见图 5-1）、移动副（见图 5-2）和螺旋副（见图 5-3）。

（二）高　副

两构件以点或线接触构成的运动副称为高副。高副接触可分为滚动轮接触（见图 5-4）、凸轮接触（见图 5-5）和齿轮接触（见图 5-6）。

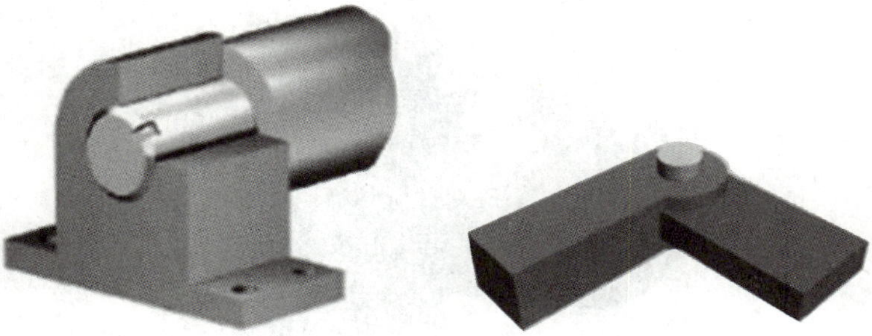

图 5-1　转动副

图 5-2　移动副

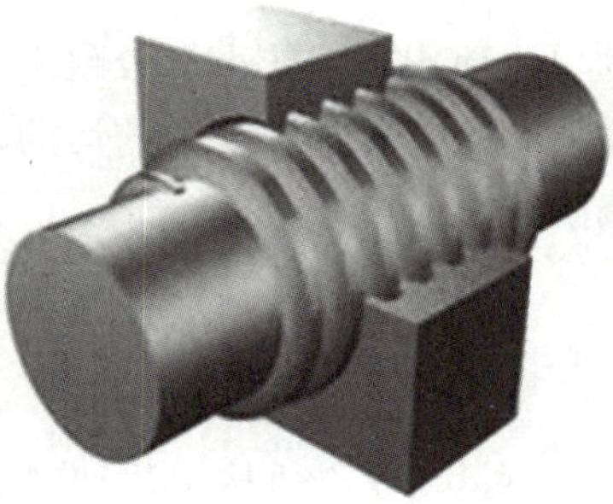

图 5-3　螺旋副

图 5-4　滚动轮接触

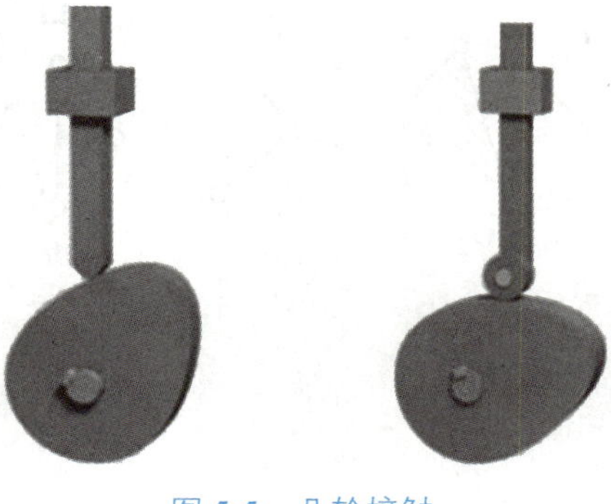

图 5-5　凸轮接触

图 5-6　齿轮接触

低副的单位面积压力较小，较耐用，传力性能好，但摩擦损失大，效率低，不能传递较复杂的运动。高副能传递较复杂的运动，但其单位面积压力较大，两构件接触处容易磨损，制造和维修困难。

二、机构运动简图

机构的实际运动仅与机构中运动副的性质（低副或高副等）、运动副的数目及确定的相对位置（转动副中心、移动副的中心线、高副接触点的位置等）、构件的数目等有关，而与构件的外形、截面尺寸、组成构件的零件数目、运动副的具体构造等因素无关，因此可以按照一定的长度比例尺确定运动副的位置，并用特定的构件和运动副符号及线条绘制出图形，这种表示机构运动特征的简单图形称为机构运动简图。机构运动简图既保持了其实际机构的运动特征，又简明地表达了实际机构的运动情况。

构件的表示方法如图 5-7 所示。

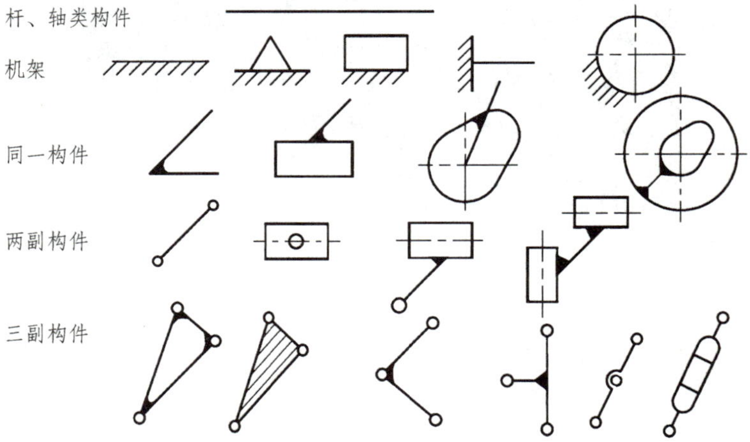

图 5-7　构件的表示方法

运动副表示方法如图 5-8 所示。

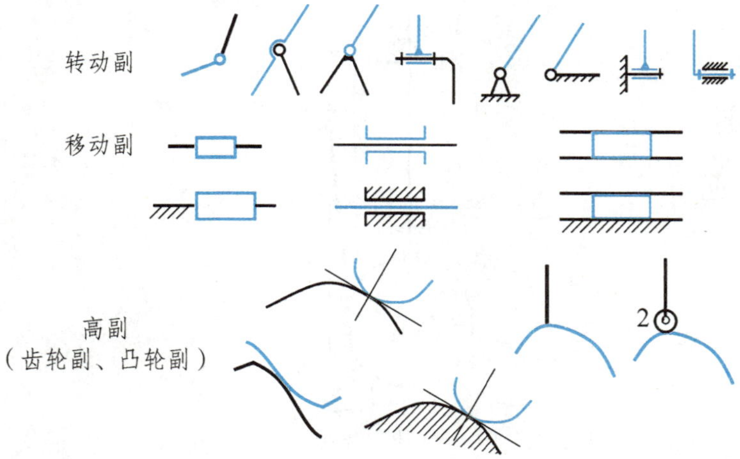

图 5-8　运动副表示方法

下面绘制单缸内燃机（见图 5-9）的机构运动简图。

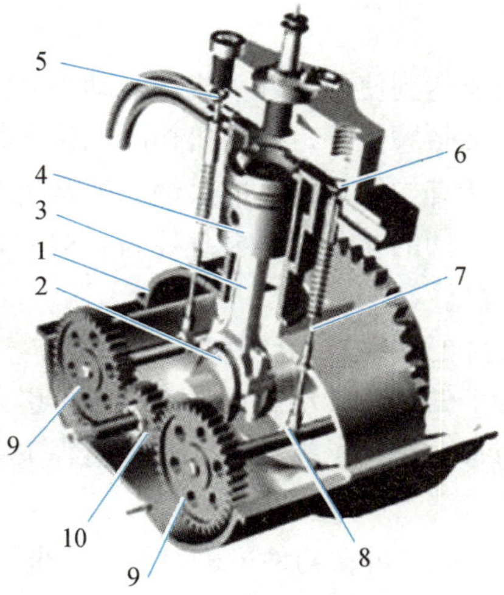

图 5-9　单缸内燃机

步骤如下：

（1）单缸内燃机由连杆机构、齿轮机构和凸轮机构组成。气缸体 1 作为机架是固定件，活塞 4 是主动件，其余构件都是从动件。

（2）各构件之间的连接方式，如活塞 4 与连杆 3、连杆 3 与曲轴 2、曲轴 2 与机架 1、凸轮 8 与机架 1 之间均为相对转动构成转动副。活塞 4 与机架 1、进排气阀推杆 7 与机架 1 之间为相对移动构成移动副。齿轮 9 与齿轮 10、凸轮 8 与进排气阀推杆 7 顶端之间为线和点接触构成高副。

（3）先从主动件开始画出移动副的导路中心线，以曲轴与机架构成转动副的位置作为基准，然后根据构件上运动副之间的尺寸和各运动副的位置，按选定的比例尺，用构件和运动副的规定符号绘制出机构运动简图，如图 5-10 所示。

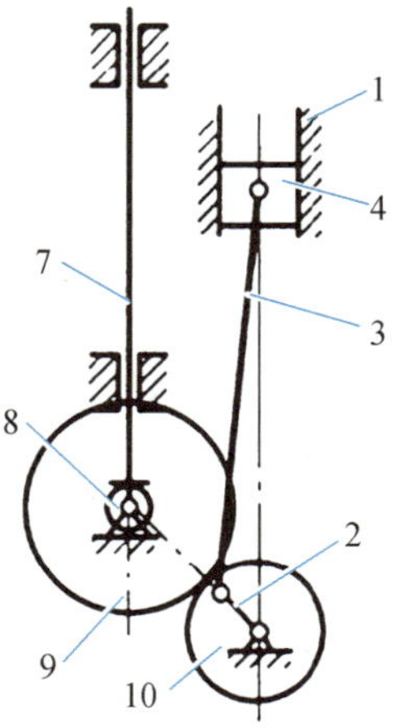

图 5-10 单缸内燃机机构运动简图

三、平面机构自由度

在实际生产生活中，机构要达到使用条件，机构运动必须确定，这就需要进行平面机构自由度的计算。机构的自由度必须大于零，则该机构除机架之外的其他构件才能够运动。如果机构的自由度计算等于零，所有构件就都不能运动。通常用具有一个独立运动的构件作为主动件，因此，机构具有确定运动的充分和必要条件为：构件系统的自由度必须大于零，且原动件的数目必须等于自由度数目。

两构件组成运动副后，构件的独立运动就受到了限制，对于构件相对运动的这种限制作用称为约束。在平面机构中每个低副（转动副、移动副等）引入两个约束，使构件失去两个自由度，剩余一个自由度；而每个高副（齿轮副、凸轮副等）引入一个约束，使构件失去一个自由度，剩余两个自由度。

如果一个平面机构中包含有 n 个可动构件（机架为参考坐标系，相对固定而不计），未使用运动副连接之前，这些可动构件的自由度总数应为 $3n$。当各构件用运动副连接起来之后，由于运动副引入约束使构件的自由度减少。若机构中有 P_L 个低副和 P_H 个高副，则所有运动副引入的约束数为 $2P_L+P_H$。因此，机构自由度的计算应用可动构件的自由度总数减去约束的总数，则得平面机构自由度公式

$$机构的自由度\ F=3n-2P_L-P_H$$

【例 5-1】试计算图 5-10 所示内燃机机构的自由度，并判断机构的运动是否确定。

解：由分析可知内燃机机构共有 5 个可动构件，其中 6 个低副（其中有 2 个移动副、4 个转动副），2 个高副，即 $n=5$，$P_L=6$，$P_H=2$。所以，该机构的自由度为

$$F=3n-2P_L-P_H=3\times5-2\times6-2=1$$

由于机构具有一个独立运动的构件，活塞 4 作原动件，原动件的数目等于机构自由度数，机构具有确定的运动。

任务检查

表 5-1　平面机构基础认知——任务检查单

任务编号	5-1	任务名称	平面机构基础认知	
序号	检查内容		是	否
举例说明运动副的应用特点				
1	阐述运动副的概念			
2	举例说明低副的应用特点			
3	举例说明高副的应用特点			
绘制简单机构运动简图				
4	绘制简单机构运动简图			
计算简单形式的平面机构自由度				
5	计算简单形式的平面机构自由度			

任务拓展

借助网络媒体资料，查找轨道交通中运动副的应用，绘制机构运动简图，并制作 PPT 进行讲解。

任务 2 平面连杆机构认知

任务描述

平面连杆机构是由一些刚性构件用转动副和移动副相互连接而组成的，在同一平面或相互平行平面内运动的机构。由四个构件通过低副连接而成的平面连杆机构，称为平面四杆机构。它是平面连杆机构中最常见的形式，也是组成平面多杆机构的基础。

平面连杆机构能够实现某些较为复杂的平面运动，在生产和生活中广泛用于动力的传递或改变运动形式。平面连杆机构构件形状简单，制造方便，工作可靠，可以承受较大的载荷；在主动件等速连续运动的条件下，当各构件的相对长度不同时，从动件实现多种形式的运动，满足多种不同运动规律的要求。本任务主要认识平面连杆机构。

任务目标

- 能举例说明三种铰链四杆机构的运动形式；
- 能举例说明铰链四杆机构基本性质的应用；
- 能判断铰链四杆机构中曲柄是否存在；
- 能举例说明演化机构的运动形式。

任务学习

一、铰链四杆机构

铰链（即转动副）在日常生活中应用广泛，其形式多样，如图 5-11 所示。

图 5-11 铰链

四杆机构是最常用的平面连杆机构之一，是具有四个构件（包括机架）的低副机构。构件间用四个转动副相连的平面四杆机构，简称铰链四杆机构。如图 5-12 所示的铰链四杆机构中，固定不动的杆 4 为机架，与机架相连的杆 1 与杆 3 称为连架杆，连接两连架杆的杆 2 为连杆。连架杆 1 与 3 通常绕自身的回转中心 A 和 D 回转，连杆 2 做平面运动。能做整周转动的连架杆称为曲柄，不能做整周转动的连架杆称为摇杆。

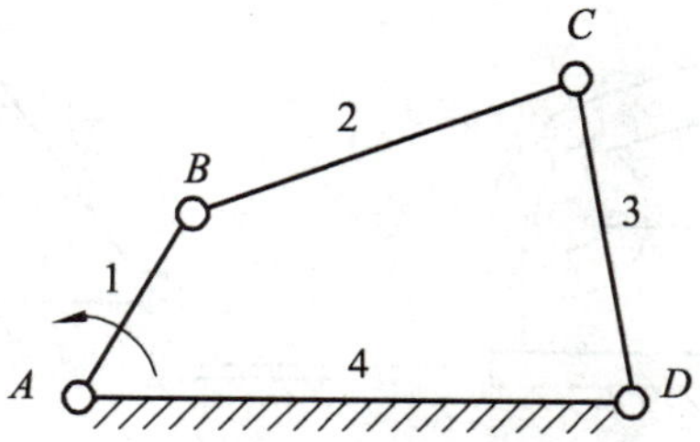

图 5-12　铰链四杆机构

铰链四杆机构按连架杆有无曲柄、摇杆，分为以下三种基本形式。

（一）曲柄摇杆机构

在铰链四杆机构中，若一个连架杆为曲柄，另一个连架杆为摇杆，称为曲柄摇杆机构，如图 5-13 所示。

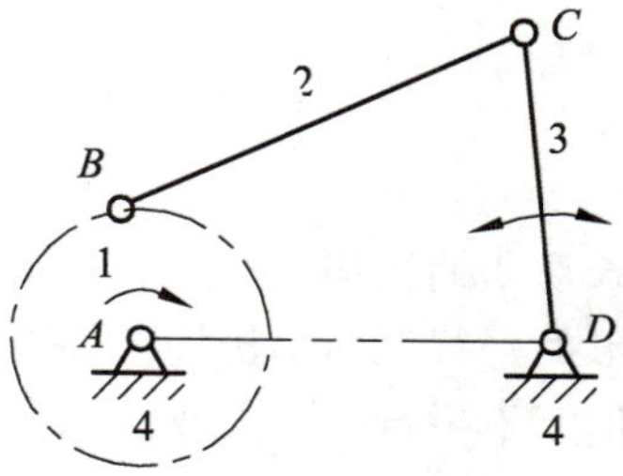

图 5-13　曲柄摇杆机构

当曲柄 1 为主动件时，曲柄的连续转动可经连杆 2 转换为摇杆 3 的往复摆动。当摇杆 3 为主动件时，可将摇杆的往复摆动经连杆 2 转换为曲柄 1 的连续旋转运动。

如图 5-14 所示的汽车雨刮器，曲柄 *AB* 为主动件且匀速转动，通过连杆 *BC* 带动摇杆 *CD* 往复摆动，摇杆外伸端实现刮窗动作。

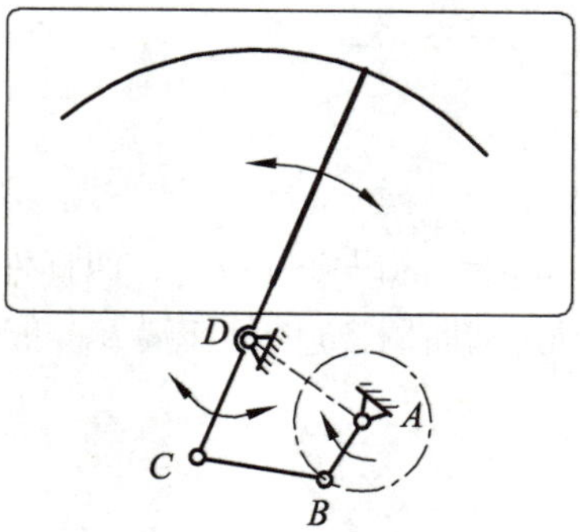

图 5-14　汽车雨刮器

如图 5-15 所示的剪板机，曲柄 *AB* 为主动件且匀速转动，通过连杆 *BC* 带动摇杆 *CD* 往复摆动，摇杆延伸端实现剪板机上刃口的开合剪切动作。

（二）双曲柄机构

铰链四杆机构中，若两个连架杆均为曲柄，称为双曲柄机构，如图 5-16 所示。在双曲柄机构中，两曲柄可以分别为主动件。

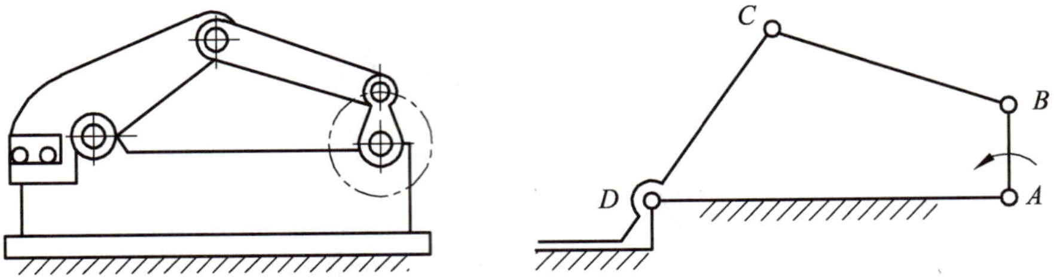

图 5-15　剪板机

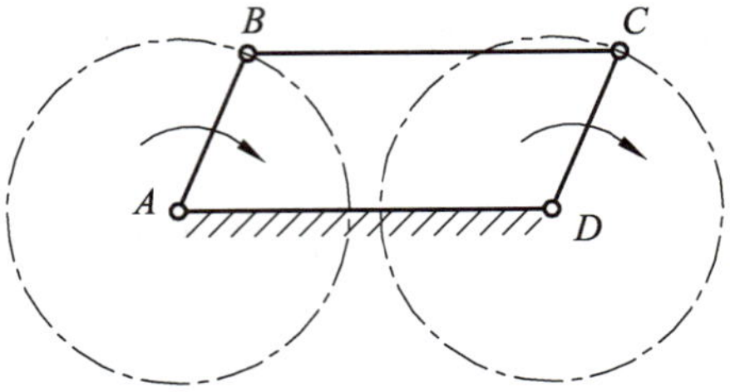

图 5-16　双曲柄机构

常见的双曲柄机构形式有：

（1）两曲柄长度不同的不等长双曲柄机构，如图 5-17（a）所示；

（2）四个杆件形成平行四边形的平行双曲柄机构，如图 5-17（b）所示；

（3）相对的两杆件分别等长但互不平行的反向双曲柄机构，如图 5-17（c）所示。

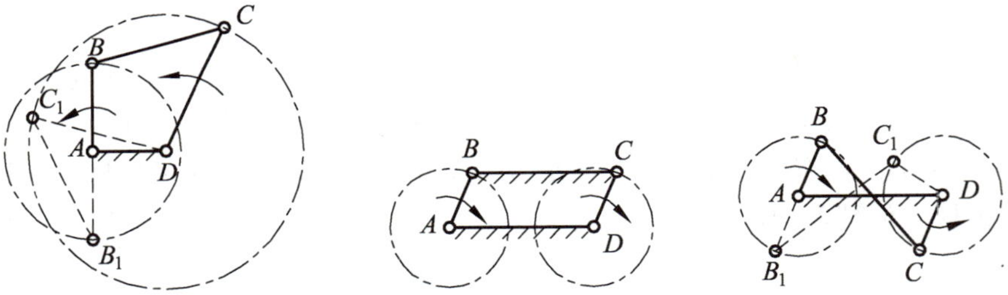

（a）　（b）　（c）

图 5-17　常见的双曲柄机构形式

如图 5-18 所示的码垛机械手，四杆件构成平行双曲柄机构。两曲柄的旋转方向和角速度均相同。牵动主动曲柄 *AB* 的延伸端 *E*，可使连杆 *BC* 带动机械手平行升降移动，以便平稳码垛。

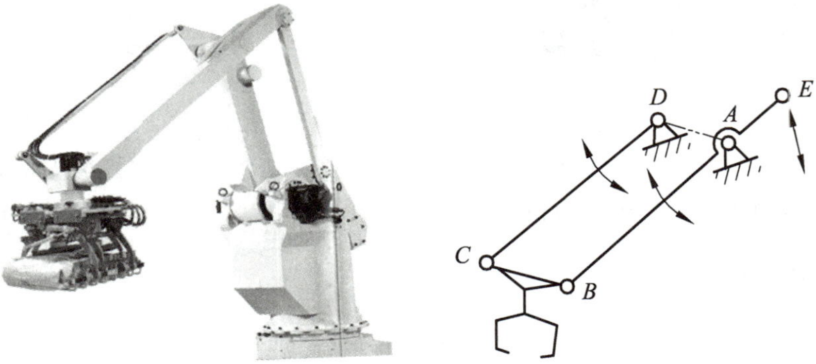

图 5-18　码垛机械手

如图 5-19 所示的汽车门启闭机构，曲柄 *AB* 为主动件且匀速转动，通过连杆 *BC* 带动摇杆 *CD* 往复摆动，摇杆延伸端实现剪板机上刃口的开合剪切动作。

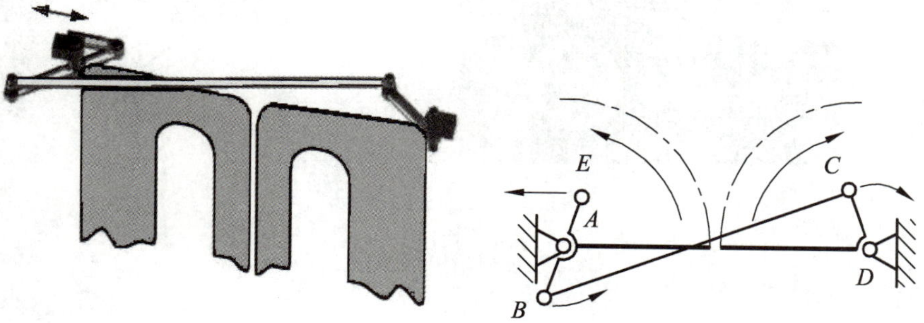

图 5-19　汽车门启闭机构

（三）双摇杆机构

铰链四杆机构中，若两个连架杆均为摇杆，称为双摇杆机构，如图 5-20 所示。

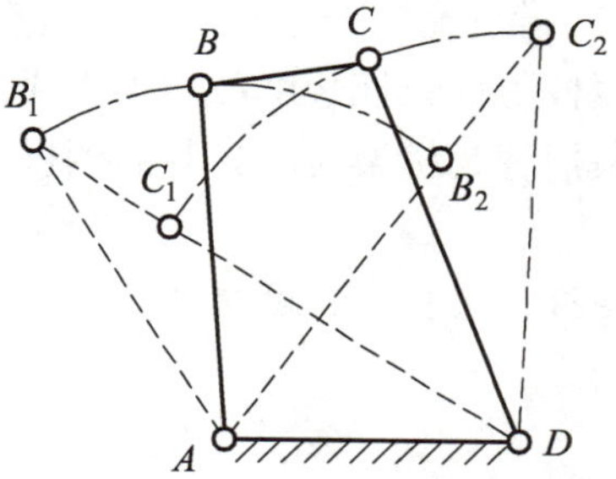

图 5-20　双摇杆机构

在双摇杆机构中，两摇杆均可以作为主动件。当主动摇杆往复摆动时，通过连杆带动从动摇杆往复摆动。

如图 5-21 所示的夹紧机构，手柄与连杆 *BC* 连为一体，扳动手柄可夹紧或松开工件。

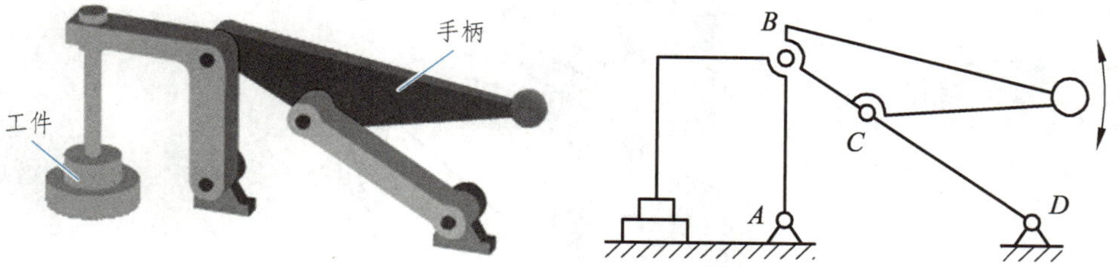

图 5-21　夹紧机构

如图 5-22 所示的飞机起落架机构，主动摇杆 *AB* 通过连杆 *BC* 带动从动摇杆 *CD* 动作，实现起落架的收放。

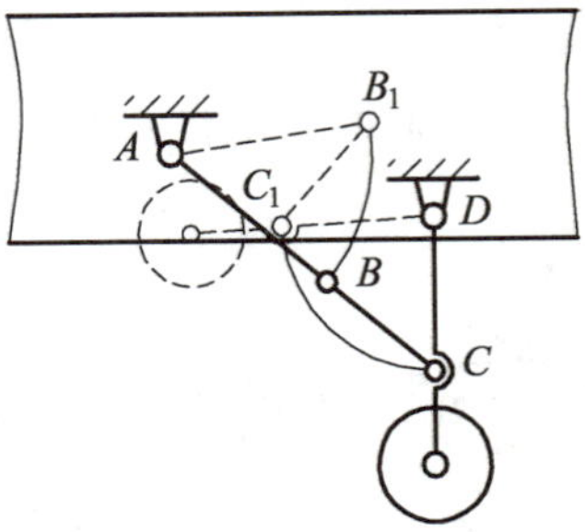

图 5-22　飞机起落架机构

二、铰链四杆机构的基本性质

（一）曲柄存在条件

铰链四杆机构是否有曲柄存在，与机构中各杆的相对长度有关。铰链四杆机构曲柄存在条件：

（1）最短杆与最长杆长度之和应小于或等于其余两杆长度之和。

（2）连架杆与机架中至少有一个是最短杆。

在铰链四杆机构中，当最短杆与最长杆长度之和小于或等于其余两杆长度之和：最短杆是曲柄时，为曲柄摇杆机构；最短杆是机架时，为双曲柄机构；最短杆是连杆时，为双摇杆机构。

在铰链四杆机构中，当最短杆与最长杆长度之和大于其余两杆长度之和时，无论取任何杆为机架，都只能得到双摇杆机构。

（二）急回特性

曲柄摇杆机构存在一种特殊的传动特性——急回特性。

如图 5-23 所示，曲柄为原动件，做等角速度转动，*BC* 为连杆，*CD* 为摇杆。若曲柄匀速转动，很明显曲柄转过角 $\varphi 1=180°+\theta$ 比转过角 $\varphi 2=180°-\theta$ 需要的时间多，这说明摇杆往复摆动的平均速度不同。铰链四杆机构的这种特性称为摇杆的急回特性。

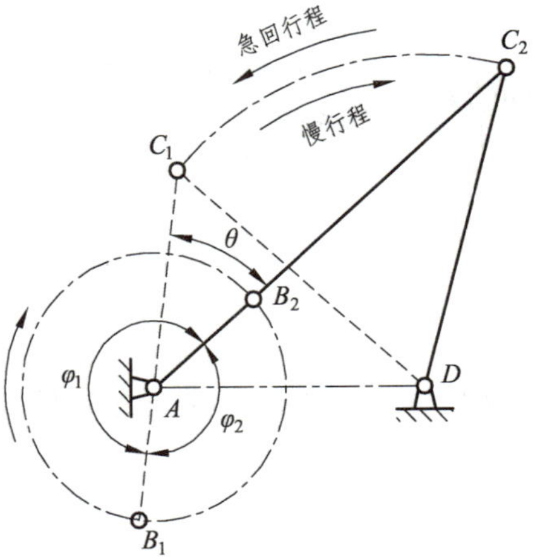

图 5-23　曲柄摇杆机构的急回特性

空回行程平均速度与工作进程平均速度之比称为速度变化系数，用 K 表示

$$K = \frac{t_1}{t_2} = \frac{180° + \theta}{180° - \theta}$$

式中，θ 为极位夹角，即摇杆在两极限位置时，曲柄两位置之间所夹的锐角。θ 角表示了急回程度的大小，θ 越大，急回程度越大，$\theta=0$，机构无急回特性。

（三）死点位置

如图 5-24 所示的曲柄摇杆机构，摇杆处于 C_1D 或 C_2D 两极限位置时，连杆 BC 与曲柄 AB 两次共线，此时，摇杆经连杆施加给曲柄的力 F_1 或 F_2 必然通过铰链中心 A，曲柄不能获得转矩，机构将趋于静止状态。机构所处的这种位置称为死点位置。

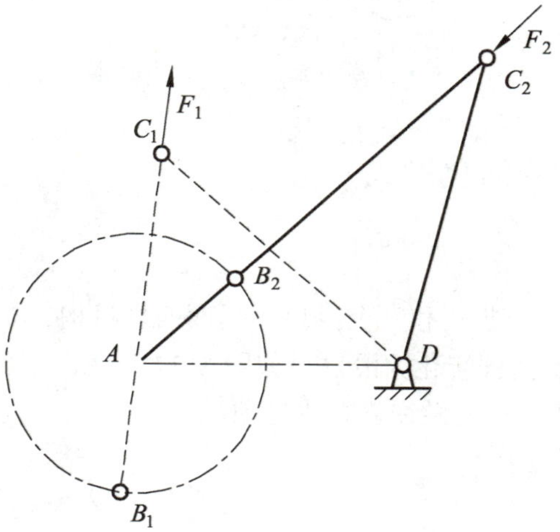

图 5-24　曲柄摇杆机构

机构存在死点是不利的，对于连续转动的机器，常采取以下措施使机构顺利地通过死点位置：

（1）利用从动件的惯性顺利地通过死点位置。例如，家用缝纫机的脚踏板机构中大带轮就相当于飞轮，利用其惯性通过死点。

（2）采用错位排列的方式顺利地通过死点位置。

死点位置对传动是不利的，但有时可利用死点位置实现某种功能。如图 5-25 所示，工件夹紧后，BCD 成一直线，撤去外力 F 之后，机构在工件反弹力 T 的作用下，处于死点位置。即使反弹力很大，工件也不会松脱，使夹紧牢固可靠。

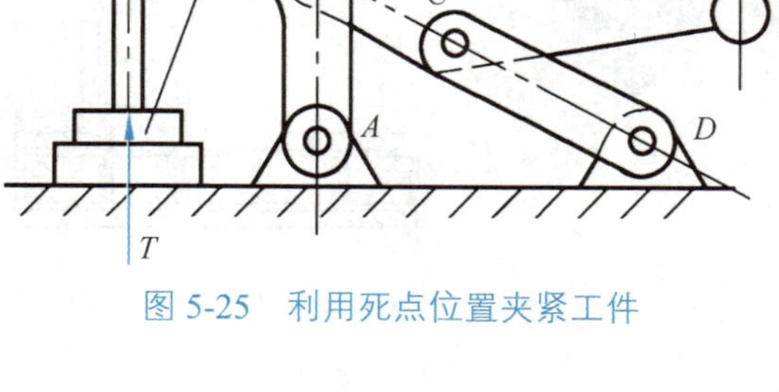

图 5-25　利用死点位置夹紧工件

再如图 5-26 所示的飞机起落架机构，飞机起飞和降落时，飞机起落架处于放下机轮的位置，此时连杆 *BC* 与从动件处于一条直线上，机构处于死点位置，因此，机轮着地时产生的巨大冲击力不会使从动件反转，从而保持着支承状态。

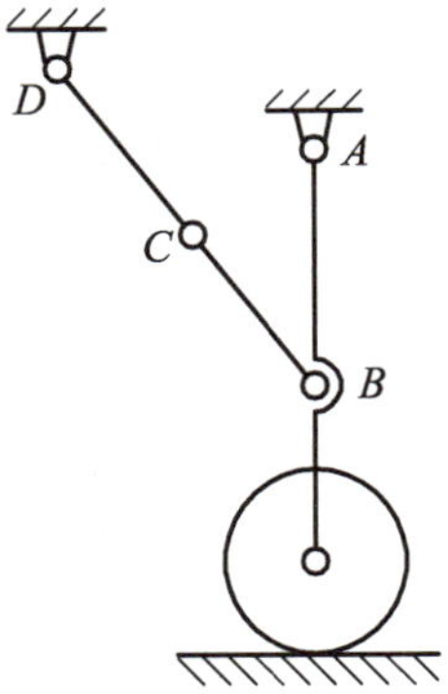

图 5-26　利用死点位置支承机轮

三、铰链四杆机构的演化形式

（一）曲柄滑块机构

曲柄滑块机构是具有一个曲柄和一个滑块的平面四杆机构，是由曲柄摇杆机构演化而来的，它将曲柄摇杆机构中的摇杆转化为滑块。如图 5-27 所示，当曲柄 *AB* 匀速转动时，通过连杆 *BC* 带动滑块 3 在机架导轨上做往复直线运动。

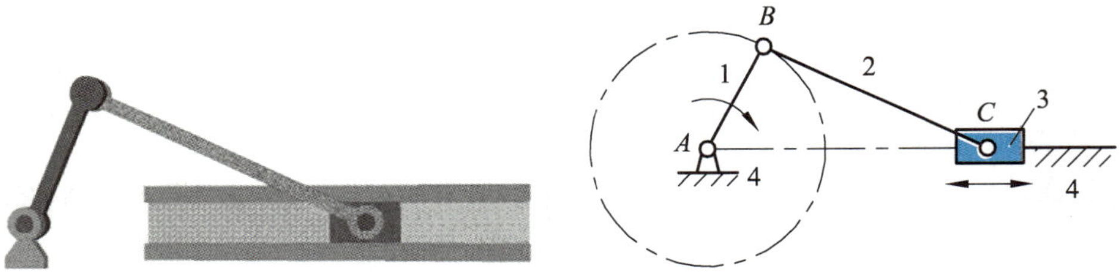

图 5-27　曲柄滑块机构

曲柄滑块机构广泛应用在活塞式内燃机、空气压缩机、冲床等机械中。图 5-28 所示为滚轮送料机。

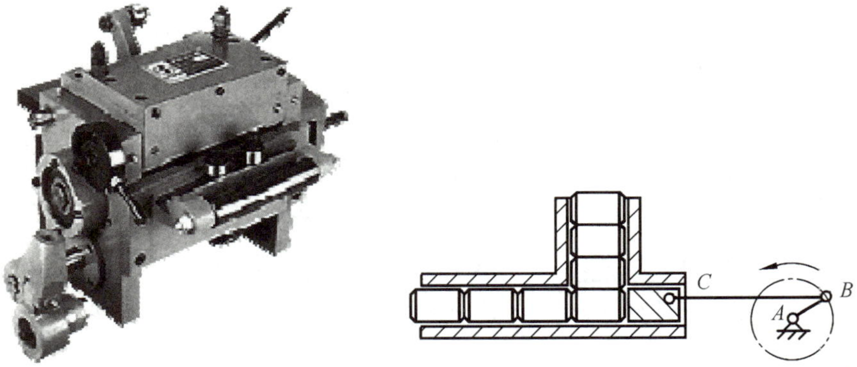

图 5-28　滚轮送料机

（二）偏心轮机构

在曲柄滑块机构中，当曲柄过短不能制作时，往往用一个旋转中心与几何中心不相同的偏心轮代替曲柄，如图 5-29 所示的偏心轮机构。构件 1 为偏心轮，偏心距 e（轮的几何中心 B 点至旋转中心 A 点的距离）相当于曲柄长度。偏心轮机构用于载荷较大且滑块行程较小的剪床、冲床、颚式破碎机等机械中。

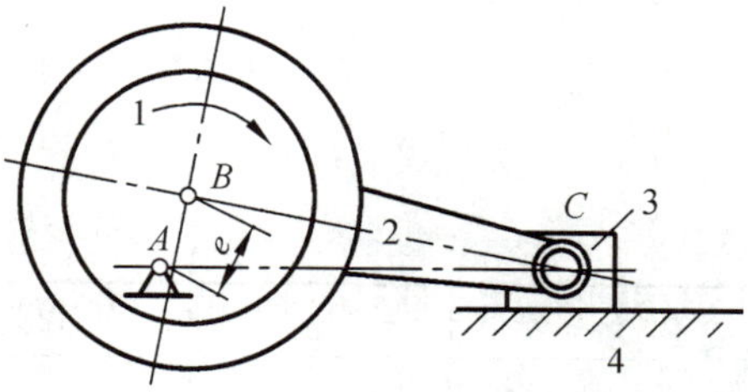

图 5-29　偏心轮机构

（三）导杆机构

导杆是机构中与另一运动构件组成移动副的构件。连架杆中至少有一个构件为导杆的平面四杆机构称为导杆机构。常用的导杆机构有摆动导杆机构（见图 5-30）、移动导杆机构（见图 5-31）和曲柄摇块机构（见图 5-32）等。

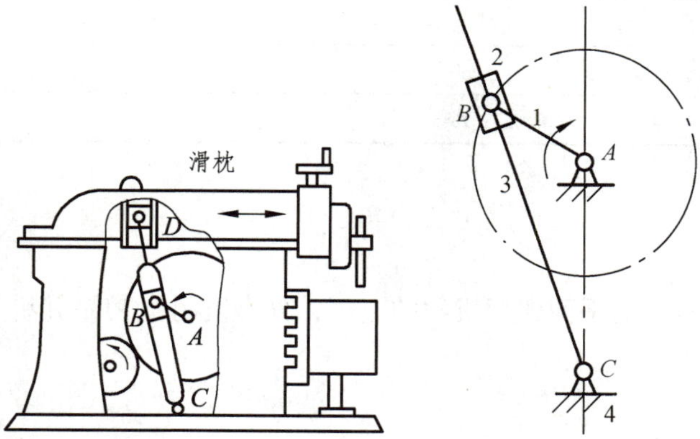

图 5-30　摆动导杆机构

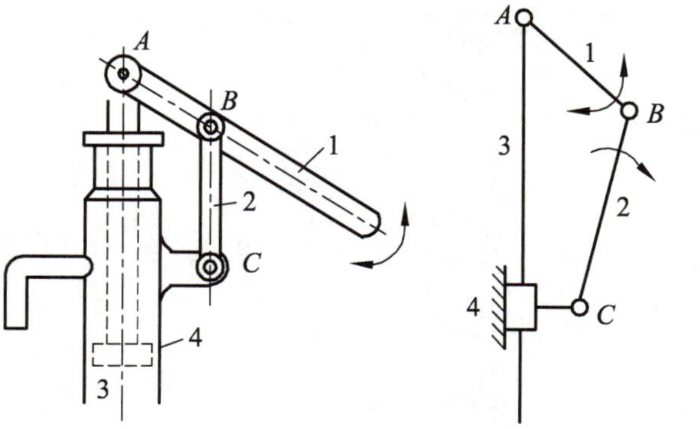

图 5-31　移动导杆机构

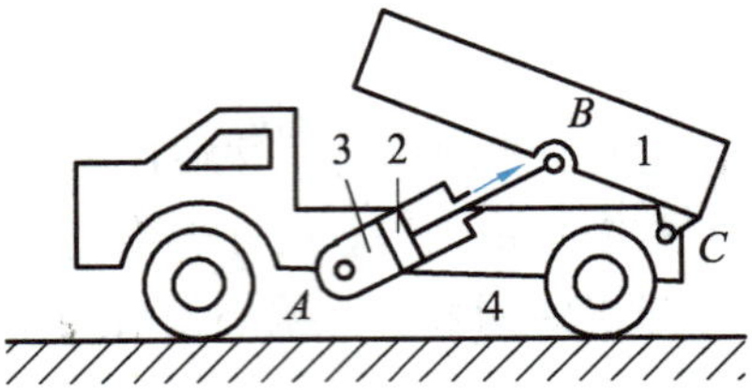

图 5-32　曲柄摇块机构

任务检查

表 5-2　平面连杆机构认知——任务检查单

任务编号	5-2	任务名称	平面连杆机构认知
序号	检查内容	是	否
举例说明三种铰链四杆机构的运动形式			
1	举例说明三种铰链四杆机构的运动形式		
举例说明铰链四杆机构基本性质的应用			
2	举例说明急回特性的应用		
3	举例说明死点位置的应用		
判断铰链四杆机构中曲柄是否存在			
4	通过计算，正确判断铰链四杆机构中曲柄是否存在		
举例说明演化机构的运动形式			
5	举例说明常见演化机构的运动形式		

任务拓展

列举轨道交通中常见的平面四杆机构的应用，分小组制作 PPT 并讲解。

任务 3　凸轮机构认知

任务描述

凸轮是具有控制从动件运动规律的曲线轮廓的构件，含有凸轮的机构称为凸轮机构。凸轮机构可以将凸轮的连续转动或移动转换为从动件连续或不连续的移动或摆动。与连杆机构相比，凸轮机构便于实现给定的运动规律和轨迹，而且结构简单紧凑；但由于凸轮与从动件为点、线副接触，易磨损。

本任务主要是认识凸轮机构。

任务目标

- 能阐述凸轮机构的组成及运动特点；
- 能举例说明凸轮机构的分类和应用；
- 能讲解凸轮机构的工作过程。

任务学习

一、凸轮机构的组成和特点

凸轮机构主要由主动件凸轮、从动件和机架组成。凸轮与从动件以点或线相接触构成高副，所以又称为高副机构，主要依靠凸轮轮廓直接与从动件接触，迫使从动件做有规律的直线往复运动（直动）或摆动，如图 5-33 所示。

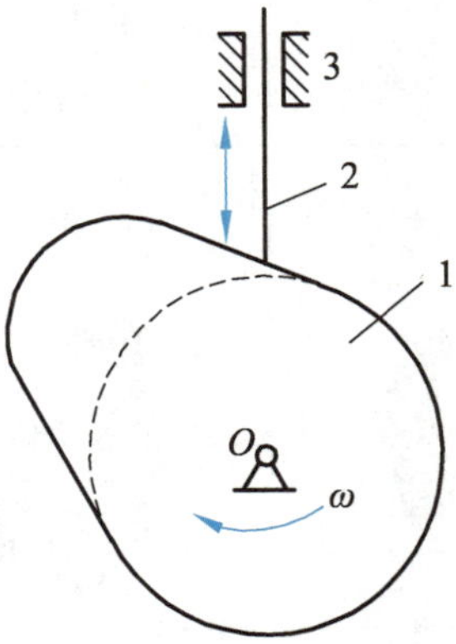

1—凸轮；2—从动件；3—机架。

图 5-33　凸轮机构

凸轮机构的基本特点是能使从动件获得较复杂且准确的预期运动规律，但凸轮轮廓与从动件的接触面积小，所以接触处压强大，易磨损，因而不能承受很大的负荷，且凸轮是一个具有特定曲线轮廓的构件，轮廓加工精度要求高。

二、凸轮机构的分类和应用。

凸轮机构的类型很多，通常按凸轮形状分类（见表 5-3）或按从动件端部结构分类（见表 5-4）。

表 5-3　按凸轮形状分类

凸轮形状	盘形凸轮	移动凸轮	圆柱凸轮
图例			
说明	盘形凸轮是凸轮的最基本形式，结构简单，应用广泛	凸轮相对于机架做往复直线移动	在圆柱端面做出曲线轮廓或在圆柱表面开出曲线凹槽

表 5-4　按从动件端部结构分类

从动件结构		尖底	滚子	平底
图例	移动			
	摆动			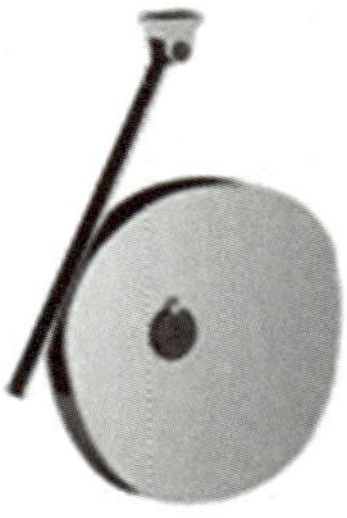
说明		结构简单，能准确实现较复杂的运动规律；但与凸轮接触面小，易磨损，故适用于载荷较小的场合	摩擦和磨损较小，可承受较大载荷，应用较广泛；但对具有内凹轮廓的凸轮，当内凹曲率半径较小时，应用受一定的限制	从动件底面与凸轮之间易形成油膜，可高速运转；但不能应用于有内凹轮廓的凸轮

凸轮机构结构简单紧凑、工作可靠，设计适当的凸轮轮廓曲线，可使从动件获得任意预期的运动规律。但凸轮与从动件（杆或滚子）之间以点或线接触，不便于润滑，易磨损，只适用于传力不大的场合，如自动机构、仪表、控制机构和调节机构中。

如图 5-34 所示的靠模车削机构，靠模板 4（相当于移动凸轮）固定在车床床身上。车削加工时，工件旋转，刀架 3 带动车刀 2（从动件）沿工件轴向移动，由靠模板曲线轮廓控制车刀相对于工件的径向进给。车刀按预定规律动作，从而车削出具有曲面轮廓的工件。

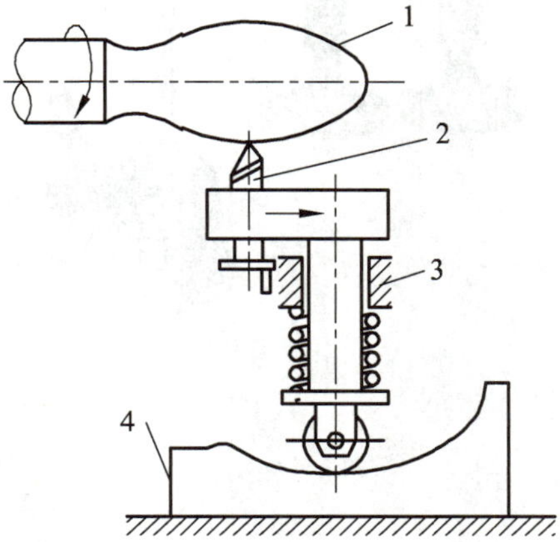

图 5-34　靠模车削机构

如图 5-35 所示的自动进刀机构，在圆柱表面开出曲线凹槽的圆柱凸轮 1 转动时，凹槽的侧面推动摆杆 2 端部的滚子，使摆杆绕固定铰链 *C* 的回转中心摆动，摆杆另一端的扇形齿轮与刀架底部的齿条相啮合，使刀架实现进刀和退刀动作。

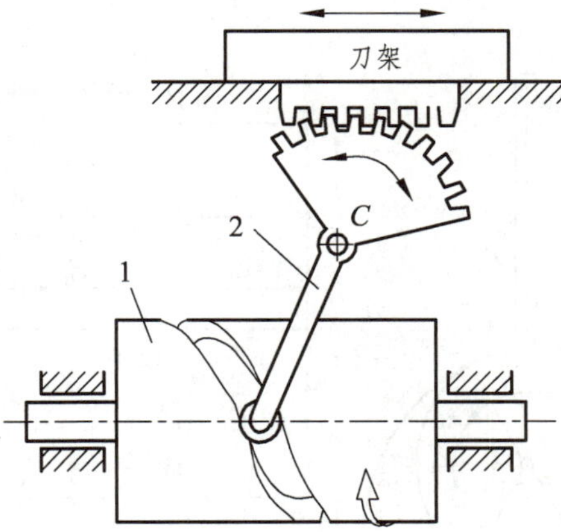

图 5-35　自动进刀机构

如图 5-36 所示内燃机的配气机构，主动凸轮转动时，推动从动件顶杆上下移动，按给定的配气要求启闭阀门。

图 5-36　内燃机的配气机构

三、凸轮机构的工作过程

（一）凸轮机构运动过程

凸轮机构中最常见的运动形式为凸轮做等速回转运动，从动件做往复移动。凸轮回转时，从动件做“升→停→降→停”的运动循环。

以图 5-37 所示尖顶直动从动件盘形凸轮机构为例，说明主动件凸轮与从动件间的运动关系及有关名称。图示位置凸轮转角为零，从动件尖顶位于 A 离凸轮轴心 O 最近位置，称为起始位置。

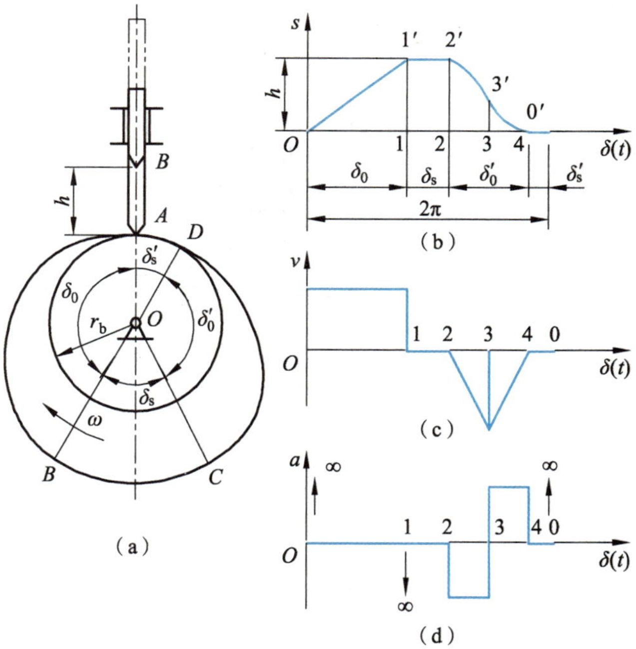

图 5-37　尖顶直动从动件盘形凸轮机构工作过程

1. 基　圆

以凸轮的最小向径为半径所作的圆称为基圆。基圆半径用 r_b 表示。

2. 推程运动角

凸轮以等角速度 ω 顺时针转动，从动件被凸轮推动，以一定运动规律由 A 到达最高点位置 B，从动件在这一过程中移动的距离 h 称为推程（升程），所对应的凸轮转角 δ_0 称为推程运动角。

3. 远休止角

当凸轮继续转过角度 δ_s 时，以 O 为圆心的圆弧 BC 与尖顶接触，从动件在最远位置静止不动，δ_s 称为远休止角。

4. 回程运动角

凸轮再继续回转 δ'_0，从动件以一定运动规律下降到最低位置 D，这段行程称为回程，所对应的凸轮转角 δ'_0 称为回程运动角。

5. 近休止角

凸轮继续回转 δ'_s，圆弧 DA 与尖顶接触，从动件在最近位置静止不动，δ'_s 称为近休止角。

凸轮转动一周，从动件经历推程、远休止、回程、近休止四个运动阶段，是典型的升—停—回—停的双停歇循环。从动件也可以有一次停歇或没有停歇循环地运动。

（二）从动件的运动规律

凸轮机构从动件的运动规律有很多种，常用的运动规律有匀速运动规律和匀加速匀减速运动规律。

匀速运动规律是指从动件在上升过程和下降过程中其速度保持不变的运动规律，如图 5-38 所示。

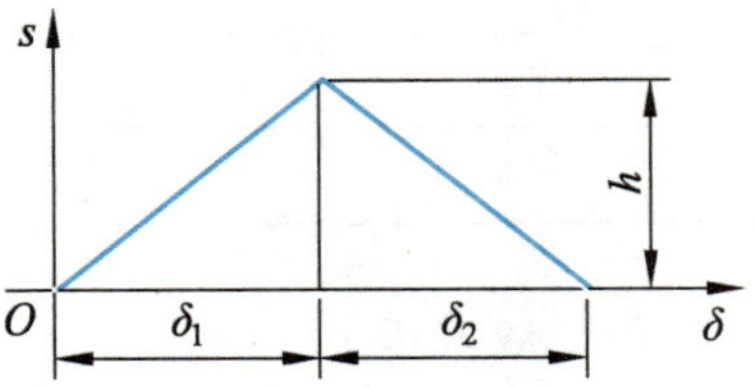

图 5-38　匀速运动

从动件匀速运动规律的特点：在从动件运动的起始点、转折点和终了点都有速度的突变，使加速度趋于无限大，因此会引起强烈的惯性冲击，这种冲击对凸轮机构的工作影响很大，所以匀速运动规律一般只适用于低速或从动件质量较小的场合。

匀加速匀减速运动规律是指从动件在上升行程的前半段按匀加速上升，后半段按匀减速继续上升至最大行程；回程时前半段按匀加速下降，后半段按匀减速继续下降至初始位置，如图 5-39 所示。

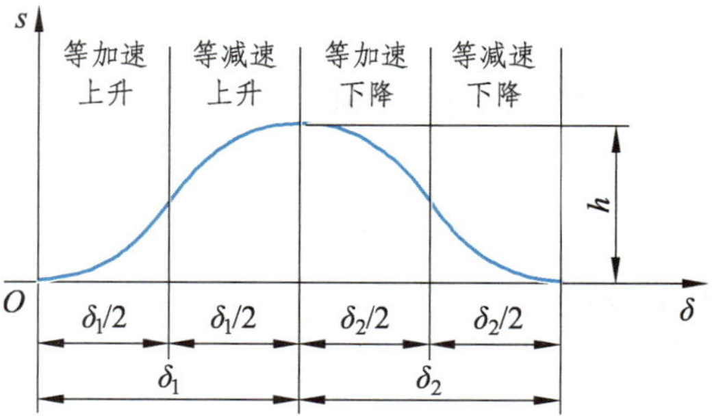

图 5-39 匀加速匀减速运动

匀加速匀减速运动规律的特点是：在一个运动循环中，从动件的运动速度逐步增大又逐步减小，避免了运动速度的突变；但在从动件运动的起始点、转折点和终了点仍存在着加速度的有限突变，还会有一定的惯性冲击，所以这种运动规律适用于凸轮为中、低速转动，从动件质量不大的场合。

任务检查

表 5-5 凸轮机构认知——任务检查单

任务编号	5-3	任务名称	凸轮机构认知		
序号	检查内容			是	否
阐述凸轮机构的组成及运动特点					
1	阐述凸轮机构的组成				
2	总结凸轮机构的运动特点				
举例说明凸轮机构的分类和应用					
3	举例说明凸轮机构的分类和应用				
讲解凸轮机构的工作过程					
4	讲解有关名称的含义				
5	讲解两种从动件的运动规律				

任务拓展

列举轨道交通中凸轮机构的应用，分组制作 PPT 并讲解。

项目训练

一、填空题

1. 平面连杆机构是由一些刚性构件用______副和______副相互连接而组成的机构。

2. 平面连杆机构能实现一些较复杂的_________运动。

3. 当平面四杆机构中的运动副都是______副时，称之为铰链四杆机构；它是其他多杆机构的________。

4. 曲柄摇杆机构产生“死点”位置的条件是：摇杆为_____件，曲柄为_____件或者是把______运动转换成_____运动。

5. 曲柄摇杆机构出现急回运动特性的条件是：摇杆为_____件，曲柄为_____件或者是把_______运动转换成_______运动。

6. 如果将曲柄摇杆机构中的最短杆改作机架，则两个架杆都可以做______转动运动，即得到_______机构。

7. 如果将曲柄摇杆机构的最短杆对面的杆作为机架，则与相连的两杆都可以做____运动，机构就变成______机构。

8. 在凸轮机构的几种基本的从动件运动规律中，_______运动规律使凸轮机构产生刚性冲击，________运动规律产生柔性冲击，________运动规律则没有冲击。

9. 在凸轮机构的各种常用的推杆运动规律中，_______只宜用于低速的情况，_______宜用于中速，但不宜用于高速的情况；而________可在高速下应用。

10. 凸轮轮廓的形状是由_________决定的。

二、选择题

1. 在曲柄摇杆机构中，只有当（　　）为主动件时，（　　）在运动中才会出现“死点”位置。

A. 连杆　　B. 机架　　C. 曲柄　　D. 摇杆　　E. 连架杆

2. 能产生急回运动的平面连杆机构有（　　）。

A. 铰链四杆机构　　B. 曲柄摇杆机构
C. 导杆机构　　D. 双曲柄机构
E. 双摇杆机构　　F. 曲柄滑块机构

3. 能出现“死点”位置的平面连杆机构有（　　）。

A. 导杆机构　　B. 平行双曲柄机构
C. 曲柄滑块机构　　D. 不等长双曲柄机构

4. 当急回特性系数为（　　）时，曲柄摇杆机构才有急回运动。

A. $K<1$　　B. $K=1$　　C. $K>1$

5. 曲柄滑块机构是由（　　）演化而来的。

A. 曲柄摇杆机构　　B. 双曲柄机构　　C. 双摇杆机构

6. 平面四杆机构中，如果最短杆与最长杆的长度之和小于或等于其余两杆的长度之和，最短杆为机架，这个机构叫作（　　）。

A. 曲柄摇杆机构　　B. 双曲柄机构　　C. 双摇杆机构

7. 尖顶从动件凸轮机构中，基圆的大小会影响（　　）。

A. 从动轮的位移　　B. 从动件的速度
C. 从动件的加速度　　D. 凸轮机构的压力角

8. 与连杆机构相比，凸轮机构的最大缺点是（　　）。

A. 惯性力难以平衡　　B. 点、线接触，易磨损
C. 设计较为复杂　　D. 不能实现间歇运动

9. 与其他机构相比，凸轮机构的最大优点是（　　）。

A. 可实现各种预期的运动规律　　B. 便于润滑

C. 制造方便，易获得较高的精度　　　　　　D. 从动件的行程较大

10. 下述几种运动规律中________既不会产生柔性冲击，也不会产生刚性冲击，可用于高速场合。

A. 等速运动规律　　　　　　　　　　　　B. 摆线运动规律

C. 等加速等减速运动规律　　　　　　　　D. 简谐运动规律

三、简答题

1. 什么是连杆机构？连杆机构有什么优缺点？

2. 什么是曲柄？什么是摇杆？铰链四杆机构曲柄存在条件是什么？

3. 铰链四杆机构有哪几种基本形式？

4. 试述克服平面连杆机构“死点”位置的方法。

5. 有四根杆件，其长度分别是：A 杆 20 mm，B 杆 30 mm，C 杆 40 mm，D 杆 50 mm。请画图表示怎样互相连接和选择机架才能组成以下各种机构：

a. 曲柄摇杆机构　　b. 双曲柄机构　　c. 双摇杆机构　　d. 曲柄滑块机构

四、计算题

1. 试判断下列机构属于何种类型的铰链四杆机构（见图 5-40）。

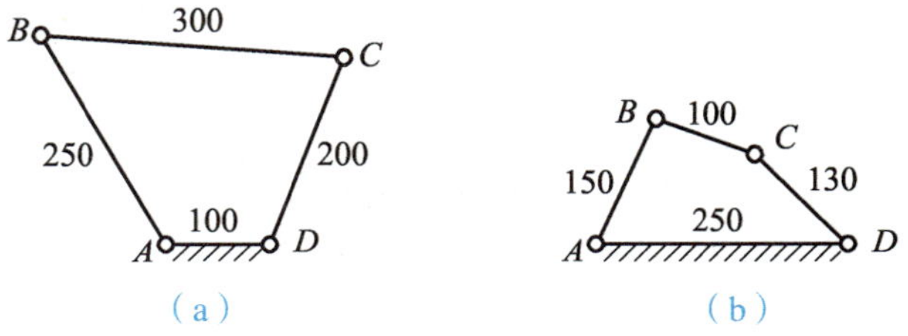

图 5-40

2. 如图 5-41 所示，已知杆 CD 为最短杆。若要构成曲柄摇杆机构，机架 AD 的长度至少取多少？（图中长度单位为 mm）

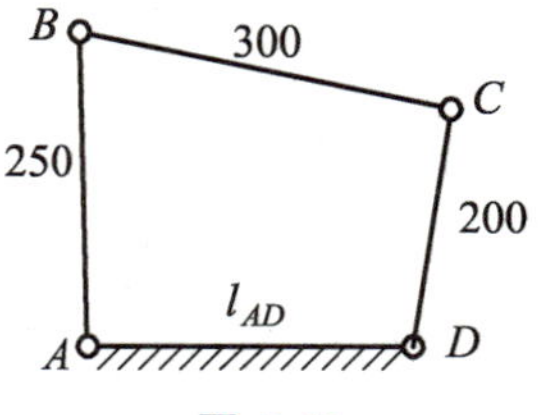

图 5-41

项目 6 常用机械传动认知

任务 1 齿轮传动认知

任务描述

齿轮传动是利用齿轮副来传递运动和动力的一种机械传动，具有传递功率大（可达 100 000 kW 以上）、速度范围广（圆周速度可从很低到 300 m/s）、效率高（0.94 ~ 0.98）、工作可靠、寿命长、结构紧凑等优点，是现代机械中应用最广泛的一种机械传动，在轨道交通车辆、汽车变速器等机械中被普遍应用。

本任务主要认识齿轮传动。

任务目标

- 能举例说明常用齿轮传动的应用；
- 能熟知渐开线圆柱齿轮的基本参数；
- 能运用公式计算标准直齿圆柱齿轮的几何尺寸；
- 能阐述齿轮传动的安装与维护方法。

任务学习

一、齿轮传动的类型及应用

齿轮传动由主动轮和从动轮组成，靠主动轮齿和从动轮齿的相互啮合来传递运动和动力。

（一）齿轮传动的类型

齿轮传动的类型很多，常见的齿轮传动如图 6-1 和图 6-2 所示。

（二）齿轮传动的应用

1. 传动比

齿轮传动的传动比是主动齿轮转速与从动齿轮转速之比，也等于两齿轮齿数之反比。计算公式如下：

$$i_{12}=\frac{n_1}{n_2}=\frac{z_2}{z_1}$$

式中，n_1、n_2为主、从动轮的转速，r/min；z_1、z_2为主、从动轮齿数。

- 齿轮传动
  - 两轴平行
    - 按轮齿方向
      - 直齿圆柱齿轮传动
      - 斜齿圆柱齿轮传动
      - 人字齿圆柱齿轮传动
    - 按啮合情况
      - 外啮合齿轮传动
      - 内啮合齿轮传动
      - 齿轮齿条传动
  - 两轴不平行
    - 相交轴齿轮传动
      - 锥齿轮传动
    - 交错轴齿轮传动
      - 交错轴斜齿轮传动
      - 蜗轮蜗杆传动

图 6-1　齿轮传动分类

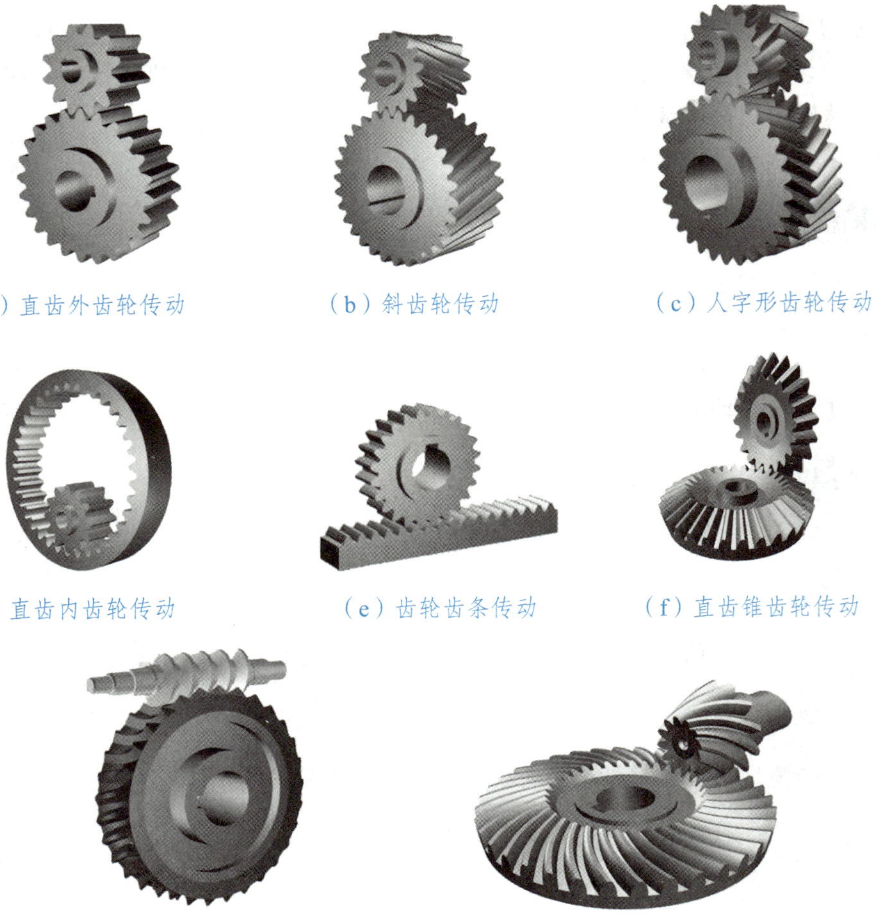

（a）直齿外齿轮传动　（b）斜齿轮传动　（c）人字形齿轮传动

（d）直齿内齿轮传动　（e）齿轮齿条传动　（f）直齿锥齿轮传动

（g）蜗杆传动　（h）曲齿锥齿轮传动

图 6-2　齿轮传动常见类型

2. 应用特点

齿轮传动的优点有：

（1）齿轮传递的功率和速度范围很大。

（2）齿轮传动属啮合传动，齿轮齿廓为特定曲线，瞬时传动比恒定，且传动平稳、可靠。

（3）齿轮传动效率高，使用寿命长。

（4）齿轮种类繁多，可以满足各种传动形式的需要。

齿轮传动的缺点有：

（1）运转过程中有振动、冲击和噪声。

（2）齿轮安装要求较高。

（3）不能实现无级变速。

（4）不适宜用在中心距较大的场合。

（三）齿轮传动的基本要求

齿轮传动应满足下列两项基本要求：

（1）传动平稳：即要求瞬时传动比恒定不变，否则主动轮匀速转动而从动轮转速时快时慢，会引起冲击、振动和噪声，影响传动质量。

（2）具有足够的承载能力和使用寿命：齿轮要有足够的强度和刚度，以传递较大的动力，并且还要有较长的使用寿命及较小的结构尺寸。

二、渐开线齿轮传动

能满足瞬时传动比恒定要求的齿廓曲线有很多，但实际上由于轮齿的加工、测量、强度等方面的原因，可选用的齿廓曲线仅有渐开线、摆线、圆弧线、抛物线等，其中渐开线齿廓应用最广。

（一）渐开线

一条动直线沿着一固定的圆做纯滚动时，此动直线上任一点 K 的运动轨迹 CK 称为渐开线，该圆称为渐开线的基圆，其半径以 r_b 表示，直线称为渐开线的发生线，如图 6-3 所示。

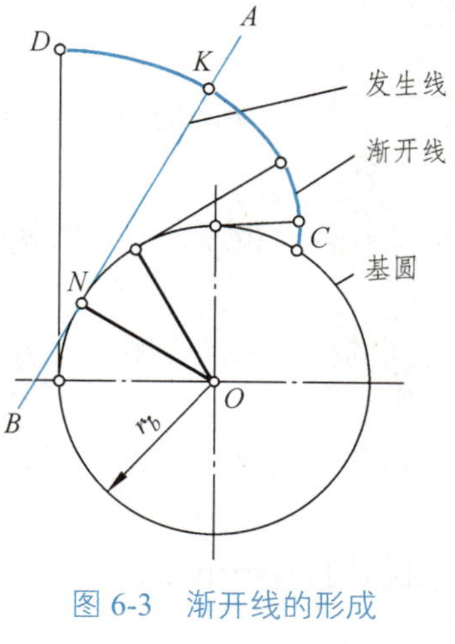

图 6-3　渐开线的形成

渐开线齿轮就是以同一个基圆上产生的两条反向渐开线为齿廓的齿轮，如图 6-4 所示。

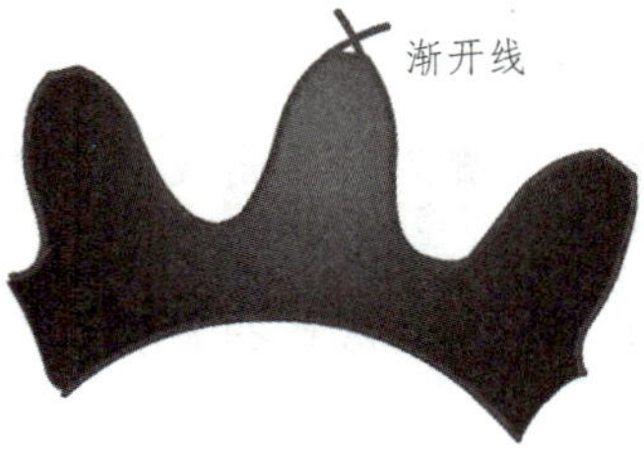

图 6-4　渐开线齿廓

渐开线齿廓啮合能保持瞬时传动比的恒定，且具有传动的可分离性，即使安装时两轮中心距有一些变化，其传动比一定不变，它给制造和安装带来极大的方便，也是渐开线齿轮得到广泛应用的原因之一。

（二）渐开线标准直齿圆柱齿轮传动

1. 标准渐开线直齿圆柱齿轮各部分的名称

图 6-5 所示为标准渐开线直齿圆柱齿轮，轮齿各部分的名称及符号表示如下：

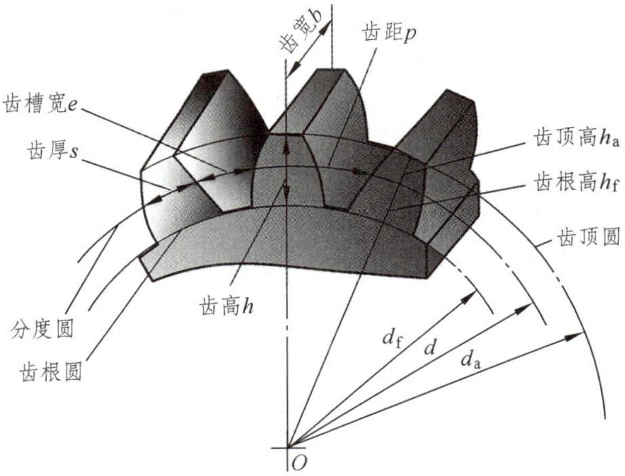

图 6-5　标准渐开线直齿圆柱齿轮

1）齿槽及齿槽宽

相邻两轮齿之间的空间称为齿槽，一个齿槽的两侧齿廓之间的弧长称为齿槽宽，用 e 表示。

2）齿厚

一个齿的两侧端面齿廓之间的弧长称为齿厚，用 s 来表示。

3）齿距

两个相邻而同侧的端面齿廓之间的弧长称为齿距，用 p 表示。

4）齿顶圆

由轮齿顶部所确定的圆称为齿顶圆，其直径用 d_a 表示。

5）齿根圆

齿槽底部所确定的圆称为齿根圆，其直径用 d_f 表示。

6）分度圆

在齿顶圆与齿根圆之间，取一个圆作为计算齿轮各部分尺寸的基准，称为分度圆，其直径和半径分别用 d 和 r 表示。

2. 渐开线标准直齿圆柱齿轮的基本参数

1）齿数 z

形状相同，沿圆周方向均匀分布的轮齿个数，称为齿数，用 z 表示。

2）模数 m

模数是指齿距 p 除以圆周率 π 所得的商，即 $m = p/\pi$。

现今齿轮模数已经标准化。齿数相等的齿轮，模数越大，齿轮尺寸就越大，轮齿也越大，承载能力就越大。

3）压力角

齿轮压力角，是指齿廓渐开线在分度圆处的压力角 α。我国国家标准规定：分度圆处的压力角为标准压力角，标准值为 20°。

3. 几何尺寸计算

模数、齿数和压力角是渐开线齿轮的三个主要参数，齿轮的几何尺寸和齿形都与这些参数有关。标准直齿圆柱齿轮各部分的尺寸计算见表 6-1。

表 6-1　标准直齿圆柱齿轮几何尺寸计算

名称	代号	计算公式
齿形角	α	标准齿轮为 20°
齿数	z	通过传动比计算确定
模数	m	通过计算或结构设计确定
齿厚	s	$s = p/2 = \pi m/2$
齿槽宽	e	$e = p/2 = \pi m/2$
齿距	p	$p = \pi m$
基圆齿距	p_b	$p_b = p\cos\alpha = \pi m\cos\alpha$
齿顶高	h_a	$h_a = h_a^* m = m$
齿根高	h_f	$h_f = (h_a^* + c^*)m = 1.25m$
齿高	h	$h = h_a + h_f = 2.25m$
分度圆直径	d	$d = mz$
齿顶圆直径	d_a	$d_a = d + 2h_a = m(z+2)$
齿根圆直径	d_f	$d_f = d - h_f = m(z-2.5)$
基圆直径	d_b	$d_b = d\cos\alpha$
标准中心距	a	$a = (d_1 + d_2)/2 = m(z_1 + z_2)/2$

4. 渐开线直齿圆柱齿轮传动的正确啮合条件和连续传动条件

1）正确啮合条件

一对直齿圆柱齿轮的正确啮合条件是要求它们的模数、齿形角分别相等，即

$$m_1 = m_2$$

$$\alpha_1 = \alpha_2$$

因此，正确啮合条件是：两齿轮的模数和压力角必须分别相等，并等于标准值 20°。

2）连续传动条件

前一对轮齿尚未结束啮合，后继的一对轮齿已进入啮合状态。

三、其他类型齿轮传动

（一）斜齿圆柱齿轮传动

齿线为螺旋线的圆柱齿轮称为斜齿圆柱齿轮，简称斜齿轮，如图 6-6 所示。

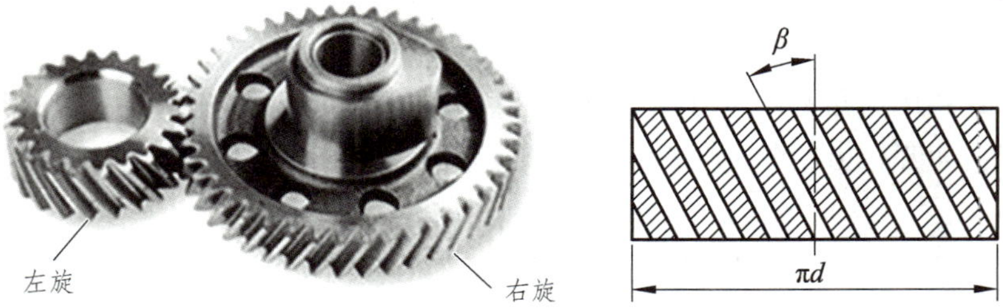

（a）　　（b）

图 6-6　斜齿圆柱齿轮

斜齿圆柱齿轮传动时，轮齿的接触线先由短变长，再由长变短，承载能力大，可用于大功率传动。由于轮齿上的载荷逐渐增加，逐渐卸掉，承载和卸载平稳，冲击、振动和噪声小，使用寿命长，适用于高速重载的场合。

斜齿圆柱齿轮传动的相关参数主要有螺旋角和旋向。在斜齿圆柱齿轮分度圆柱面上，螺旋线的切线与通过切点的圆柱面直母线之间所夹的锐角称为螺旋角，用 β 表示。按螺旋角方向的不同，斜齿圆柱齿轮分为左旋和右旋两种。判别旋向时，将斜齿圆柱齿轮的轴线竖直放置，侧轮齿方向由左向右上升为右旋，反之为左旋，如图 6-7 所示。

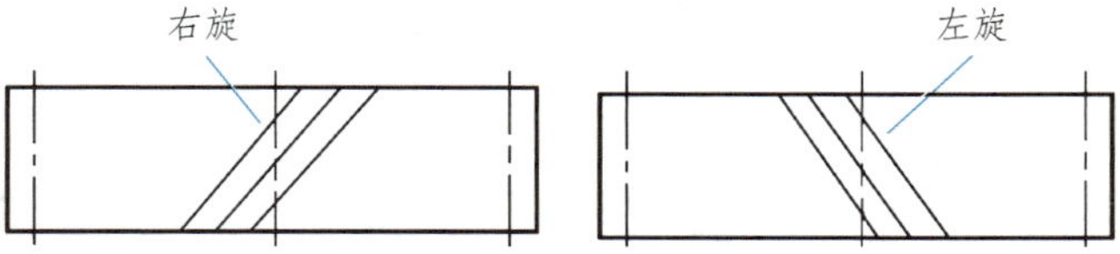

图 6-7　旋向判别

斜齿圆柱齿轮传动的正确啮合条件：两齿轮的法向模数和法向齿形角分别相等，并且两齿轮螺旋角的大小相等且旋向相反。

（二）直齿锥齿轮传动（见图 6-8）

分度曲面为圆锥面的齿轮称为锥齿轮，它是轮齿分布在圆锥面上的齿轮，当其齿向线是

分度圆锥面的直母线时称为直齿锥齿轮。

图 6-8　直齿锥齿轮传动

直齿锥齿轮传动平稳、承载能力强，特别在高速重载下更为明显，但传动时有轴向力。锥齿轮传动用于空间两相交轴之间的传动，一般多用于两轴垂直相交成 90°的场合。

直齿锥齿轮的正确啮合条件是：两齿轮大端的模数和齿形角分别相等。

（三）蜗杆传动（见图 6-9）

蜗杆传动是用来传递空间交错轴之间的运动和动力，通常两轴空间垂直交错成 90°。

图 6-9　蜗杆传动

蜗杆传动中蜗杆外形像根螺杆，它相当于一个齿数很少，分度圆柱直径较小的螺旋齿圆柱齿轮，而蜗轮类似于斜齿圆柱齿轮。常用的蜗杆是阿基米德蜗杆，其轴面齿廓为直线。在蜗杆传动的中间平面内，蜗杆和蜗轮的啮合相当于圆柱齿轮和齿条的啮合。

蜗杆传动一般以蜗杆为主动件，蜗轮为从动件。

蜗杆转速 n_1 与蜗轮转速 n_2 之比称为蜗杆传动的传动比，以 i_{12} 表示。由于蜗杆的头数（齿数）很少，通常 z_1=1 ~ 4，所以蜗杆传动的传动比可以达到很大。在动力传动中，一般 i_{12}= 8 ~ 80，在分度机构中 i_{12} 可达 1 000。

蜗杆单级传动能获得较大的传动比，并且结构紧凑、传动平稳、噪声小，但传动时蜗杆轴向力较大，齿面摩擦大，传动效率较低，尤其具有自锁性时，效率低于 50%。

蜗杆、蜗轮旋向的判定见表 6-2。

表 6-2　蜗杆、蜗轮旋向的判定

要求	图例	判定方法
判断蜗杆或蜗轮的旋向	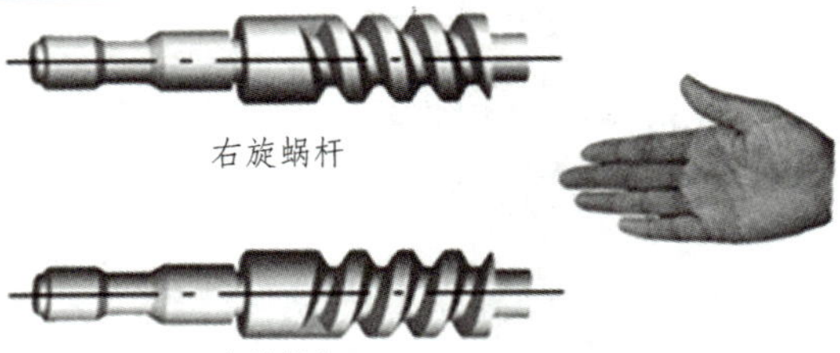	右手法则：手心对着自己，四个手指顺着蜗杆或蜗轮轴线方向摆正，若齿向与右手拇指指向一致，则该蜗杆或蜗轮为右旋，反之则为正旋

蜗杆传动中蜗轮转向的判定见表 6-3。

表 6-3　蜗轮转向的判定

要求	图例	判定方法
判断蜗轮的回转方向	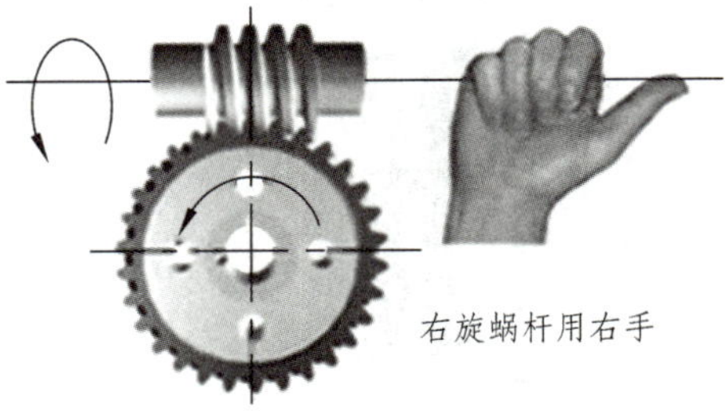	左、右手法则： 左旋蜗杆用左手，右旋蜗杆用右手，四指弯曲沿绕蜗杆转向，拇指的反方向就是蜗轮啮合点的圆周运动方向。根据啮合点的圆周运动方向即可确定蜗轮的转向
	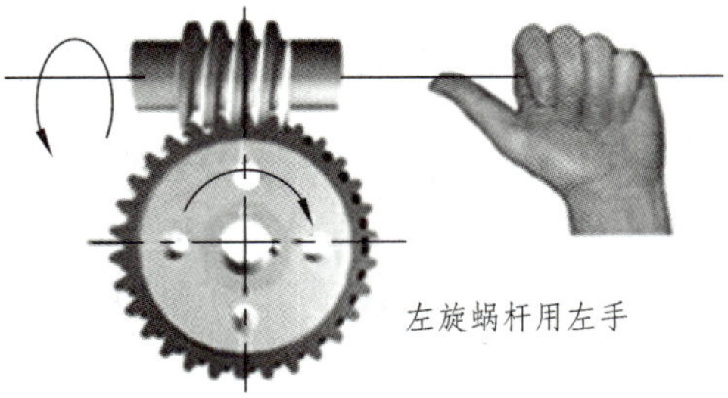	

四、齿轮传动的安装与维护

（一）齿轮传动的安装

为了保证齿轮传动的正常工作，首先必须正确安装齿轮。在安装齿轮时，要保证两轴线的平行度和中心距正确，并保证规定的齿侧间隙，安装和运行时应注意以下几个方面。

（1）安装。齿轮、轴承、键等零件安装在轴上，注意固定和定位都应符合技术要求。使用一对新齿轮，先做磨合运转，即在空载及逐步加载的方式下，运转十几小时至几十小时，然后清洗箱体，更换新油，才能使用。

（2）检查。采用涂色法检查齿面接触情况，若色迹处于齿宽中部，且接触面积较大，说明装配良好。若接触面积过小或接触部位不合理，则会使载荷分布不均。通常可通过调整轴承座位置、修理齿面等方法解决。

（3）监控。通过看、摸、听，监视有无超常温度、异常响声、振动等不正常现象。发现异常现象，应及时检查加以解决，禁止其“带病工作”。对高速、重载或重要场合的齿轮传动，可采用自动监测装置，对齿轮运行状态的信息搜集处理、故障诊断、报警等，实现自动控制，确保齿轮传动的安全、可靠。

（4）装防护罩。对于开式齿轮传动，应装防护罩，防止灰尘、切屑等杂物侵入齿面，加速齿面磨损，同时保护人身安全。

（二）齿轮传动的维护

（1）使用齿轮传动时，在启动、加载、卸载及换挡的过程中应力求平稳，避免产生冲击载荷，以防引起断齿等故障。

（2）经常检查润滑系统的状况，如润滑油量、供油状况、润滑油质量等，按照使用规则定期更换或补充规定牌号的润滑油。

（3）注意监视齿轮传动的工作状况，如有无不正常的声音或箱体过热现象。润滑不良和装配不符合要求是齿轮失效的重要原因，声响监测和定期检查是发现齿轮损伤的主要方法。

任务检查

表 6-4　齿轮传动认知——任务检查单

任务编号	6-1	任务名称	齿轮传动认知		
序号	检查内容			是	否
举例说明常用齿轮传动的应用					
1	阐述齿轮传动的分类				
2	举例说明齿轮传动的常见应用				
熟悉渐开线圆柱齿轮的基本参数					
3	独立指出渐开线圆柱齿轮图中的基本参数				
计算标准直齿圆柱齿轮的几何尺寸					
4	正确运用公式计算标准直齿圆柱齿轮的几何尺寸				
阐述齿轮传动的安装与维护方法					
5	列举齿轮传动的安装注意事项				
6	阐述齿轮传动的维护方法				

任务拓展

借助网络等资源渠道，收集轨道交通中的齿轮传动应用，完成相应报告。

任务 2　带传动和链传动认知

任务描述

在轨道交通、汽车、农机等各种机械传动系统中，带传动和链传动因具有结构简单、制造和安装精度要求不高、维护方便等优点，而受到广泛应用。本任务主要是认识带传动和链传动。

任务目标

- 能阐述带传动和链传动的特点；
- 能讲解普通 V 带和带轮的标准及结构；
- 能讲解滚子链的标准和结构；
- 能正确安装维护 V 带传动和链传动。

任务学习

一、带传动

（一）带传动的组成、原理和类型

带传动由固联于主动轴上的主动带轮 1，固联于从动轴上的从动带轮 2 和张紧在两带轮上的封闭环形带 3 组成（见图 6-10）。当原动机驱动主动带轮回转时，由于带和带轮间的摩擦（或啮合），拖动从动带轮一起回转，并传递一定的运动和动力。

根据传动原理不同，带传动可分为摩擦型和啮合型两大类。大多数带传动属于摩擦型带传动，当主动轮转动时，依靠带与带轮表面间的摩擦力驱动从动轮转动，从而传递运动和动力。摩擦型带传动属于有中间挠性件的摩擦传动。

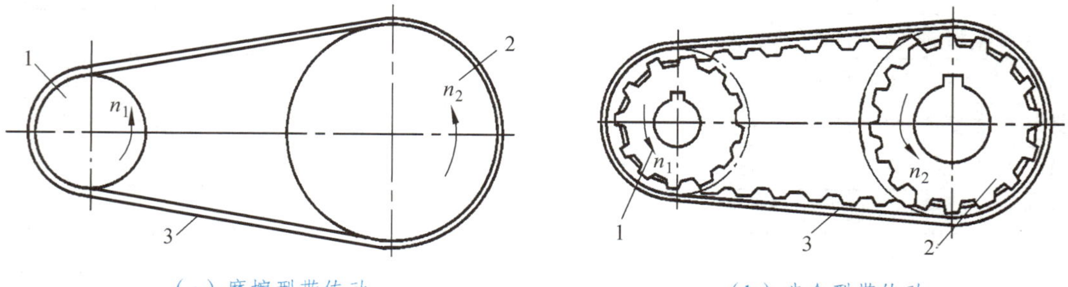

（a）摩擦型带传动　　（b）啮合型带传动

1—带轮（主动轮）；2—带轮（从动轮）；3—挠性带。

图 6-10　带传动的基本组成

根据带的截面形状，可分为平带传动、V 带传动、圆形带传动、多楔带传动和同步带传动等。

平带的横截面为扁平矩形，其工作面是与轮面相接触的内表面，如图 6-11 所示。

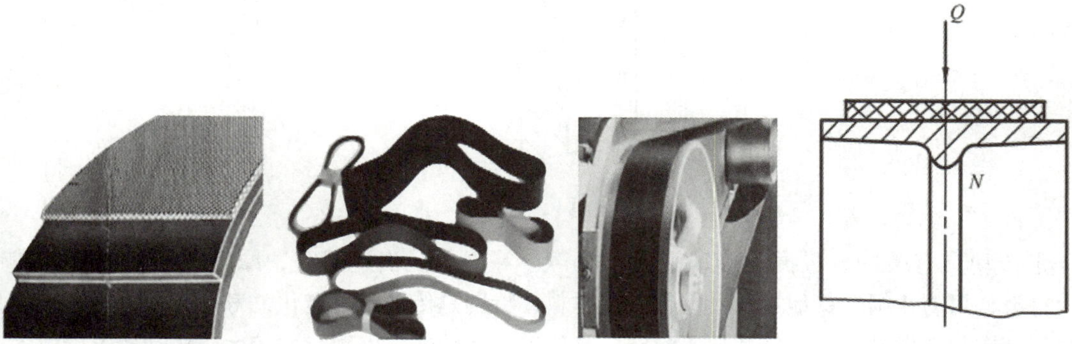

图 6-11　平带

V 带（见图 6-12）的横截面为等腰梯形，其工作面是与轮槽相接触的两侧面，而 V 带与轮槽槽底并不接触。由于轮槽的楔形效应，初拉力相同时，V 带传动较平带传动能产生更大的摩擦力，故具有较大的牵引能力。

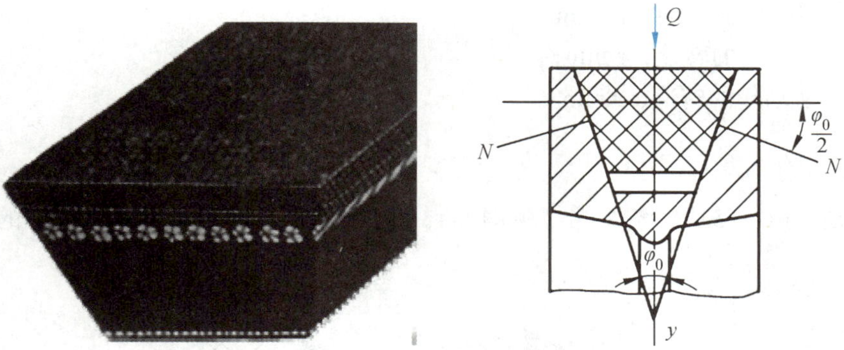

图 6-12　V 带

多楔带（见图 6-13）是在平带基体上由多根 V 带组成的传动带。多楔带能传递的功率更大，且能避免多根 V 带长度不等而产生传力不均的缺点，适用于传递功率较大且要求结构紧凑的场合。

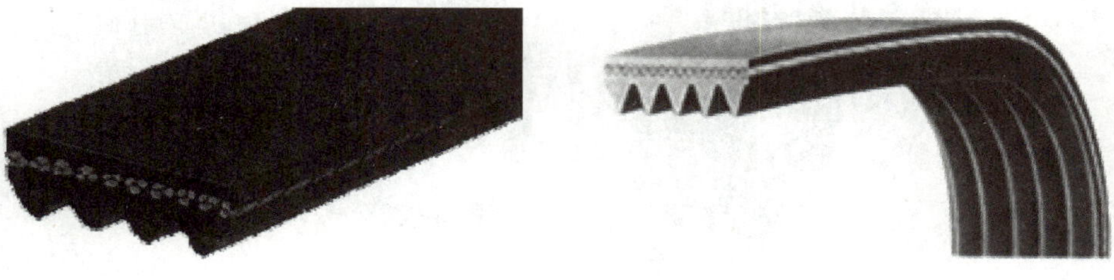

图 6-13　多楔带

圆形带的横截面为圆形，只用于小功率传动，如图 6-14 所示。

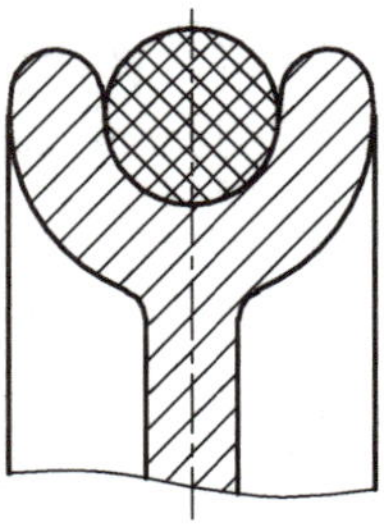

图 6-14　圆形带

带传动具有缓冲、吸振、传动平稳、噪声小等优点。当过载时，摩擦式的传动带会在带轮上打滑，可防止损坏其他零件。但带传动材料，特别是传动带易老化，寿命较短；由于带与带轮之间存在弹性滑动，导致传动比不稳定，且传动效率较低；外廓尺寸较大，传动比不能过大。

传动机构的传动比是机构中瞬时输入速度与输出速度的比值。带传动的传动比就是主动轮转速 n_1 与从动轮转速 n_2 之比。

$$i_{12}=\frac{n_1}{n_2}=\frac{d_{d2}}{d_{d1}}$$

式中　d_{d1}——主动轮基准直径，mm；

d_{d2}——从动轮基准直径，mm；

n_1——主动轮的转速，r/min；

n_2——从动轮的转速，r/min。

（二）V 带传动

V 带传动是由一条或数条 V 带（见图 6-15）和 V 带带轮（见图 6-16）组成的摩擦传动。

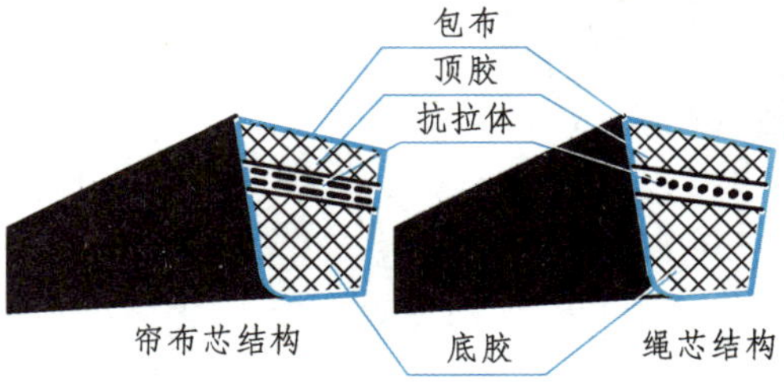

图 6-15　V 带

图 6-16　V 带带轮

V 带有普通 V 带、窄 V 带、宽 V 带、大楔角 V 带、联组 V 带、齿形 V 带、汽车 V 带等多种类型，其中普通 V 带应用最广。

普通 V 带为无接头的环形带，由抗拉体、顶胶、底胶和包布组成，如图 6-17 所示。

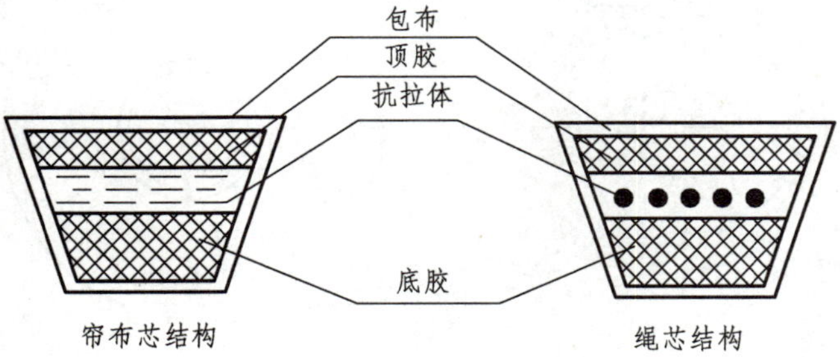

图 6-17　普通 V 带的结构

现今普通 V 带已标准化，按截面尺寸从小到大可分为 Y、Z、A、B、C、D、E 七种型号。Y 型 V 带截面尺寸最小，E 型 V 带截面尺寸最大。普通 V 带标记由带型、基准长度和标记号组成，例如：

（三）V 带轮

普通 V 带轮最常用的材料是灰铸铁。带速 $v \leqslant 25$ m/s 时，可用 HT150；带速 $v=25 \sim 30$ m/s 时，可用 HT200；当 $v>35$ m/s 时，可用铸钢制造。传递功率较小时，可用铸铝或工程塑料。

V 带轮由轮缘、辐板（或轮辐）和轮毂三部分组成。轮缘为带轮外圈环形部分，轮缘上有轮槽。轮毂是带轮与轴配合部分。辐板（或轮辐）是带轮用于联接轮缘和轮毂的部分，如图 6-18 所示。

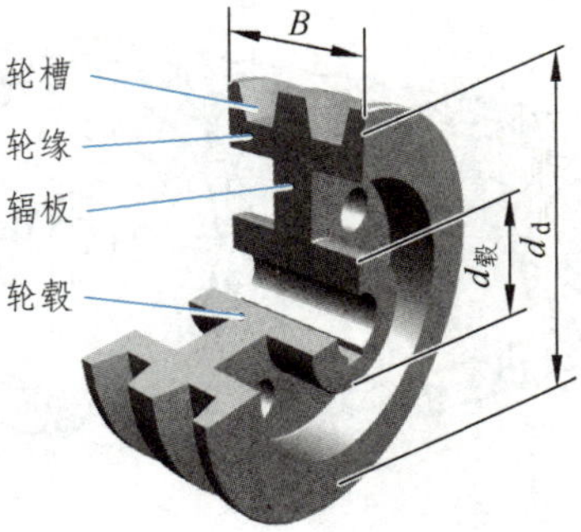

图 6-18　V 带轮结构

（四）同步带

同步带是以钢丝为抗拉体，外面包覆聚氨酯或橡胶而组成。它是横截面为矩形、带面具有等距横向齿的环形传动带（见图 6-19）。带轮轮面也制成相应的齿形，工作时靠带齿与轮齿啮合传动。由于带与带轮无相对滑动，能保持两轮的圆周速度同步，故称为同步带传动。

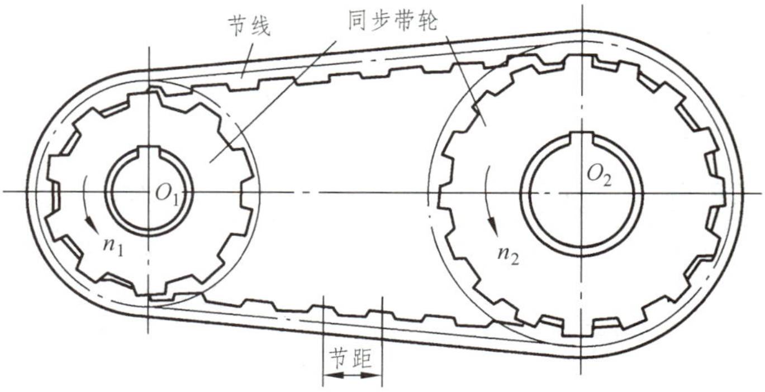

图 6-19　同步带传动

同步带传动具有以下优点：

（1）传动比恒定；

（2）结构紧凑；

（3）效率较高，约为 0.98；

（4）由于带薄而轻、抗拉体强度高，故带速可达 40 m/s，传动比可达 10，传递功率可达 200 kW。

但同步带制造和传动安装精度要求高、成本高，故主要用于要求传动比准确的中、小功率传动中，如计算机、录音机、磨床和纺织机械等。

二、链传动

（一）链传动概述

链传动是一种用途广泛的机械传动，由装在平行轴上的主、从动链轮和绕在链轮上的环形链条组成（见图 6-20），以链作中间挠性件，靠链与链轮轮齿的啮合来传递动力。

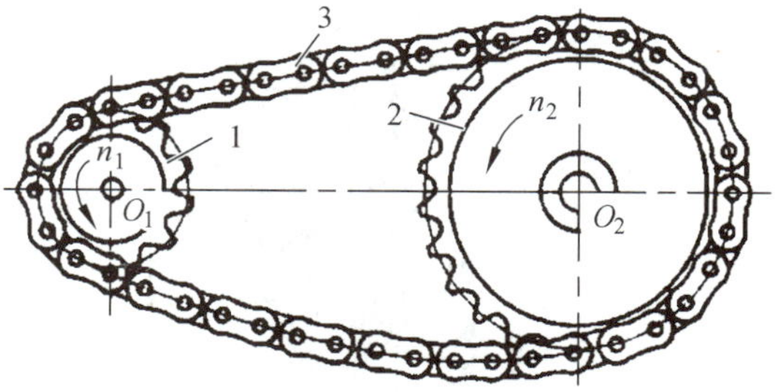

1—主动链轮；2—从动链轮；3—环形链条。

图 6-20　链传动

链传动与其他传动相比，有以下优点：

（1）与带传动相比，链传动没有弹性滑动和打滑，能保持准确的平均传动比；

（2）需要的张紧力小，作用在轴上的压力也小，可减少轴承的摩擦损失；

（3）结构紧凑，能在温度较高、有油污等恶劣环境条件下工作。

（4）与齿轮传动相比，链传动的制造和安装精度要求较低；

（5）中心距较大时，其传动结构简单。

但链传动的瞬时链速和瞬时传动比不是常数，因此传动平稳性较差，工作中有一定的冲击和噪声。通常，链传动的传动比 $i \leqslant 8$；中心距 $a \leqslant 5$ m；传递功率 $P \leqslant 100$ kW；圆周速度 $v \leqslant 15$ m/s；传动效率为 0.95 ~ 0.98。

链传动的传动比：

$$i_{12}=\frac{n_1}{n_2}=\frac{z_2}{z_1}$$

式中 n_1、n_2——主、从动轮的转速，r/min；

z_1、z_2——主、从动轮齿数。

（二）链传动的类型

链的种类很多，按用途不同可分为传动链、起重链和输送链三类。起重链主要用在起重机械中提升重物。输送链主要用在各种输送装置和机械化装卸设备中，用于输送物品。

在一般机械传动装置中，应用广泛的是传动链。根据结构的不同，传动链又可分为：套筒链、滚子链、弯板链、齿形链等（见图 6-21），其中应用广泛的是滚子链。

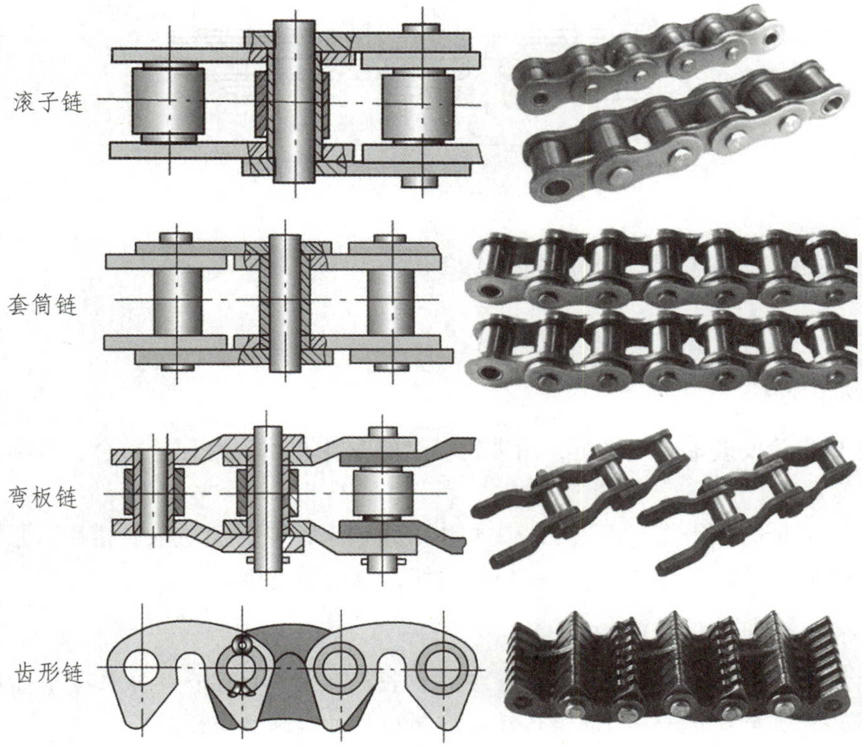

图 6-21 传动链类型

滚子链有单排链、双排链、多排链。多排链的承载能力与排数成正比，但由于精度的影响，各排的载荷不易均匀，故排数不宜过多，一般不超过 4 排。

滚子链是由滚子、套筒、销轴、内链板和外链板组成。内链板与套筒之间、外链板与销轴之间为过盈联接，构成内、外链节，滚子与套筒之间、套筒与销轴之间均为间隙配合，动联接，如图 6-22 所示。

现今滚子链已经标准化，分为 A、B 两种系列，常用的是 A 系列。其标记为：

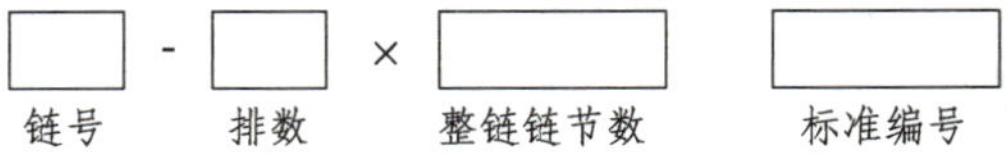

例如：08A-1×88　GB 1243.2—83，表示 A 系列、节距 12.7 mm、单排、88 节的滚子链。

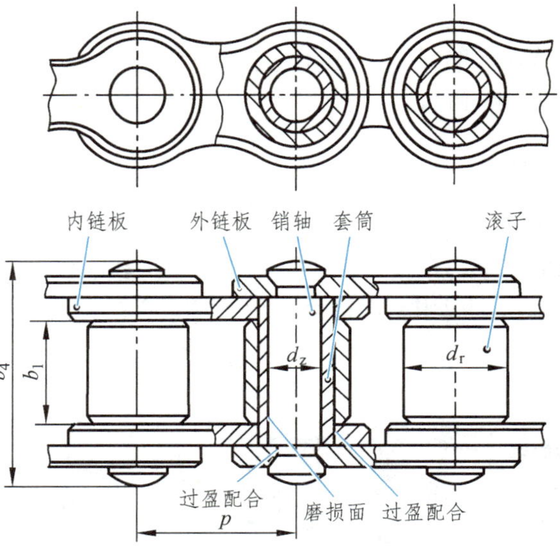

图 6-22　滚子链结构

三、V 带传动和链传动的安装与维护

（一）V 带传动的安装、张紧与维护

1. V 带的安装

（1）两 **V** 带轮安装轴线应平行，两带轮相对的 **V** 形槽的对称面应重合，否则，会加剧带的磨损，甚至脱落。

（2）套装 **V** 带时不得强行撬入，应先将中心距缩小，待 **V** 带进入轮槽后再张紧。

（3）新旧带不得同组混装使用。一根带损坏，应全部更换。

2. V 带的张紧

带传动须保持在一定的张紧力状态下工作，长期张紧会使带产生永久变形而松弛，导致张紧力减小，传动能力下降，因此带传动要控制和及时地调整张紧力。

常用的控制和调整张紧力的方法是：调节中心距和使用张紧轮。

当带传动的中心距可调时，增大中心距，使带张紧，调节中心距的张紧装置有以下两类。

1）定期张紧装置（见图 6-23）

定期张紧装置又有移动式和摆动式。移动式定期张紧装置通过调整螺母、螺钉调节中心距，适用于中心距水平布置或倾斜不大的场合。对于中心距垂直布置或接近垂直的传动，可用摆动式定期张紧装置通过调节螺钉来调整摆架的位置，将带张紧。

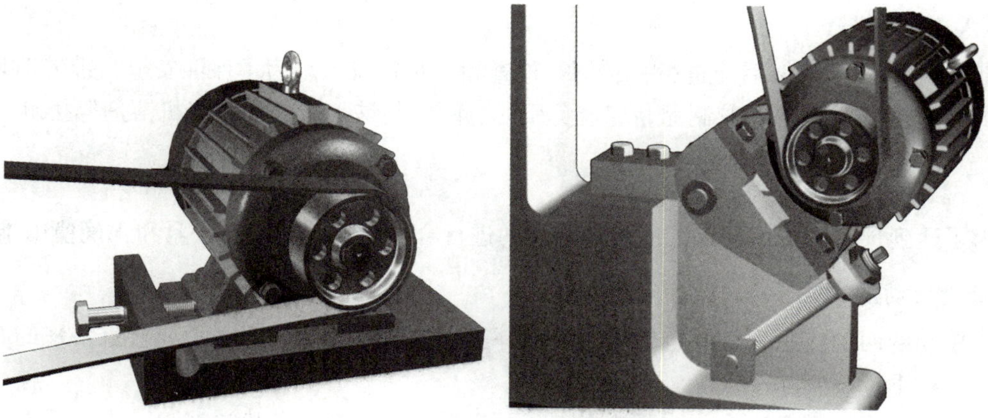

图 6-23　定期张紧装置

2）自动张紧装置（见图 6-24）

利用电动机和摆架的自重使摆架顺时针旋转，将带自动张紧。自动张紧方法常用于小功率传动。

图 6-24　自动张紧装置

中心距不可调时，可采用张紧轮张紧装置。张紧轮一般应布置在松边的内侧并尽可能靠近大带轮，以免过多地减小小带轮包角和使带反向弯曲而降低寿命，如图 6-25 所示。

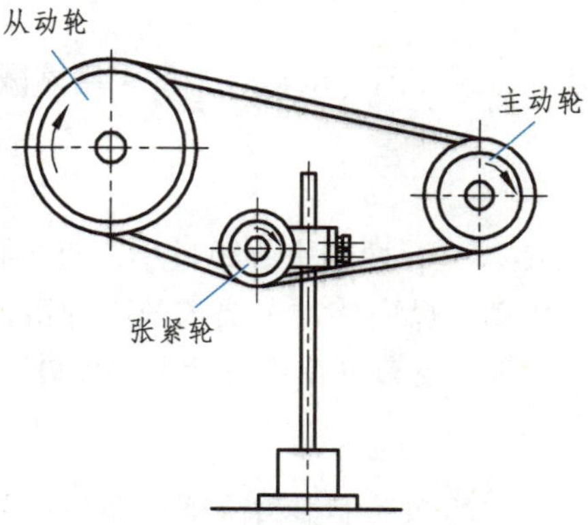

图 6-25　张紧轮张紧装置

3. V 带的维护

新带运行 24 ~ 48 h 后应进行一次例行检查和调整初拉力。为了保证安全，带传动装置应加防护罩。由于 V 带是橡胶制品，应避免阳光直晒和与酸、碱、油、有机溶剂等接触。

（二）链传动的布置、张紧和润滑

为了达到预期的工作要求，应该对链传动进行合理布置、安装、张紧和正确使用维护。

1. 链传动的布置

链传动的两轴应平行，两链轮应位于同一平面内。一般宜采用水平或接近水平的布置，并使松边在下。

链传动工作时，松边在下，紧边在上，可以顺利地啮合。若松边在上，由于垂度增大，链条与链轮齿相干扰，会影响正常啮合。如果松边垂度太大，需采用张紧装置。应尽量避免垂直布置。两轮轴线在同一铅垂面内时，链条垂度增大，使与布置在下链轮啮合的链节数减少而松脱。若必须采用垂直传动时，可采取以下措施：①中心距可调；②设张紧装置；③上下两轮错开，使两轮轴线不在同一铅垂面内，如图 6-26 所示。

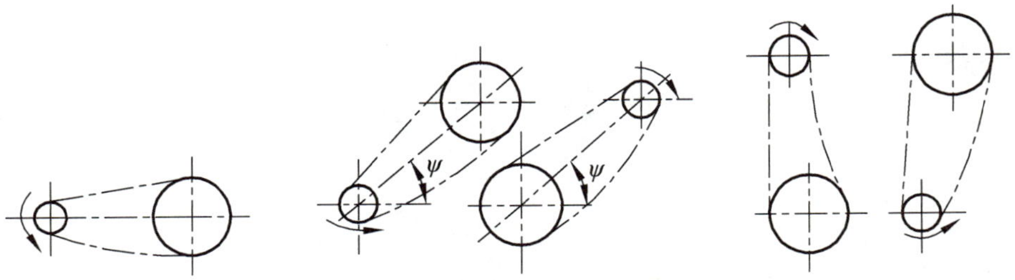

（a）水平布置　（b）倾斜布置　（c）垂直布置

图 6-26　链传动的布置

2. 链传动的张紧

链传动正常工作时，应保持一定张紧。链传动的张紧方法有以下几种。

1）调整中心距

适当增大中心距可使链条张紧。

2）缩短链长

当链传动没有张紧装置而中心距又不可调整时，可采用缩减链节（即拆去几个链节） 的方法张紧。

3）用张紧轮张紧

如图 6-27 所示，两轴中心距较大；两轴中心距过小，松边在上面；两轴接近垂直布置；需要严格控制张紧力；多链轮传动或反向传动；要求减小冲击，避免共振；需要增大链轮包角等情况下需用张紧轮张紧。张紧轮应布置在松边接近小轮处。

3. 链传动的润滑

链传动的润滑至关重要，合宜的润滑能显著降低链条铰链的磨损，延长使用寿命。链传动的润滑方式有四种：

（1）人工定期用油壶或油刷给油；

（2）用油杯通过油管向松边内外链板间隙处滴油；
（3）油浴润滑或用甩油盘将油甩起，进行飞溅润滑；
（4）用油泵经油管向链条连续供油，循环油可起润滑和冷却的作用。

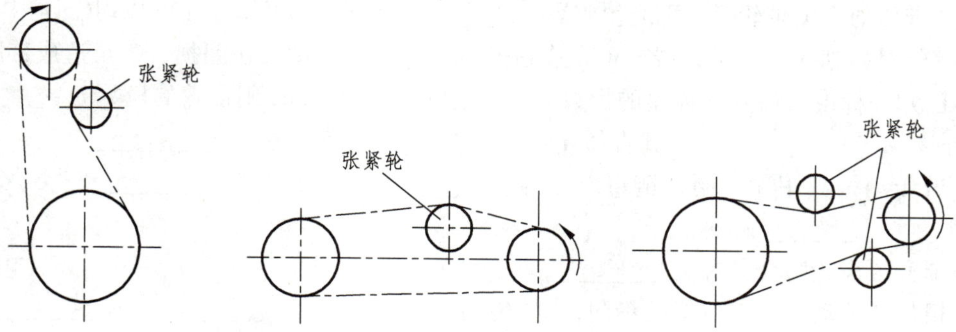

图 6-27　链传动张紧轮张紧

任务检查

表 6-5　带传动和链传动认知——任务检查单

任务编号	6-2	任务名称	带传动和链传动认知
序号	检查内容	是	否
阐述带传动和链传动的特点			
1	阐述带传动和链传动各自的优缺点		
讲解普通 V 带和带轮的标准和结构			
2	看图讲解普通 V 带和带轮的结构		
3	讲解普通 V 带标记含义		
讲解滚子链的标准和结构			
4	看图讲解滚子链的标准和结构		
正确安装维护 V 带传动和链传动			
5	阐述 V 带传动和链传动安装注意事项		
6	阐述 V 带传动、链传动张紧和维护正确方法		

任务拓展

列举轨道交通中带传动和链传动的应用，完成相应报告。

项目训练

一、填空题

1. 带传动按截面形状有________传动、________传动、________传动和________传动等四种形式。

2. 对于平带传动，一般要求小带轮包角 $a \geq$________。

3. 带传动的张紧方法通常采用__________和________两种方法。张紧程度以大拇指按下________ mm 为宜。

4. 带传动的失效形式是________和________。

5. V 带传动安装带轮时，两带轮轴线应________，不平行度应在 $a/100$ 以内（a 是中心距）；两带轮槽的对称轴线偏移量，误差不允许超过________，否则加快磨损，甚至造成带脱落。

6. 已知一标准直齿圆柱齿轮的齿数 $z=72$，全齿高 $h=18$ mm，则齿轮的模数 $m=$________，分度圆直径 $d=$________，齿顶圆直径 $d_a=$________，齿根圆直径 $d_f=$________。

7. 链传动按其用途不同，链可以分为________、________、________三类。传动链有________、________两种。

8. 渐开线齿轮啮合条件为________，________。

9. 根据两传动轴相对位置的不同，齿轮传动可分成________、________和________三种。

10. 套筒滚子链的链接头形式，链接头为偶数时________，________；链接头为奇数时采用________。

二、选择题

1. 欲在两轴相距较远、工作条件恶劣的环境下传递较大功率，宜选（　　）。
   A. 带传动　B. 链传动　C. 齿轮传动　D. 蜗杆传动

2. 当要求链传动的速度高且噪声小时，宜选用（　　）。
   A. 滚子链　B. 多排链　C. 齿形链

3. 齿轮传动的特点有（　　）。
   A. 传递的功率和速度范围大　B. 使用寿命长，但传动效率低
   C. 制造和安装精度要求不高　D. 能实现无级变速

4. 渐开线的性质有（　　）。
   A. 基圆越大，基圆内的渐开线越趋平直
   B. 渐开线上各点的曲率半径相等
   C. 渐开线上各点的压力角相等，并等于 20°
   D. 基圆相同，渐开线形状也相同

5. 形成齿轮渐开线的圆是（　　）。
   A. 分度圆　B. 齿顶圆　C. 基圆　D. 节圆

6. 模数 m 等于（　　）。
   A. 齿距除以无理数　B. 分度圆除以齿距　C. 齿高除以无理数

7. 一对标准直齿圆柱齿轮正确啮合时，两齿轮的模数（　　），两齿轮分度圆上的齿形角（　　）。
   A. 相等　不相等　B. 不相等　相等　C. 相等　相等

8. 在圆锥齿轮中，（　　）圆锥齿轮应用最广。
   A. 曲齿　B. 斜齿　C. 直齿

9. 在（　　）齿轮传动中，容易发生齿面磨损。
   A. 开式　B. 闭式　C. 开式与闭式

10. 下列对渐开线性质描述错误的是（　　）。
   A. 发生线在基圆上滚过的线段，等于基圆上被滚过的一段弧长

B. 渐开线上任意一点的法线都与基圆相切

C. 渐开线的形状取决于基圆的大小

D. 基圆外无渐开线

三、计算题

1. 已知两啮合齿轮的中心距 a=210 mm，z_1=20，z_2=50，求齿轮的模数，两齿轮分度圆直径 d_1、d_2，齿顶圆直径 d_{a1}、d_{a2}，齿根圆直径 d_{f1}、d_{f2}。

2. 已知相啮合的一对标准直齿圆柱齿轮，主动轮转速 n_1=900 r/min，从动轮转速 n_2=300 r/min，中心距 a=400 mm，模数 m=10 mm，求齿数 z_1 和 z_2。

3. 有一标准直齿圆柱齿轮，模数 m=3 mm，齿数 z=36，求分度圆直径 d、齿高 h、齿顶圆直径 d_a、齿根圆直径 d_f 及齿厚 s。

项目 7 常用机械连接认知

标准件是指国家标准将其型式、结构、材料、尺寸、精度及画法等均予以标准化的零件，如螺栓、双头螺柱、螺钉、螺母、垫圈，以及键、销、轴承等。常用件是国家标准对其部分结构及尺寸参数进行了标准化的零件，如齿轮、弹簧等。

任务 1 绘制螺纹紧固件

任务描述

连接是指被连接件与连接件的组合。连接分可拆连接与不可拆连接。允许多次装拆而不损坏连接中的任一零件，可将被连接件拆开的连接称为可拆连接，如螺纹连接、键连接和销连接等。不可拆连接是指必须毁坏连接中的某一部分才能拆开的连接，如焊接、铆钉连接和粘接等。

螺纹连接是一种广泛使用的可拆卸的固定机械连接，具有结构简单、连接可靠、装拆方便等优点。本任务主要认识螺纹连接。

任务目标

- 能讲解螺纹的基本参数；
- 能讲解螺纹标记的含义；
- 能举例说明螺纹常见连接件和连接基本形式；
- 能对螺纹连接进行正确的预紧和防松。

任务学习

一、螺纹连接基础

螺纹是指在圆柱表面或圆锥表面上，沿着螺旋线形成的、具有相同断面的连续凸起和沟槽。在圆柱或圆锥外表面上所形成的螺纹称为外螺纹，而在圆柱或圆锥内表面上所形成的螺纹称为内螺纹，如图 7-1 所示。

图 7-1 所示为螺栓连接，两连接零件厚度均为 8，孔径为 $\phi 11$，掌握螺栓的相关参数，确

定螺栓、垫圈、螺母的标记，并按国家标准绘制螺栓连接图。

图 7-2 所示为螺柱连接示意图，两连接零件厚度分别为 15、30，下部零件的材料为 45 号钢，孔径为 $\phi 11$，写出螺柱、垫圈、螺母的标记，并按国家标准绘制螺柱连接图。

图 7-3 所示为一种螺钉连接，上部板厚为 10，孔径为 $\phi 11$，下部零件材料为 HT200，写出螺钉的标记，并按国家标准绘制螺钉连接图。

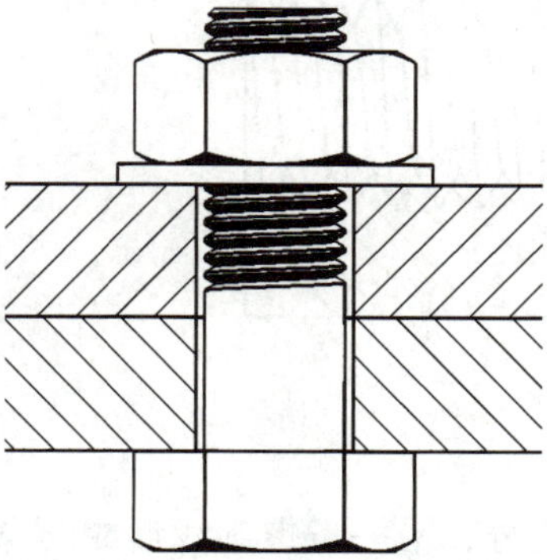

图 7-1　螺栓连接示意图

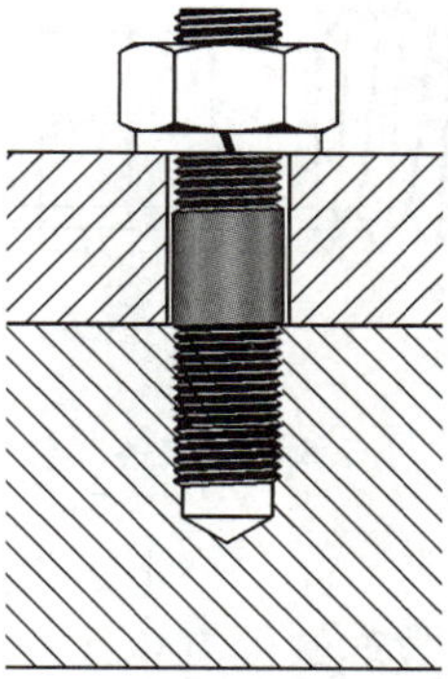

图 7-2　螺柱连接示意图

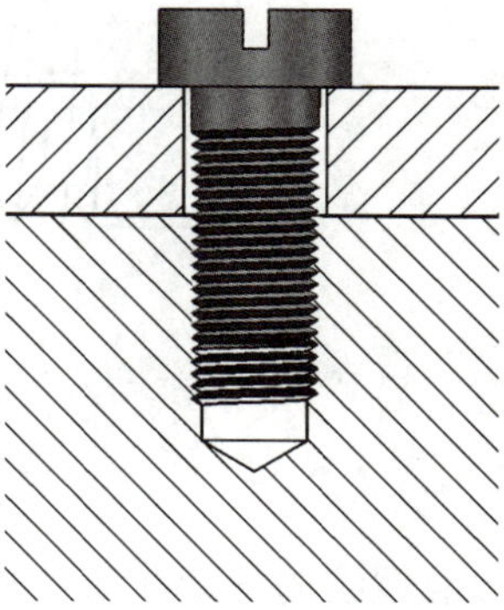

图 7-3　螺钉连接示意图

二、螺　纹

（一）螺纹的形成

在圆柱（或圆锥）表面上，沿着螺旋线所形成的具有规定牙型的连续凸起和沟槽称为螺纹，螺纹的凸起部分称为牙顶，沟槽部分称为牙底，制在零件外表面上的螺纹称为外螺纹，制在内表面上的螺纹称为内螺纹。

（二）螺纹的基本要素

1. 牙　型

在通过螺纹轴线的断面上，螺纹的轮廓形状称为螺纹牙型，相邻两牙侧间的夹角为牙型角，常见的螺纹牙型有三角形、梯形、锯齿形和矩形等多种。图 7-4 所示为普通螺纹的牙型。

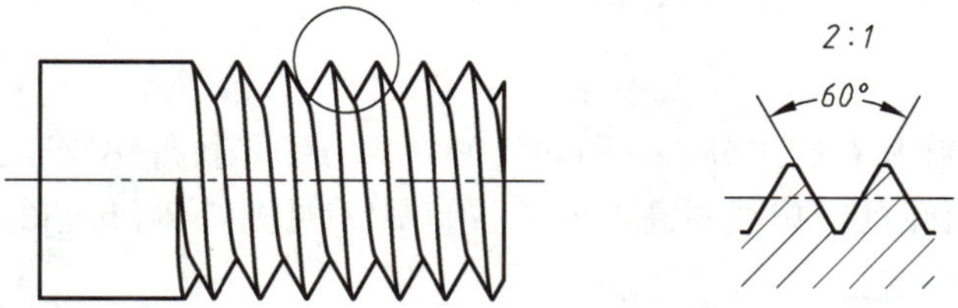

图 7-4　普通螺纹的牙型

2. 直　径

螺纹的直径有大径、小径和中径之分，如图 7-5 所示。

大径是与外螺纹牙顶或内螺纹牙底相切的假想圆柱或圆锥直径，用 d（外螺纹）或 D（内螺纹）表示。大径一般代表螺纹规格尺寸，是螺纹的公称直径。

小径是与外螺纹牙底或内螺纹牙顶相切的假想圆柱或圆锥直径，用 d_1（外螺纹）或 D_1（内螺纹）表示。

中径是通过牙型上沟槽和凸起宽度相等的一个假想圆柱或圆锥的直径，用 d_2（外螺纹）或 D_2（内螺纹）表示。

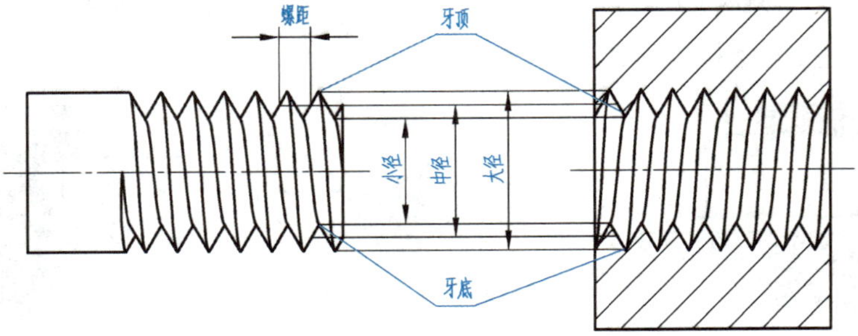

图 7-5　螺纹各部分名称

3. 线　数

形成螺纹的螺旋线条数称为线数。螺纹有单线和多线之分，沿一条螺旋线形成的螺纹称为单线螺纹，如图 7-6（a）所示；沿两条或以上螺旋线所形成的螺纹称为多线螺纹，如图 7-6（b）所示，线数用 n 表示。

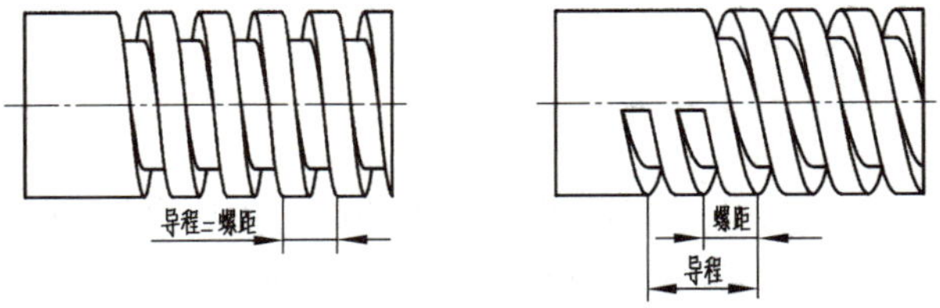

（a）　　（b）

图 7-6　单线和双线螺纹

4. 螺距和导程

螺纹相邻两牙在中径线上对应两点间的轴向距离称为螺距，用 p 表示。同一条螺旋线上的相邻两牙在中径线上对应两点间的轴向距离称为导程，用 p_h 表示。如图 7-6 所示，对于单线螺纹，导程与螺距相等，即 $p_h = p$；对于多线螺纹 $p_h = n \times p$。

5. 旋　向

螺纹的旋向有左旋和右旋之分。判断螺纹旋向的方法是将外螺纹竖直放置，左旋螺纹[见图 7-7（a）]的连续可见的螺旋线左高右低，右旋螺纹[见图 7-7（b）]的连续可见的螺旋线左低右高。工程上常用右旋螺纹。

（三）螺纹的规定画法

1. 外螺纹的规定画法

（1）外螺纹的规定画法如图 7-8 所示。

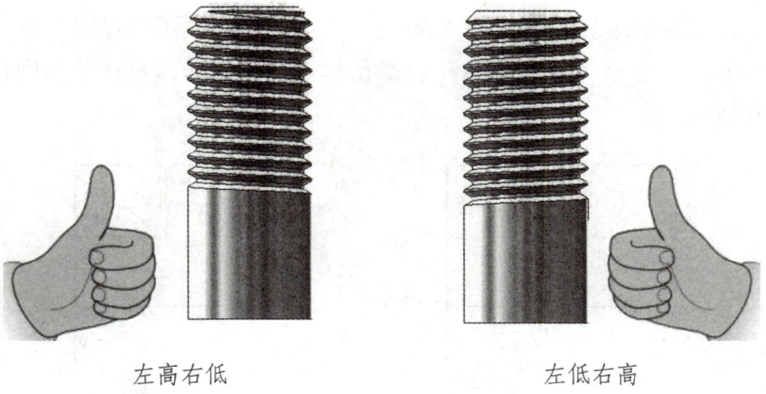

（a）左旋　　（b）右旋

图 7-7　螺纹的旋向

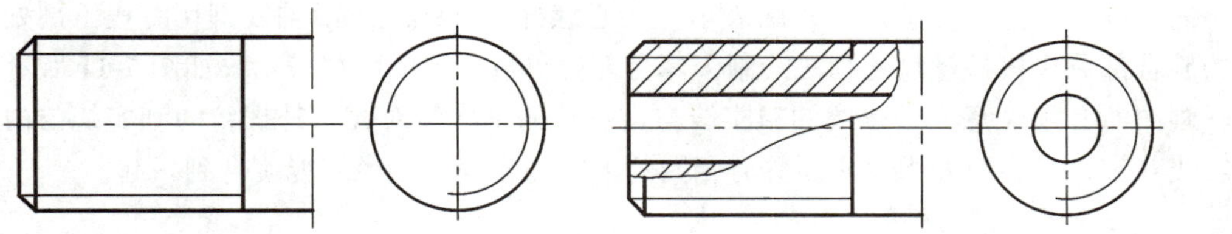

（a）　　（b）

图 7-8　外螺纹的规定画法

外螺纹不论其牙型如何，螺纹牙顶用粗实线表示，牙底用细实线表示，牙底的细实线应画入螺杆的倒角或倒圆，画图时小径尺寸 $d_1 \approx 0.85d$。螺尾部分一般不必画出，当需要表示时，该部分用与轴线成 30°夹角的细实线画出。有效螺纹的终止界线，简称螺纹终止线，在视图中用粗实线表示。在剖视图中则按图 7-8（b）的画法画出（即终止线只画螺纹牙型高度的一小段），剖面线必须画到表示牙顶投影的粗实线为止。在垂直于螺纹轴线的投影面的视图，即投影为圆的视图中，表示牙底圆的细实线只画约 3/4 圈，螺杆上的倒角省略不画。

2. 内螺纹的规定画法

由于内螺纹不可见，一般采用剖视画法，如图 7-9 所示。在剖视图中，螺纹牙顶（小径）的投影用粗实线表示，牙底的投影（大径）用细实线表示。画图时小径尺寸可近似地取 D_1 = $0.85D$，螺纹终止线用粗实线表示，剖面线应画到表示牙顶投影的粗实线为止。在投影为圆的视图中，表示牙底圆的细实线只画约 3/4 圈，此时螺孔上的倒角省略不画。

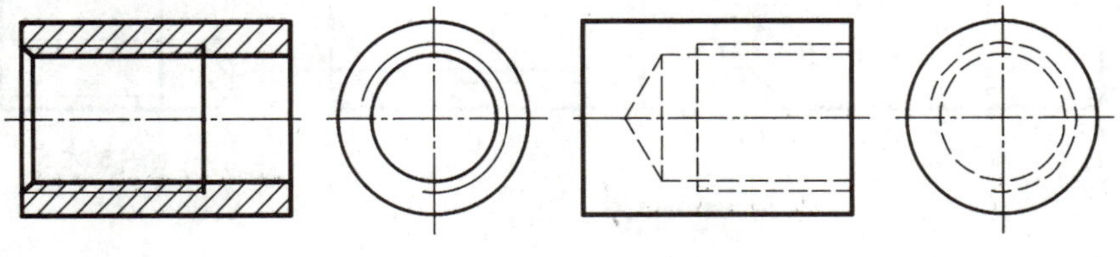

（a）　　（b）

图 7-9　内螺纹的规定画法

绘制不通的螺孔时，螺纹钻孔深度比螺孔深度大 $0.5D$。由于钻头的顶角约等于 120°，钻孔底部的圆锥的锥角应画成 120°，如图 7-9（b）所示。当螺纹不可见时，其所有的图线用虚线绘制，如图 7-9（b）所示。螺孔与螺孔、螺孔与光孔相交时，只在牙顶圆投影处画一条相贯线，如图 7-10 所示。

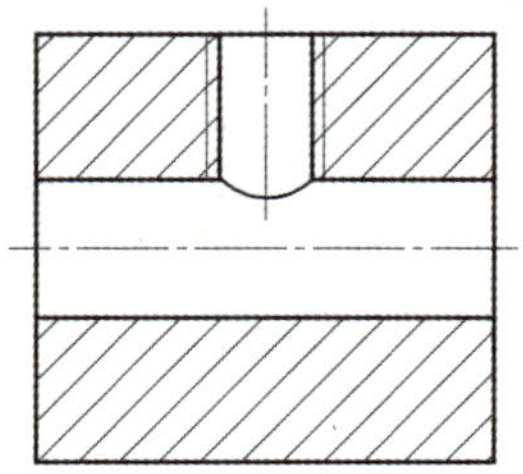

图 7-10　螺孔相贯线的画法

3. 内、外螺纹连接的画法

内、外螺纹连接一般用剖视图表示。实心螺杆（外螺纹）沿轴线剖切时按不剖处理，它们的旋合部分应按外螺纹的画法绘制，其余部分仍按各自的画法表示，如图 7-11 所示。

画图时必须注意，外螺纹的粗实线与内螺纹的细实线对齐，外螺纹的细实线与内螺纹的粗实线对齐，因为内外螺纹必须具有相同的大径和相同的小径才能旋合到一起。

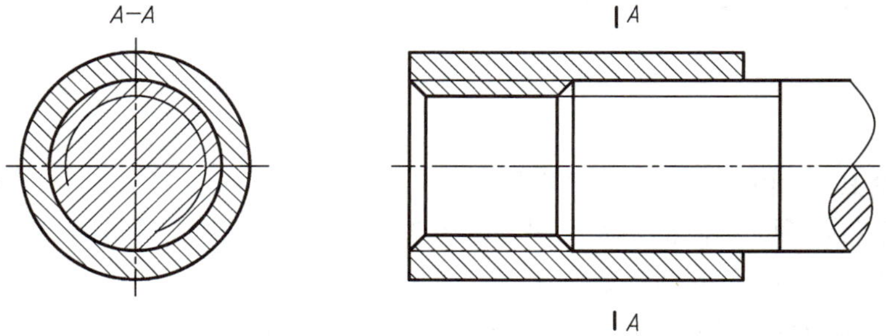

图 7-11　内、外螺纹连接的规定画法

4. 螺纹牙型的表示方法

螺纹牙型一般情况下不在图中表示出来，当特别需要时，可进行剖切或放大画法，如图 7-12 所示。

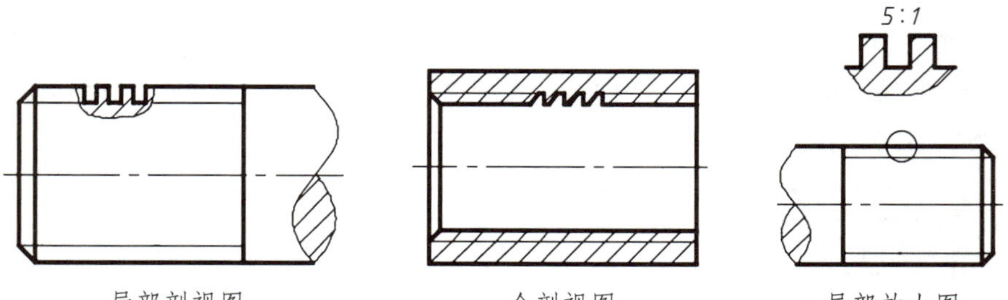

图 7-12　螺纹牙型的表示方法

（四）螺纹的标注

标准的螺纹应注出相应标准所规定的螺纹标记。完整的标记由螺纹代号、螺纹公差带代号和螺纹旋合长度代号三部分组成，三者之间用短横 “-” 隔开，即

螺纹代号 - 公差带代号 - 旋合长度代号

螺纹代号由公称直径和螺距、导程或线数组成；公差带代号用于说明螺纹的加工精度，连接螺纹公差带代号由中径和顶径公差带代号组成，传动螺纹只标注中径公差带的代号；旋合长度代号有 L（长）、N（中等，可不标）、S（短）三种；螺纹的旋向，左旋用 LH 表示，右旋可省略不标。常见的螺纹及标注方法如表 7-1 所示。

表 7-1　常见的螺纹及标注方法

种类		特征代号		标注示例	说明
连接螺纹	普通螺纹	M	粗牙	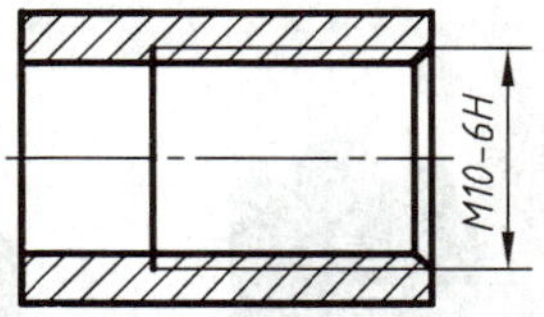	粗牙普通螺纹，公称直径为 10，右旋，中径和顶径公差带代号均为 6H，中等旋合长度
			细牙	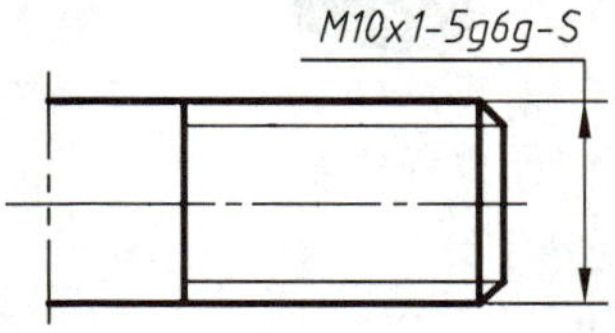	细牙普通螺纹，公称直径为 10，右旋，中径公差带代号为 5 g，顶径公差带代号为 6 g，短旋合长度
	管螺纹	G	55°非螺纹密封管螺纹	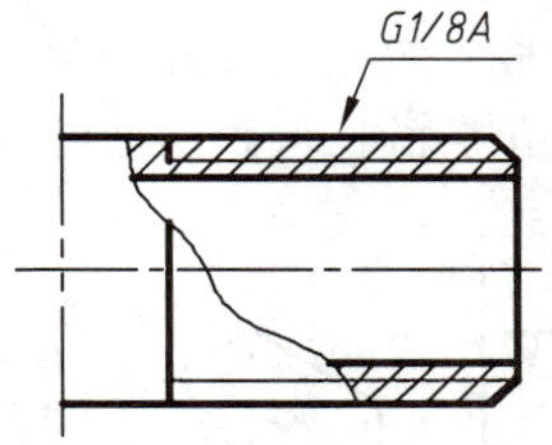	55°非螺纹密封管螺纹，尺寸代号为 1/8（管径 1/8″），公差等级为 A 级，右旋
		R_p R_c R_1 R_2	55°螺纹密封管螺纹	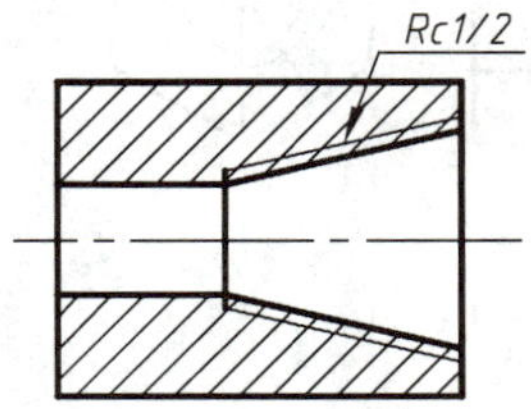	55°螺纹密封管螺纹，尺寸代号为 1/2，右旋
传动螺纹	梯形螺纹	Tr		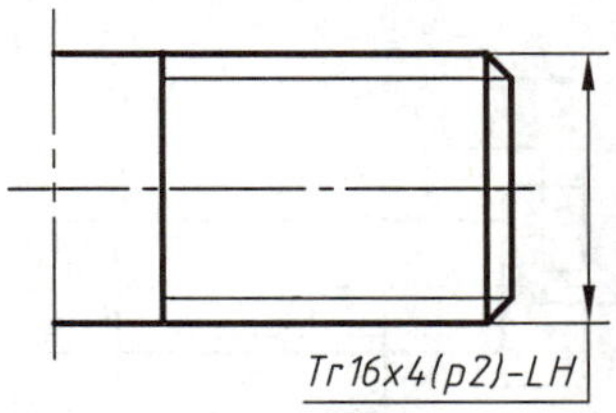	梯形螺纹，公称直径为 16，导程为 4 mm，螺距为 2 mm，双线螺纹，LH 表示左旋
	锯齿形螺纹	B		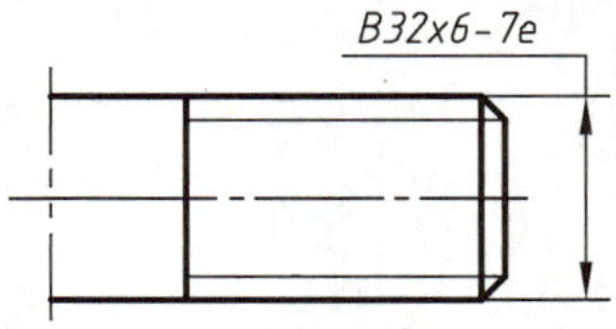	锯齿形螺纹，公称直径为 32，螺距为 6，中径公差带代号为 7e，中等旋合长度，右旋

三、螺纹紧固件

螺纹紧固件的种类很多，其中最常见的种类如图 7-13 所示，这些零件的结构型式及尺寸已标准化，都有相应的标记，其完整标记由名称、标准编号、螺纹规格或公称尺寸、公称长度（必要时）、性能等级或材料等级组成。它们的结构尺寸和标记均可从相应的标准中查出。

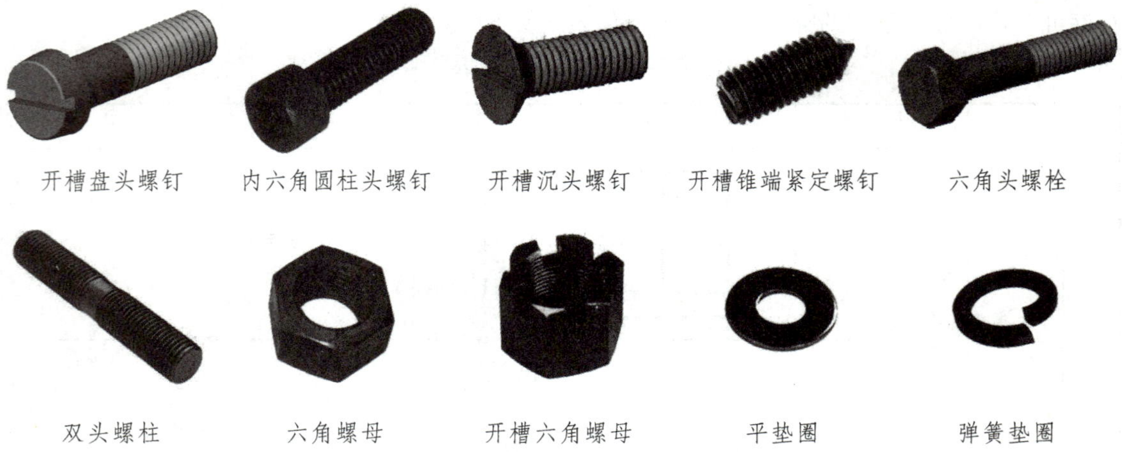

图 7-13　常见的螺纹连接件

螺纹紧固件一般采用近似比例画法绘制，即以紧固件上螺纹的公称直径（大径）为基准，其余各部分的结构尺寸均按与公称直径成一定比例关系绘制，在装配图中一般采用简化画法，不画倒角等结构。常见的螺纹紧固件简化后的比例画法如图 7-14 所示。

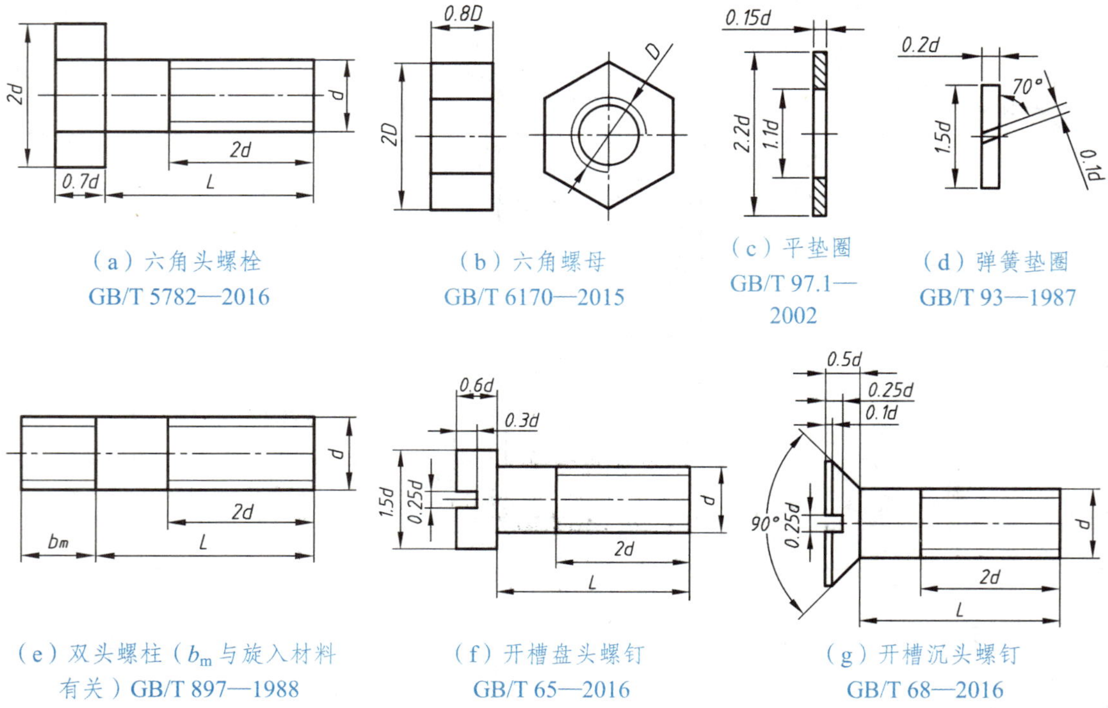

图 7-14　常用紧固件的简化比例画法

双头螺柱和螺钉旋入端长度 b_m 与被连接件的材料有关。对于钢和青铜，$b_m=d$；对于铸铁，$b_m=1.25d$ 或 $b_m=1.5d$；对于铝，$b_m=2d$。

任务实施

一、画螺栓连接图

（1）由孔的直径确定螺栓直径，然后由孔径及板厚画两板的三视图，如图 7-15（a）所示，其中主视图全剖（暂未画剖面线）。

孔径约是螺栓直径的 1.1 倍，查《机械设计手册》可知，螺栓直径应选用 M10。

（2）由板厚和螺栓的直径，确定螺栓的长度。

螺栓的长度 l 可按下式估算：

$$l=t_1+t_2+0.15d+0.8d+(0.2\sim0.3)d$$

$t_1=8$，$t_2=8$，$d=10$，则 $l=27.5\sim28.5$，查《机械设计手册》可知，l 取 30。

（3）由紧固件的规格和型式确定紧固件的标记。

螺栓的标记：螺栓 GB/T 5783—2016 M10×30；

垫圈的标记：垫圈 GB/T 97.1—2002 10；

螺母的标记：螺母 GB/T 6170—2015 M10。

（4）由螺栓的直径 M10 及公称长度 30，按图 7-14（a）所示的方法画螺栓的主视图，螺栓按不剖处理，如图 7-15（b）所示。螺栓直径比孔径小，因此必须画出间隙。如果间隙过小，可夸大画出。由投影关系画螺栓的其他两面视图，注意螺栓头部的投影与主视图不一致。

（5）因为 d 为 10，按图 7-14（c）所示的比例画法画垫圈，垫圈按不剖处理，如图 7-15（c）所示，垫圈的下表面与板平齐，只画一条线。再由投影关系完成垫圈的其他两面视图。

（6）因为 d 为 10，按图 7-14（b）所示的比例画法画螺母，并加上剖面线，再由投影关系完成螺母三视图，如图 7-15（d）所示。由于两板为相邻的零件，剖面线方向应相反或间隔不等。

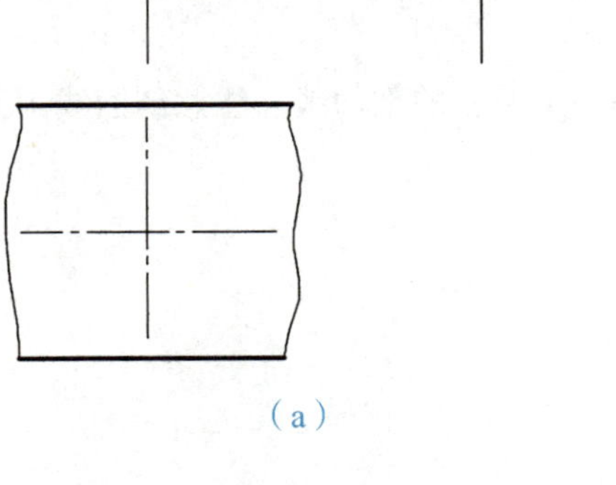

（a）

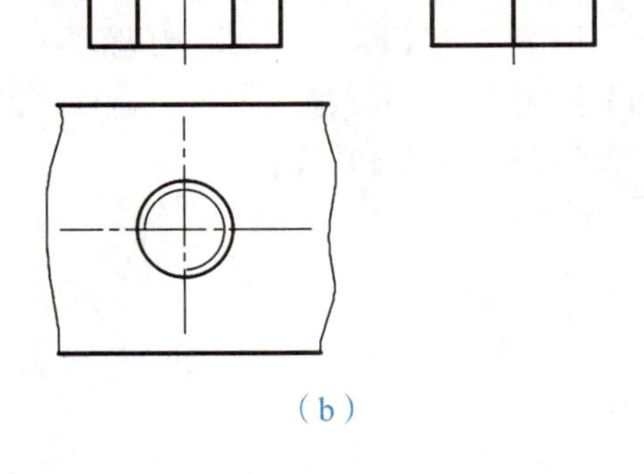

（b）

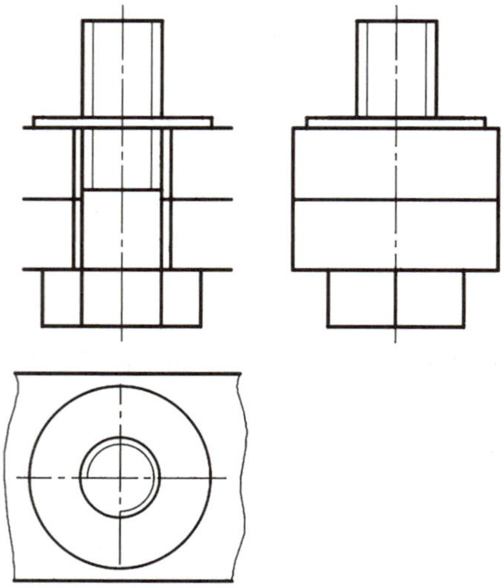

（c）

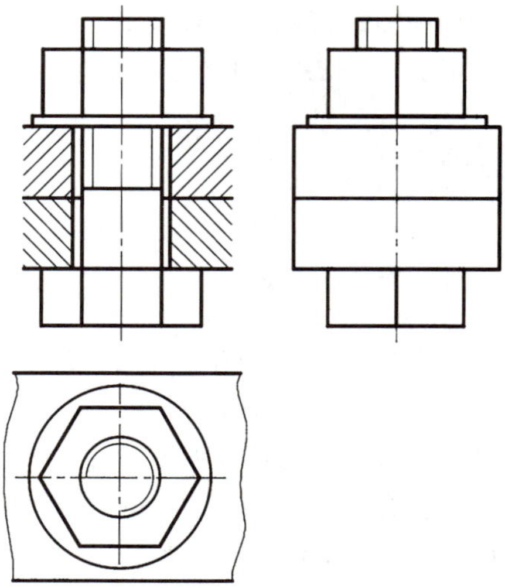

（d）

图 7-15　螺栓连接的画图步骤

二、绘制螺柱连接图

（1）由孔径确定螺柱的直径，方法同绘制螺栓连接图；再由板厚和螺栓的直径，确定螺柱的长度。

螺柱的直径为 11/1.1=10。

螺柱的长度可由下式估算：

$$l = \delta + 0.15d + 0.8d + (0.2 \sim 0.3)d$$

将 δ=15，d=10 代入，则 l=26.5～27.5，查《机械设计手册》可知，l 取 30。

（2）由旋入端材料为 45 号钢，可知螺柱旋入端 $b_m=d$，确定螺柱连接各标准件的标记。

螺柱的标记为：螺柱　GB/T 897—1988 M10×30；

垫圈的标记为：垫圈　GB/T 93—1987 10；

螺母的标记为：螺母 GB/T 6170—2015 M10。

（3）下板螺纹孔深度为 b_m+d，螺纹的深度为 $b_m+0.5d$，加上已知的上板直径与厚度，可绘制上下板的视图，如图 7-16（a）所示。

（4）按图 7-14（e）绘制螺柱，螺柱下端的螺纹终止线要与两板分界线平齐，螺柱下端与下板的螺纹孔要按螺纹连接的画法绘制，如图 7-16（b）所示。

（5）按图 7-14（d）画垫圈，如图 7-16（c）所示。

（6）按图 7-14（b）所示的比例画法画螺母，并加上两板的剖面线，注意剖面线画到粗实线为止，如图 7-16（d）所示。

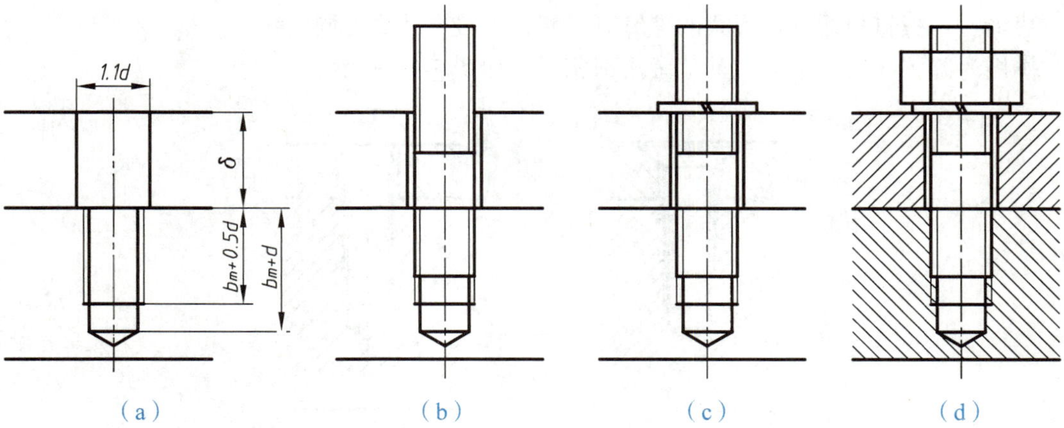

图 7-16　双头螺柱连接的比例画法

三、绘制螺钉连接图

（1）由孔径确定螺柱的直径，方法同绘制螺栓连接图，可知螺钉的直径为 M10；由旋入端的材料为 HT200，可知 b_m=1.25d，螺纹孔深度为 b_m+d，螺纹的深度为 $b_m+0.5d$，可绘制两板的主视图和俯视图，如图 7-17（a）所示。

（2）由板厚 δ 及旋入端的长度 b_m 确定螺钉的长度 l，方法同绘制螺柱连接图，得到螺钉的标记。

$l=\delta+b_m$，经计算 l=22.5，查《机械设计手册》可知，l 选 25。

螺钉的标记为：螺钉 GB/T 65—2016 M10×25。

（3）按图 7-14（f）所示的比例画法画螺钉，并加上两板的剖面线，注意螺钉头部的一字槽，在主视图中放正，画在中间位置，在俯视图中按规定画成与水平线成 45°，如图 7-17（b）所示。

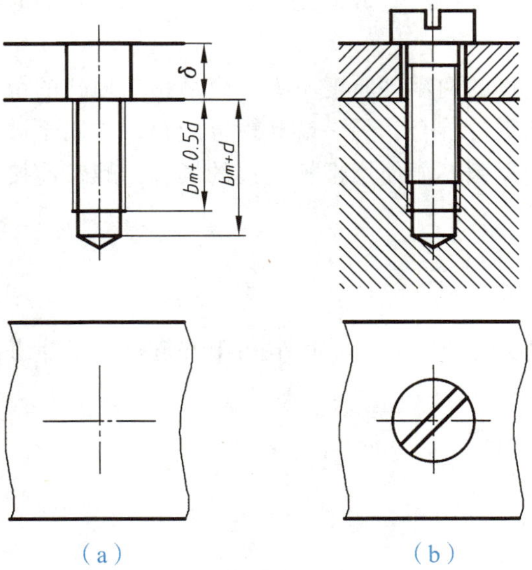

图 7-17　螺钉连接的比例画法

思考：当螺钉换成其他形式的螺钉时，螺钉连接有什么不同？

画图时除了螺钉头不同，其他画法都相同，如图 7-18 所示。

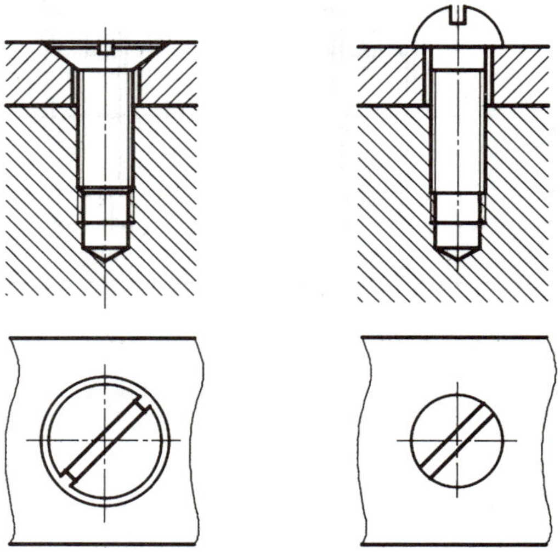

（a）开槽沉头螺钉连接　　（b）开槽半圆头螺钉连接

图 7-18　各种螺钉连接的画法

任务检查

在螺纹的规定画法中，不管是外螺纹还是内螺纹，都是牙顶用粗实线表示（用手摸得着的直径），牙底用细实线表示（用手摸不着的直径），螺纹终止线用粗实线表示。螺纹连接时重合部分按外螺纹绘制，剖面线始终画到粗实线为止。不管是哪种螺纹，大径按公称直径画，小径按大径的 0.85 画，然后用螺纹的标记进行区分。螺纹标注时需标注螺纹的类型和参数，尺寸界线或指引线要从大径引出。

螺栓、螺柱、螺钉连接采用的是近似比例画法，在选用它们时需要查表来确定其公称尺寸（大径和长度）。

螺栓连接常用于被连接的两零件厚度不大、容易钻出通孔的情况。双头螺柱的两端均加工有螺纹，一端和被连接零件旋合，另一端和螺母旋合，常用于被连接件之一厚度较大，不便钻成通孔，或由于其他原因不便使用螺栓连接的场合。螺钉连接一般用于受力不大，不经常拆卸的场合。

任务拓展

列举螺纹连接在轨道交通中的应用，制作 PPT 并进行小组演讲。

任务 2　键连接和销连接认知

任务描述

键、销都是标准零件，它们在机械行业中应用极广。其中，键连接常用于轴与轮毂之间的周向固定，以传递运动和转矩，有些还能实现轴向移动，用作动连接。销连接主要用于固定零件之间的相互位置，并能传递少量载荷，有时还可作为安全装置中的过载剪断元件，对机器的其他重要零部件起过载保护作用。本任务主要认识键连接和销连接。

任务目标

- 能举例说明常用键连接的应用特点；
- 能解释普通平键标记含义；
- 能举例说明常用销连接的应用特点。

任务学习

一、键连接

键连接在机器中应用极为广泛，通常用于连接轴与轴上旋转零件与摆动零件，起周向固定零件的作用，以传递旋转运动或扭矩，而导键、滑键、花键还可用作轴上移动的导向装置。

键连接分为松键连接、紧键连接和花键连接三类，其中松键连接应用较为普遍。

（一）松键连接的类型、标准及应用

常用的松键连接有普通平键连接、导向平键连接和半圆键连接等。

松键连接是以键的两个侧面为工作面，靠键与键槽侧面的挤压传递运动和转矩。键的顶面为非工作面，与轮毂键槽底部表面间留有间隙。因此，这种连接只能用作轴上零件的周向固定。松键连接可分为平键、半圆键和花键连接三种。

平键连接具有结构简单、装拆方便、对中性好等优点，故应用最广。平键又分为普通平键、导向平键和滑键。

普通平键连接（见图 7-19），使用时键装在轴和零件毂孔的键槽内，键的两侧面与键槽侧面紧密接触，借以传递运动和转矩。键的顶面与轮毂槽底之间留有间隙，装配时不需打紧，不影响轴与轮毂的同心精度。普通平键连接适用于高速、高精度和承受变载、冲击的场合，能实现轴上零件的周向定位。

普通平键用于静连接，按其端部形状不同分为圆头（A 型）、平头（B 型）及单圆头（C 型）三种，如图 7-20 所示。A 型键应用最广，C 型键则多用于轴端。

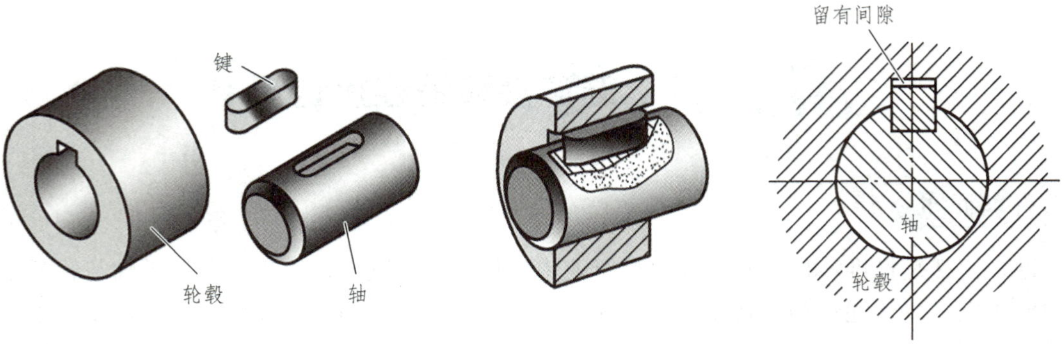

图 7-19　普通平键连接

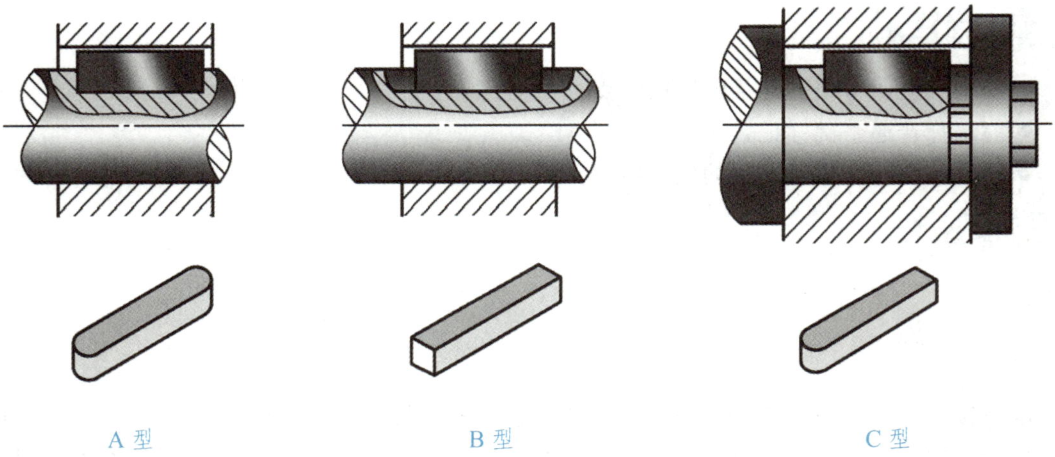

图 7-20　普通平键连接类型

平键是标准件，只需根据用途、轴径、轮毂长度选取键的类型和尺寸。普通平键的主要尺寸是键宽 b、键高 h 和键长 L。其中，键宽 b 和键高 h 一般根据轴径尺寸按标准确定；键长 L 应参照标准中的键长系列值，选取略短于轮毂长度的尺寸，如图 7-21 所示。

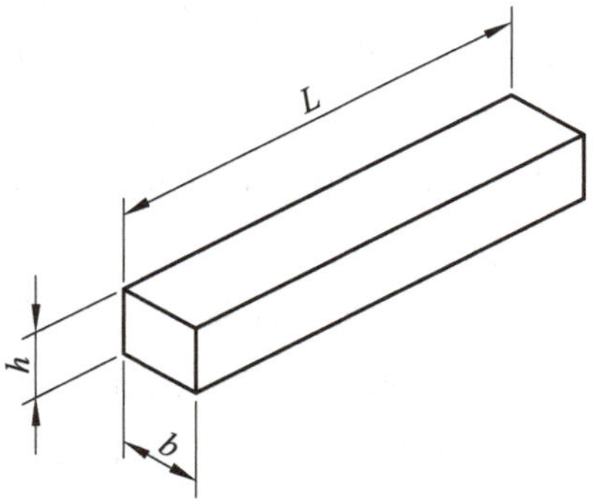

图 7-21　普通平键尺寸

普通平键的规格采用 $b \times L$ 标记，截面尺寸 $b \times h$ 根据轴径 d 由标准选定，键长 L 根据轮毂长度按标准查取（比轮毂长度短 5 ~ 10 mm）。

普通平键的标记：

键型　键宽　×　键长　　标准号

示例：

键 A16×100　GB/T 1096—2003，表示键宽为 16 mm，键长为 100 mm 的 A 型普通平键。

键 B18×100　GB/T 1096—2003，表示键宽为 18 mm，键长为 100 mm 的 B 型普通平键。

键 C18×100　GB/T 1096—2003，表示键宽为 18 mm，键长为 100 mm 的 C 型普通平键。

导向平键用于动连接。当轮毂在轴上需沿轴向移动时，可采用导向平键。导向平键用螺钉固定在轴上的键槽中，而轮毂可沿着键做轴向滑动。键的长度较长，故需用螺钉将键固定在轴上。为了拆卸方便，键的中部设有起键螺孔，如图 7-22 所示。

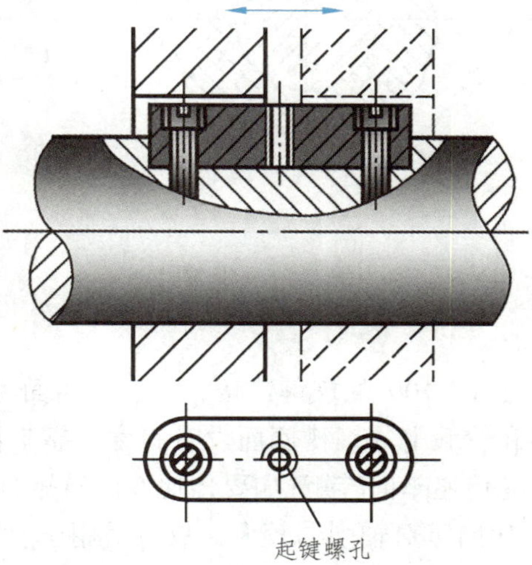

图 7-22　导向平键连接

半圆键的轴槽呈半圆形，键能在轴槽内自由摆动，以适应轴线偏转引起的位置变化。其缺点是键槽较深，对轴的强度削弱大，故一般多用于轻载或锥形结构的连接中，如图 7-23 所示。

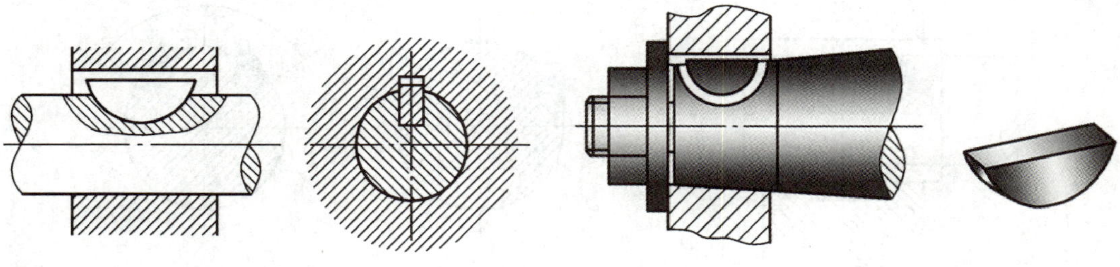

图 7-23　半圆键连接

（二）紧键连接的类型、标准及应用

紧键连接是以键的上下表面为工作面，能对轴上零件做轴向固定，但由于键装配时需要打紧，所以连接的对中性差。

紧键连接分为楔键连接和切向键连接。

1. 楔键连接

楔键连接，键的上表面和与之相配合的轮毂键槽底均有 1∶100 的斜度，应用时靠键的上下表面与毂、轴键槽底面挤紧工作。楔键连接的对中性差，力有偏心，不宜用于高速和精度要求高的连接，变载下易松动。钩头只用于轴端连接，如在中间用，键槽应比键长 2 倍才能装入。

楔键分为普通楔键[见图 7-24（a）]及钩头楔键[见图 7-24（b）]两种。为便于拆卸，楔键最好用于轴端。使用带钩头的楔键时，拆卸较为方便，但应加装安全罩。

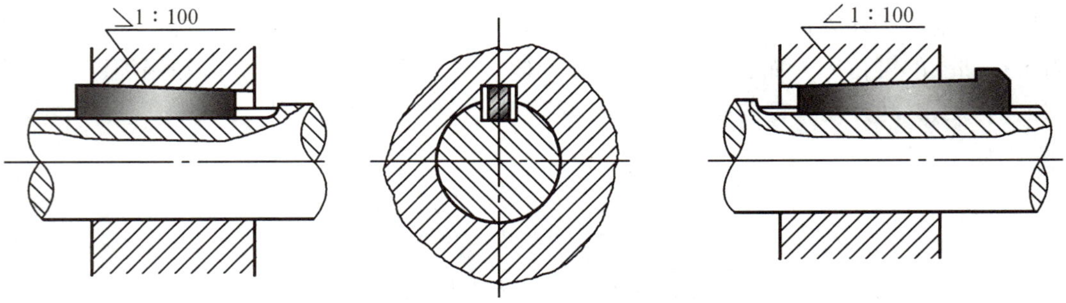

（a）普通楔键　　（b）钩头楔键

图 7-24　楔键

2. 切向键连接

切向键连接为两个斜度为 1∶100 的楔键连接，上、下两面为工作面（打入），且互相平行，布置在圆周的切向，轴和轮毂上的键槽底面没有斜度，靠工作面与轴及轮毂相挤压来传递扭矩。用一个切向键时，只能传递单向转矩；如要传递双向转矩，则要用两对切向键按 120°～135°分布，如图 7-25 所示。切向键对轴削弱较大，故只适用于速度较小、对中性要求不高、轴径大于 100 mm 的重型机械中。

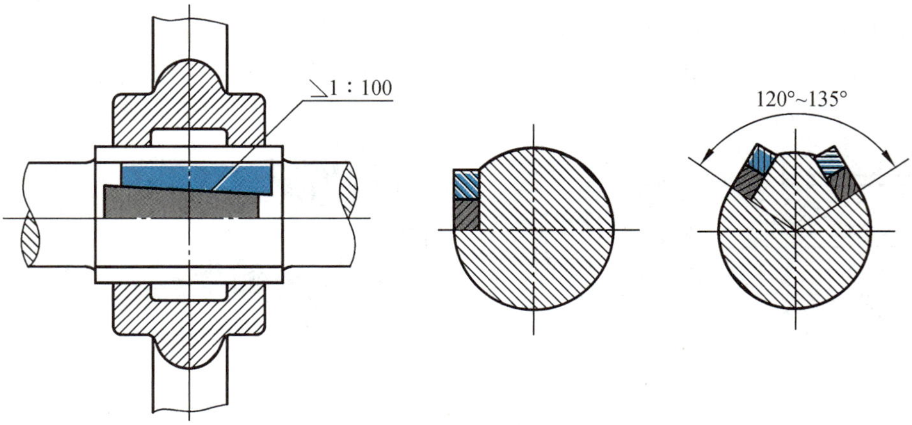

图 7-25　切向键连接

（三）花键连接

由轴和毂孔上沿圆周等距分布的多个键齿形成的同轴偶件连接称为花键连接。由于连接的齿数多，接触面大，且齿较浅，对轴的强度削弱较小。因此，花键连接的特点是承载能力大，定心性和沿轴向移动的导向性好，但加工复杂，成本较高。它适用于载荷大、定心精度要求较高的滑动或固定连接。

常用花键有矩形花键[见图 7-26（a）]和渐开线花键[见图 7-26（b）]。矩形花键连接按新标准为内径定心，定心精度高，定心稳定性好，配合面均要研磨，磨削消除热处理后变形，应用广泛。渐开线花键定心方式为齿形定心，当齿受载时，齿上的径向力能自动定心，有利于各齿均载。

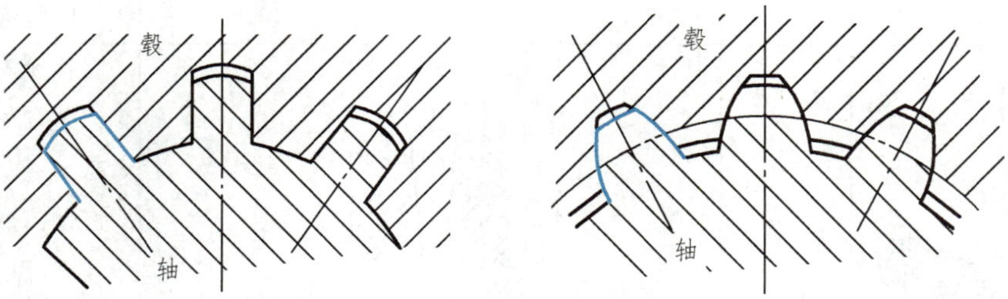

（a）矩形花键　　（b）渐开线花键

图 7-26　花键连接

二、销连接

销连接主要用于固定零件之间的相互位置，并能传递少量载荷，有时还可作为安全装置中的过载剪断元件，对机器的其他重要零部件起过载保护作用。

销根据功能可分为三种：

定位销——主要用于零件间位置定位，常用作组合加工和装配时的主要辅助零件。

连接销——主要用于零件间的连接或锁定，可传递不大的载荷。

安全销——主要用于安全保护装置中的过载剪断元件。

根据销的不同形状可分为圆柱销和圆锥销两种（见表 7-2），它们均有带螺纹和不带螺纹两种形式。圆柱销利用较小的过盈固定在销孔中，多次拆卸会降低定位精度和可靠性；圆锥销的定位精度和可靠性较高，并且多次拆卸不会影响定位精度。因此，需要经常装拆的场合不宜采用圆柱销，而应选用圆锥销连接。

表 7-2　销的特点

类型		应用图例	特点及说明
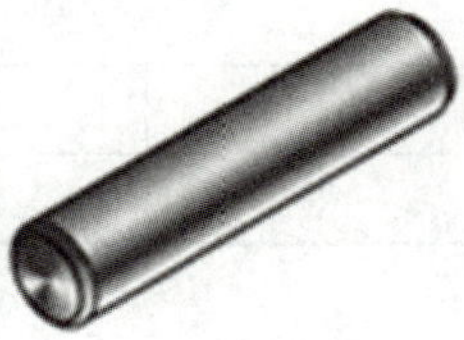 圆柱销	普通圆柱销	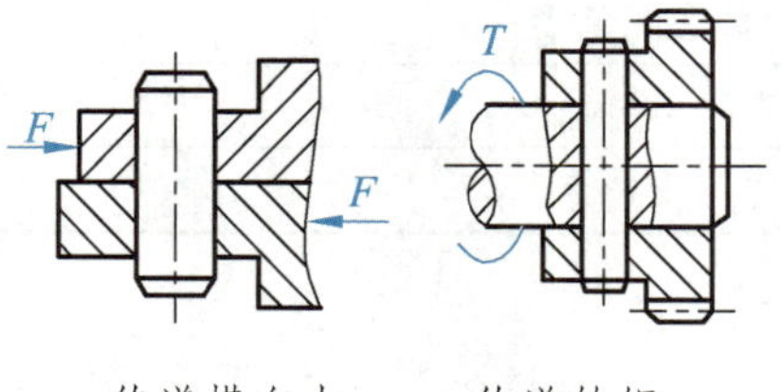 传递横向力　传递转矩	公差带有 m6、h8、h11、u8 四种，以满足不同的使用要求

续表

类型		应用图例	特点及说明
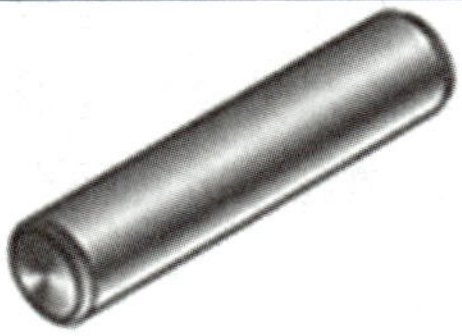 圆柱销	内螺纹圆柱销	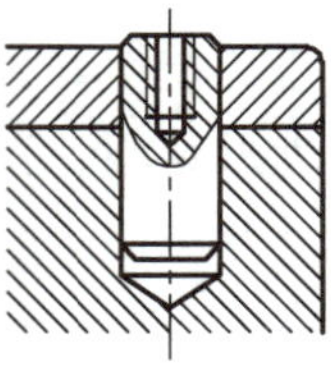	适用于不通孔的场合，螺纹供拆卸用。 公差带只有m6一种，按结构不同分A、B两型，B型有通气平面
 圆锥销	普通圆锥销	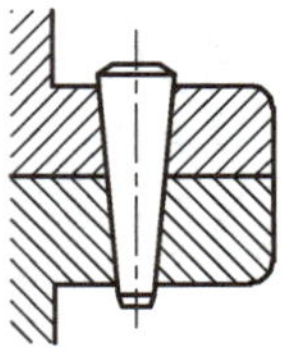	圆锥销有1∶50的锥度，装配方便，定位精度高。 按加工精度不同分为A、B两型，A型精度较高
	带螺纹圆锥销	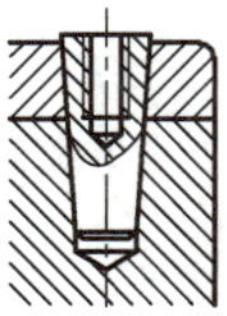 内螺纹 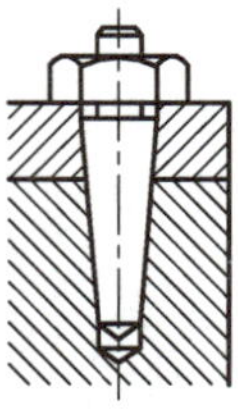 大端带螺尾 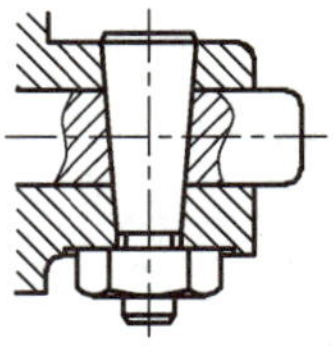 小端带螺尾	带内螺纹和大端带螺尾的圆锥销适用于不通孔的场合，螺纹供拆卸用。 小端带螺尾的圆锥销可用螺母锁紧，适用于有冲击、振动的场合

任务检查

表 7-3　键连接和销连接认知——任务检查单

任务编号	7-2	任务名称	键连接和销连接
序号	检查内容	是	否
举例说明常用形式键连接的应用特点			
1	举例说明普通平键连接的应用特点		
2	举例说明其他形式键连接的应用特点		
解释普通平键标记含义			
3	解释普通平键标记含义		
举例说明常用形式销连接的应用特点			
4	列举圆柱销连接的应用特点		
6	列举圆锥销连接的应用特点		

任务拓展

列举键连接和销连接在轨道交通中的应用，完成报告。

项目训练

一、填空题

1. 标记为螺栓 GB 5782—86 M16×80 的六角头螺栓的螺纹是______形，牙形角等于______度，线数等于______，16 代表______，80 代表______。

2. 双头螺柱的两被连接件之一是______孔，另一是______。

3. 螺纹的公称直径是指螺纹的______径，螺纹的升角是指螺纹______径处的升角。螺旋的自锁条件为______。

4. 三角形螺纹主要用于______，而矩形、梯形和锯齿形螺纹主要用于______。

5. 螺纹连接常用的防松原理有______、______、______。

其对应的防松装置有______、______、______、______。

6. 在平键连接工作时，是靠______和______侧面的挤压传递转矩。

7. 半圆键的______为工作面，当需要用两个半圆键时，一般布置在轴的______。

8. 圆柱销和圆锥销的作用有______、______和______三种。

9. 平键连接中______、______用于动连接，当轴向移动距离较大时，宜采用______。

10. 当轴上零件需在轴上做距离较短的相对滑动，且传递转矩不大时，应用______键连接；当传递转矩较大，且对中性要求高时，应用________键连接。

二、选择题

1. 销连接的主要作用是（　　）。

A. 定位　　B. 装配时的辅助零件　　C. 安全装置　　D. 防盗

2. 螺纹副在摩擦系数一定时，螺纹的牙型角越大，则（　　）。

A. 当量摩擦系数越小，自锁性能越好

B. 当量摩擦系数越小，自锁性能越差

C. 当量摩擦系数越大，自锁性能越差

D. 当量摩擦系数越大，自锁性能越好

3. 螺纹连接防松的根本在于（　　）。

A. 增加螺纹连接的轴向力　　B. 增加螺纹连接的刚度

C. 防止螺纹副的相对转动　　D. 防止螺栓被折断

4. 在常用的螺旋传动中，传动效率最高的螺纹是（　　）。

A. 三角形螺纹　　B. 梯形螺纹　　C. 锯齿形螺纹　　D. 矩形螺纹

5. 在常用的螺纹连接中，自锁性能最好的螺纹是（　　）。

A. 三角形螺纹　　B. 梯形螺纹　　C. 锯齿形螺纹　　D. 矩形螺纹

6. 当两个被连接件不太厚时，宜采用（　　）。

A. 双头螺柱连接　　B. 螺栓连接

C. 螺钉连接　　D. 紧定螺钉连接

7. 圆锥销的锥度是（　　）。

A. 1∶60　　B. 1∶50　　C. 1∶40　　D. 60∶1

8. 当两个被连接件之一太厚，不宜制成通孔，且连接不需要经常拆装时，往往采用（　　）。

A. 螺栓联接　　B. 螺钉联接　　C. 双头螺柱联接　　D. 紧定螺钉联接

9. 为了不过于严重削弱轴和轮毂的强度，两个切向键最好布置成（　　）。

A.在轴的同一母线上　B. 180°　C. 120° ~ 130°　D. 90°

10. 花键连接的主要缺点是（　　）。

A. 应力集中　B. 成本高　C. 对中性与导向性差　D. 对轴削弱

三、简答题

1. 何谓螺纹连接的预紧？预紧的目的是什么？预紧力的最大值如何控制？
2. 螺纹连接有哪些基本类型？适用于什么场合？
3. 连接螺纹能满足自锁条件，为什么还要考虑防松？根据防松原理，防松分哪几类？

项目 8 钳工认知

任务 1 常用量具认知

任务描述

钳工是操作者手持工具对金属材料进行加工的方法。钳工操作灵活，工具简单，可以完成不能或不适合机械加工的某些零件的加工，是目前生产制造和设备修理工作中不可缺少的重要工种，其基本工艺包括划线、锯削、锉削、錾削、钻孔、扩孔、铰孔、攻螺纹与套螺纹、刮削、研磨、装配等，这些工艺过程都必须依靠量具才能达到最终加工要求，所以常用量具的使用也是钳工人员必须掌握的基本技能之一。

本任务主要认识制造和修配中常用到的量具。

任务目标

- 能正确使用常用量具；
- 能正确识读量具读数。

任务学习

钳工的大多数操作是在钳工台上进行的，另外钳工场地还常常配有划线平台、钻床、砂轮机等。

钳工台一般用硬质木材制成，高度在 800 ~ 900 mm，钳工台上装有台虎钳。台虎钳如图 8-1 所示，是夹持工件的主要工具，其规格用钳口宽度表示，常用规格有 100 mm、125 mm 和 150 mm。

使用台虎钳应注意以下事项：

（1）工件应装夹在钳口中部，以使钳口受力均匀。

（2）工件的夹紧应稳固可靠，便于加工，并且工件不能产生变形。

（3）当转动手柄夹紧工件时，不准用套管接长手柄或用锤子敲击手柄，以免损坏台虎钳丝杠或螺母。

（4）不要在活动钳身的光滑表面进行敲击作业，以免降低钳身间的配合性能。锤击应在砧面上进行。

（5）夹持工件的光洁表面时，钳口应垫铜皮或铝皮。

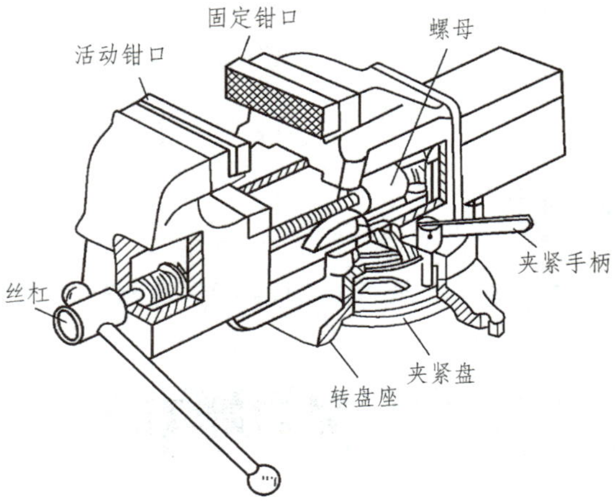

图 8-1　台虎钳

一、游标卡尺

游标卡尺是一种常用的量具，具有结构简单、使用方便、精度中等和测量的尺寸范围大等特点，可以用它来测量零件的外径、内径、长度、宽度、厚度、深度和孔距等，应用范围很广。

游标卡尺的构造如图 8-2 所示。它由尺身和游标组成。尺身和固定卡脚制成一体，游标和活动卡脚制成一体，并依靠弹簧压力沿尺身滑动。测量时，将工件放在两卡脚中间，通过游标刻度与尺身刻度的相对位置，便可读出工件尺寸。当需要使游标做微动调节时，先拧紧螺钉，然后旋转微调螺母，就可推动游标微动。

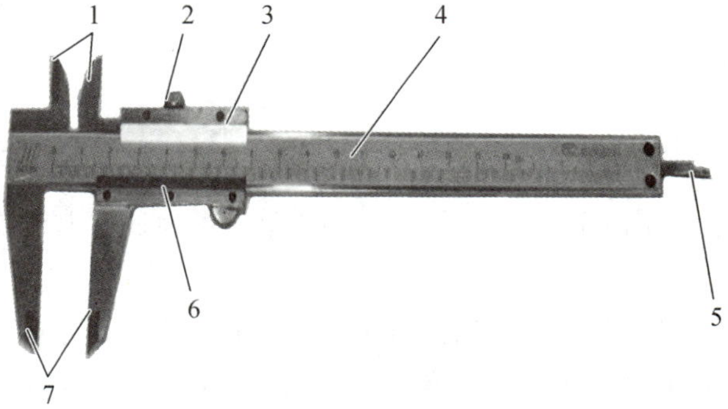

1—内量爪；2—紧固螺钉；3—尺框；4—尺身；5—深度尺；6—游标；7—外量爪。

图 8-2　游标卡尺构造

游标卡尺按测试范围不同可分为 0 ~ 125 mm、0 ~ 150 mm、0 ~ 200 mm、0 ~ 300 mm、0 ~ 500 mm 等几种。按其测量精度不同可分为 0.1 mm、0.05 mm、0.02 mm 三种，这些数值就是指游标卡尺所能量得的最小尺寸。

（一）游标卡尺的使用方法

使用游标卡尺测量零件尺寸时，必须注意下列几点：

（1）测量前应把卡尺揩干净，检查卡尺的两个测量面和测量刃口是否平直无损，把两个量爪紧密贴合时，应无明显的间隙，同时游标和主尺的零位刻线要相互对准。这个过程称为校零。

（2）移动尺框时，活动要自如，不应有过松或过紧，更不能有晃动现象。用固定螺钉固定尺框时，卡尺的读数不应有所改变。在移动尺框时，不要忘记松开固定螺钉，也不宜过松以免掉了。

（3）当测量零件的外尺寸时，卡尺两测量面的连线应垂直于被测量表面，不能歪斜。测量时，可以轻轻摇动卡尺，放正垂直位置。

（4）当测量零件的内尺寸时，要使量爪分开的距离小于所测内尺寸，进入零件内孔后，再慢慢张开并轻轻接触零件内表面，用固定螺钉固定尺框后，轻轻取出卡尺来读数。取出量爪时，用力要均匀，并使卡尺沿着孔的中心线方向滑出，不可歪斜，免使量爪扭伤；变形和受到不必要的磨损，同时会使尺框走动，影响测量精度。

（5）用下量爪的外测量面测量内尺寸时，读取测量结果一定要把量爪的厚度加上去，即游标卡尺上的读数，加上量爪的厚度，才是被测零件的内尺寸。

（6）用游标卡尺测量零件时，不允许过分地施加压力，所用压力应使两个量爪刚好接触零件表面。

（7）为了获得正确的测量结果，可以多测量几次，即在零件的同一截面上的不同方向进行测量。对于较长零件，则应当在全长的各个部位进行测量，务使获得一个比较正确的测量结果。

（二）游标卡尺的读数方法

读数步骤分为以下三步：

（1）查出游标零线前尺身上的整数。

（2）在游标上查出与尺身刻线对齐的那一条刻线的读数，即为小数。

（3）将尺身上的整数和游标上的小数相加即为测量结果：

工件尺寸=尺身整数+游标格数×游标卡尺精度

其中，10 分度尺的游标卡尺精度为 0.1 mm，20 分度尺的游标卡尺精度为 0.05 mm，50 分度尺的游标卡尺精度为 0.02 mm。

观察图 8-3 得到：游标零线前尺身上的整数①读数为 5 mm，与尺身刻线对齐的那一条刻线②的读数为 6，即尺寸读数为 5 mm+6×0.1 mm =5.6 mm。

示例：

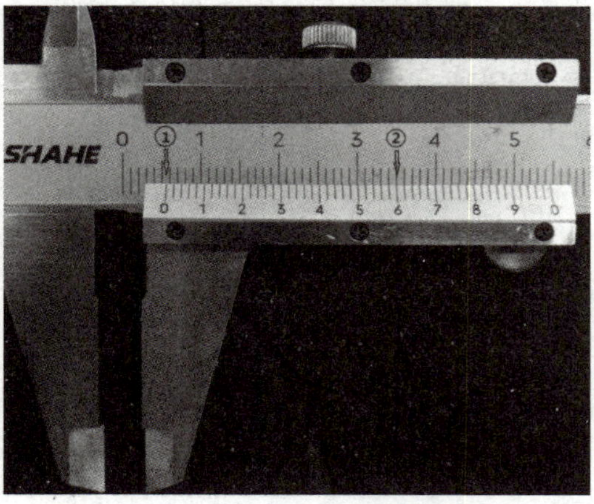

图 8-3　游标卡尺读数

二、千分尺

千分尺应用螺旋副传动原理，借助测微螺杆与螺纹轴套作为一对精密螺旋偶件，将回转运动变为直线运动后，从固定套管和微分筒所组成的读数机构读取尺寸。千分尺分为外径千分尺、数显千分尺、内测千分尺、深度千分尺、内径千分尺等，其中外径千分尺最为常用。

外径千分尺是测量精度比游标卡尺更高的量具，其测量精度为 0.01 mm。测量尺寸范围有 0 ~ 25 mm、25 ~ 50 mm、50 ~ 75 mm 等。外径千分尺的构造如图 8-4 所示。

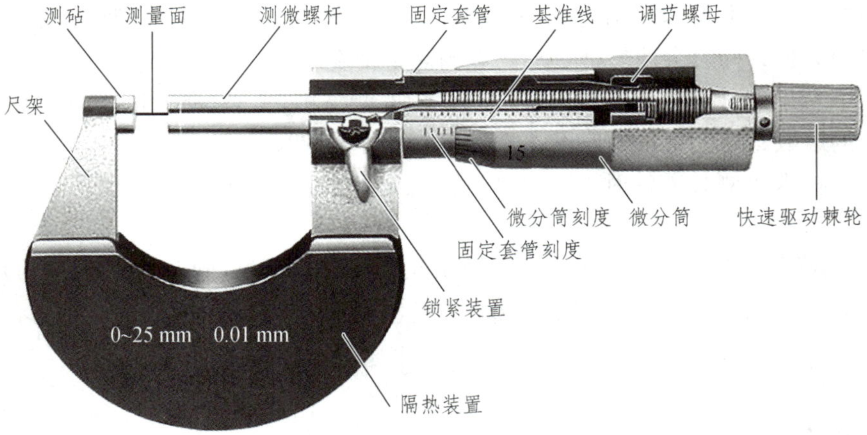

图 8-4　外径千分尺

（一）千分尺的使用方法

（1）将千分尺的测量面擦拭干净，校正归零。

（2）一只手握住预测件，一只手转动活动套筒（粗调），将预测件置于两测杆之间。

（3）调整微分筒，使两测杆的测量面接触预测件表面。

（4）转动棘轮（微调），当微调发出“咔、咔、咔”3 声响时，读测量数据。

（二）读数方法

被测工件的尺寸=副尺所指的主尺上整数+主尺中线所指的副尺的格数×0.01 mm。如图 8-5 所示，首先读出副轴边缘在主轴上的刻度，在 5 和 5.5 之间，读数为 5 mm，读取和主轴刻度基线重合的副轴刻度，在 46 和 47 之间，读数为 46.5，即 0.465 mm，则读数为 5 mm+0.465 mm=5.465 mm。

示例：

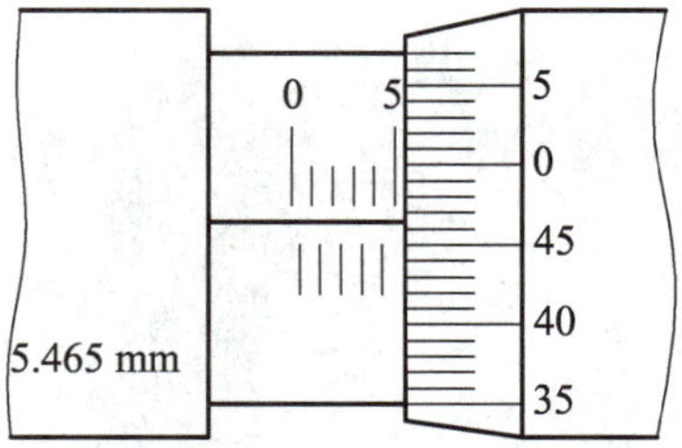

图 8-5　外径千分尺读数

三、百分表

百分表是利用机械传动系统，将测量杆的直线位移转变成指针在表盘上的角位移，由刻度表盘进行读数的通用测量器具。分度值为 0.01 mm 的称为百分表，分度值为 0.001 mm 的称为千分表。

百分表是用来校正零件或夹具的安装位置、检验零件的形状精度或相互位置精度的，它只能测出相对数值，不能测出绝对数值，主要用于校正工件的安装位置、检验几何公差等。

百分表的构造如图 8-6 所示。

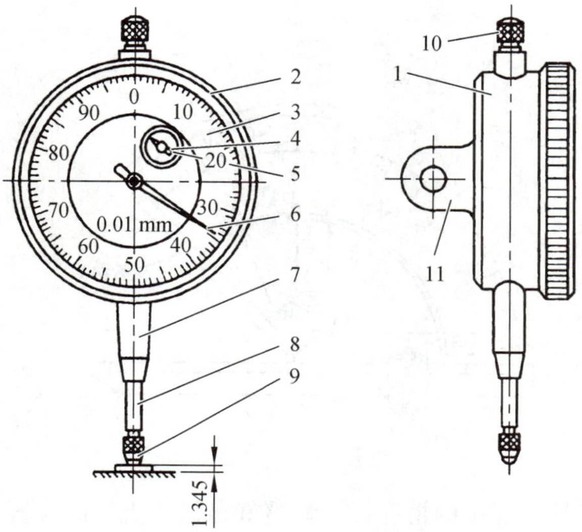

1—表体；2—表圈；3—表盘；4—转数指示盘；5—转数指针；6—主指针；7—轴套；8—测量杆；9—测量头；10—挡帽；11—耳环。

图 8-6　百分表

当测杆 1（齿条）上升时，带动小齿轮 2 旋转，此时与其固定在同一轴上的大齿轮 3 也转动；大齿轮 3 又带动中心轮 4 转动，通过中心轮 4 带动大齿轮 7 及与中心轮同轴的指针 5 旋转。若测杆向上或向下移动 1 mm，大指针旋转一周，将刻度盘分为 100 等分时，指针转过一个刻度就等于测杆移动 1/100 mm，即刻度盘数值为 0.01 mm。游丝的作用是迫使所有齿轮作单向啮合，以消除由于齿侧间隙而引起的测量误差。弹簧是用来控制测量力的。

使用百分表应注意以下事项：

（1）测量零件时，测量杆必须垂直于被测量表面。

（2）测量时，不要使测量杆的行程超过它的测量范围；不要使测量头突然撞在零件上；不要使百分表和千分表受到剧烈的振动和撞击，也不要把零件强迫推入测量头下，免得损坏百分表和千分表的机件而失去精度。

（3）校正或测量零件时，应当使测量杆有一定的初始测力，即在测量头与零件表面接触时，测量杆应有 0.3 ~ 1 mm 的压缩量。使指针转过半圈左右，然后转动表圈，使表盘的零位刻线对准指针。轻轻地拉动手提测量杆的圆头，拉起和放松几次，检查指针所指的零位有无改变。当指针的零位稳定后，再开始测量或校正零件的工作。

（4）在使用百分表和千分表的过程中，要严格防止水、油和灰尘渗入表内，测量杆上也不要加油，免得粘有灰尘的油污进入表内，影响表的灵活性。

（5）不使用时，应使测量杆处于自由状态，免得表内的弹簧失效。如内径百分表上的百分表，不使用时，应拆下来保存。

四、万能角度尺

万能角度尺是利用游标读数、可测量任意角度的量尺。万能角度尺如图 8-7 所示，扇形板可带动游标沿主尺移动，直角尺可用卡块紧固在扇形板上，可移动的直尺用卡块紧固在直角尺上，基尺与主尺连成一体。

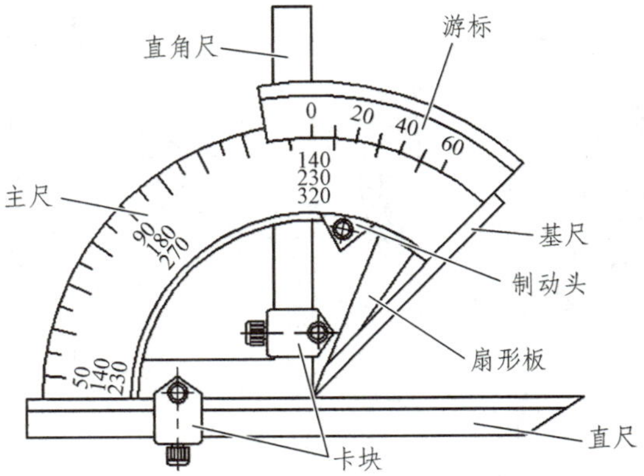

图 8-7　万能角度尺

测量时，根据产品被测部位的情况，先调整好角尺或直尺的位置，用卡块上的螺钉把它们紧固住，再来调整基尺测量面与其他有关测量面之间的夹角。这时，要先松开制动头上的螺母，移动主尺作粗调整，然后再转动扇形板背面的微动装置做细调整，直到两个测量面与被测表面密切贴合为止。然后拧紧制动器上的螺母，把角度尺取下来进行读数。

万能角度尺的读数方法可分三步：

（1）先读“度”的数值——看游标零线左边，主尺上最靠近一条刻线的数值，读出被测角“度”的整数部分。

（2）再从游标尺上读出“分”的数值——看游标上哪条刻线与主尺相应刻线对齐，可以从游标上直接读出被测角“度”的小数部分，即“分”的数值。

（3）被测角度等于上述两次读数之和。

（4）主尺上基本角度的刻线只有 90 个分度，如果被测角度大于 90°，在读数时，应加上一个基数 90、180 或 270，即

① 当被测角度在 90°～180°时，被测角度=90°+角度尺读数。

② 当被测角度在 180°～270°时，被测角度=180°+角度尺读数。

③ 当被测角度在 270°～360°时，被测角度=270°+角度尺读数。

五、塞　尺

塞尺又称测微片或厚薄规，是用于检验间隙的测量器具之一，如图 8-8 所示。

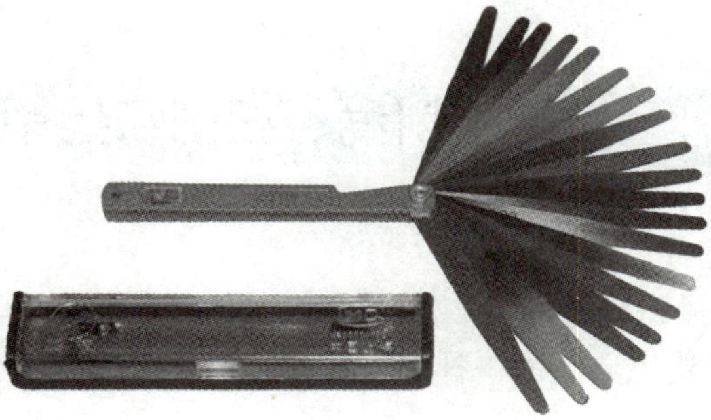

图 8-8　塞尺

单片塞尺厚度一般为 0.02 mm、0.03 mm、0.04 mm、0.05 mm、0.06 mm、0.07 mm、0.08 mm、0.09 mm、0.10 mm、0.15 mm、0.20 mm、0.25 mm、0.30 mm、0.35 mm、0.40 mm、0.45 mm、0.50 mm、0.75 mm、1.00 mm。

根据被测间隙的大小，选择适当厚度的塞尺。为保证测量的准确性，应使用尽量少的塞尺数量，塞尺数量一般不超过 3 片。如果超过 3 片，通常就要加测量修正值。一般每增加一片加 0.01 mm 的修正值。在组合使用时，应将薄的塞尺片夹在厚的中间，以保护薄片。

塞尺应塞入一定深度，手感有一定阻力又不至卡死为宜。当塞尺片上的刻值看不清或塞尺片数较多时，可用千分尺测量塞尺厚度。塞尺用完后应擦干净，并抹上机油进行防锈保养。

任务检查

表 8-1　常用量具使用——任务检查单

任务编号	8-1	任务名称	常用量具使用	
序号	检查内容		是	否
正确使用常用量具				
1	正确操作使用游标卡尺和千分尺			
2	举例说明百分表的应用			
3	正确操作万能角度尺和塞尺			
正确识读量具读数				
4	识读游标卡尺、千分尺和万能角度尺的读数			
5	说明百分表和塞尺的示数含义			

任务拓展

在轨道交通中还会用到哪些量具？请举例说明。

任务2 划线、锯削和挫削

任务描述

划线—锯削—挫削是钳工典型的一种加工流程，也是钳工必须掌握的技能。本任务主要学习如何划线、锯削和挫削。

任务目标

- 能正确对工件进行划线；
- 能正确使用锯条进行锯削；
- 能正确使用锉刀进行锉削。

任务学习

一、划　线

划线是钳工基本操作的第一个项目，它是在某些工件的毛坯或半成品上按零件图样要求的尺寸划出加工界线或找正线的一种方法。

（一）划线的作用

划线的作用有三个：一是确定工件加工表面的加工余量和位置；二是检查毛坯的形状、尺寸是否符合图纸要求；三是合理分配各加工面的余量。

划线不仅能使加工有明确的界限，而且能及时发现和处理不合格的毛坯，避免造成损失，而在毛坯误差不太大时，往往又可依靠划线的借料法予以补救，使零件加工表面仍符合要求。

（二）划线的种类

划线分为平面划线和立体划线两类。在工件的一个平面上划线称为平面划线；在工件的长、宽、高方向上划线称为立体划线。

划线工具有基准工具、测量工具、绘划工具、夹持工具等。

基准工具有划线平板（见图 8-9）、划线方箱（见图 8-10）等。

测量工具有游标高度尺（见图 8-11）、钢尺、直角尺（见图 8-12）等。

绘划工具有划针（见图 8-13）、划规（见图 8-14）、划卡、划针盘、样冲等。

夹持工具有 V 形铁（见图 8-15）、千斤顶（见图 8-16）等。

图 8-9　划线平板

图 8-10　划线方箱

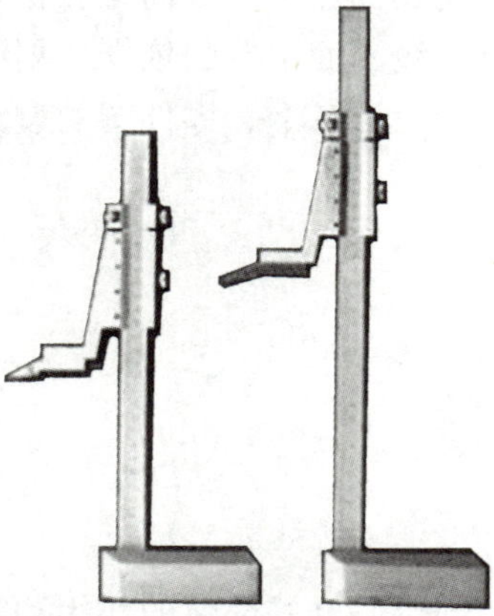

图 8-11　游标高度尺

图 8-12　直角尺

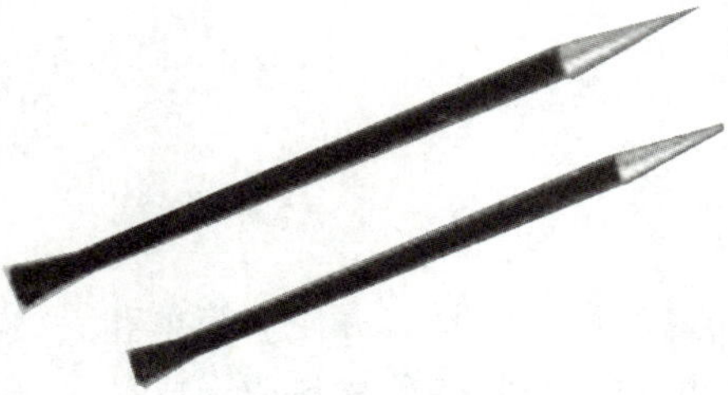

图 8-13　划针

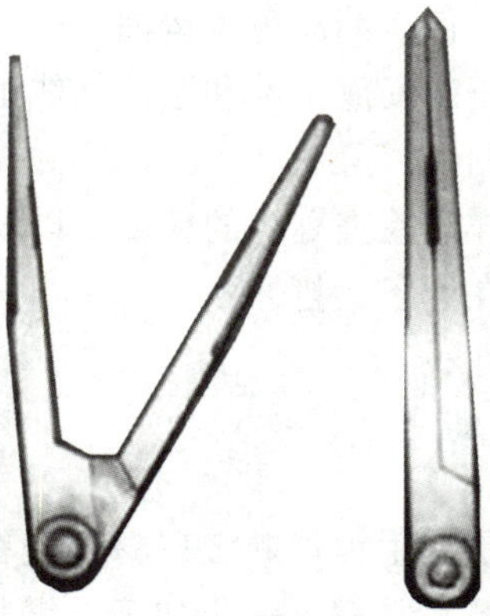

图 8-14　划规

图 8-15　V 形铁

图 8-16　千斤顶

（三）划线基准

在零件的许多点、线、面中，用少数点、线、面能确定其他点、线、面相互位置，这些少数的点、线、面被称为划线基准。基准就是确定其他点、线、面位置的依据，划线时都应从基准开始，在零件图中确定其他点、线、面位置的基准为设计基准，零件图的设计基准和划线基准是一致的。

划线的基准有三种类型：

（1）以两个相互垂直的平面（或线）为基准。

（2）以一个平面与一个对称平面为基准。

（3）以两个相互垂直的中心平面为基准。

（四）划线步骤

（1）研究图纸，确定划线基准，详细了解需要划线的部位，这些部位的作用和需求，以及有关的加工工艺。

（2）初步检查毛坯的误差情况，去除不合格毛坯。

（3）工件表面涂色（蓝油）。

（4）正确安放工件和选用划线工具。

（5）划线。

（6）详细检查划线的精度，以及线条有无漏划。

（7）在线条上打冲眼。

二、锯　削

锯削是用手锯切断金属材料或在工件上切槽的操作，具有方便、简单和灵活的特点，但手锯精度低，常需进一步加工。锯削的工作范围包括分割各种材料或半成品、锯掉工件上多余部分、在工件上锯槽等。

（一）锯　条

锯条用碳素工具钢（如 T10 或 T12）或合金工具钢，经热处理制成。锯条的规格以锯条两端安装孔间的距离来表示，长度为 150 ~ 400 mm。常用的锯条长 300 mm、宽 12 mm、厚 0.8 mm。

（二）锯削方法

1. 选择锯条

锯条应根据工件材料及工件厚度进行选择。

2. 安装锯条

锯条安装在锯弓上时，锯齿应向前，锯条不能歪斜和扭曲，锯条的松紧要适中，否则锯削时易折断锯条。

3. 安装工件

工件夹持要求稳定、牢固，并应尽可能夹在台虎钳左边，以免操作时碰伤左手；工件伸出钳口要短，且锯口距离钳口要近，以防锯削时工件产生颤动。

4. 起　锯

起锯姿势要正确。起锯时，以左手拇指靠住锯条，右手稳握锯柄，起锯角稍小于 15°。锯弓直线往复行程要短，压力要小，锯条要与工件表面垂直。

（三）锯削动作要领

右手握锯柄，左手轻扶锯弓前端；锯弓应直线运行，不可摆动；前推时压力要均匀，返回时从工件表面轻轻滑过；尽量使用锯条全长，应至少使锯条全长的 2/3 参加锯削，以减小锯条磨损；快锯断时用力要轻，以免碰伤手臂和折断锯条；锯削速度以每分钟往复 60 次左右为宜，锯削硬材料速度可低些，锯削软材料速度可高些；锯削钢件可加全损耗系统用油润滑。

三、挫　削

锉削是利用锉刀对工件材料进行切削加工的操作。其应用范围很广，可锉工件的外表面、内孔、沟槽和各种形状复杂的表面。

（一）锉　刀

锉刀是锉削使用的工具，它由碳素工具钢制成，其锉齿多是在剁锉机上剁出，并经淬火、回火处理。锉刀的锉纹多制成双纹，这样锉削时省力，且不易堵塞锉面。

锉刀分为三类：

（1）普通锉：按断面形状不同分为五种，即平锉、方锉、圆锉、三角锉、半圆锉。

（2）整形锉：用于修整工件上的细小部位。

（3）特种锉：用于加工特殊表面。

锉刀根据加工工件实际情况进行选用。比如，锉刀长度按加工表面的大小选用；锉刀的断面形状按加工表面的形状选用；锉刀齿纹粗细的选用应综合考虑工件材料、加工余量、加工精度、表面粗糙度等因素，粗加工或锉铜、铝等软金属选用粗齿锉刀，半精加工或锉削钢、铸铁等选用中齿锉刀，细齿锉刀和油光齿锉只适用于最后修光表面。

（二）操作方法

1. 锉刀握法

锉刀大小不同，握法不一样，如图 8-17 所示。

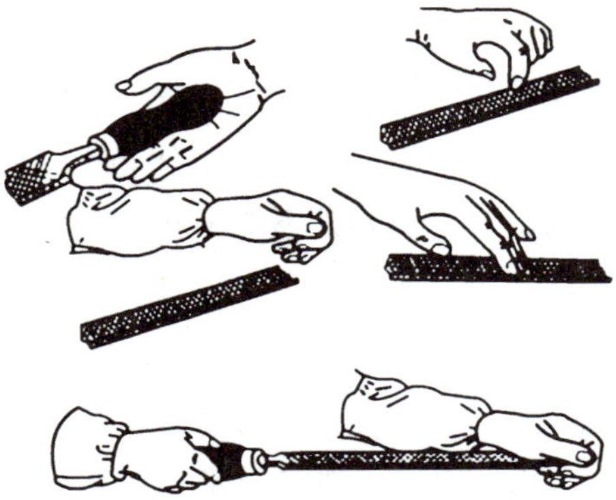

（a）较大型锉刀握法

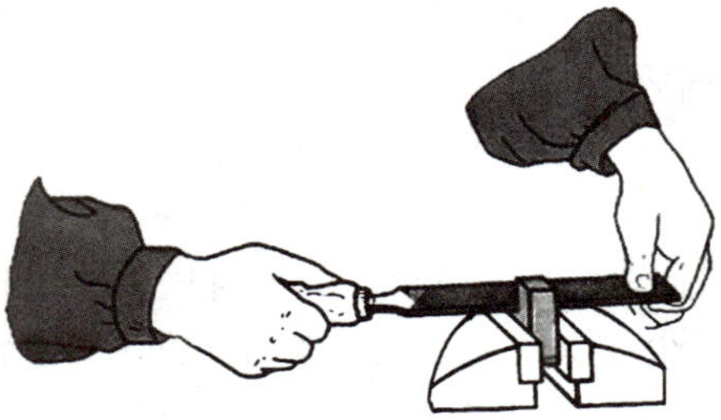

（b）中型锉刀握法

（c）小型锉刀握法

图 8-17　锉刀握法

2. 锉削姿势

开始锉削时身体要向前倾斜 10°左右，左肘弯曲，右肘向后。锉刀推出 1/3 行程时身体向前倾斜 15°左右，此时左腿稍直，右臂向前推，推到 2/3 时，身体倾斜到 18°左右，最后左腿继续弯曲，右肘渐直，右臂向前使锉刀继续推进至尽头，身体随锉刀的反作用方向回到 15°位置。

3. 锉削力的运用

锉削时有两个力，一个是推力，一个是压力。其中，推力由右手控制，压力由两手控制，而且在锉削中，要保证锉刀前后两端所受的力矩相等，即随着锉刀的推进左手所加的压力由大变小，右手的压力由小变大，否则锉刀不稳易摆动。

锉削时须注意，锉刀只在推进时加力进行切削，返回时，不加力、不切削，把锉刀返回即可，否则易造成锉刀过早磨损；锉削时利用锉刀的有效长度进行切削加工，不能只用局部某一段，否则局部磨损过重，造成寿命降低。锉削速度一般为 30～40/min，速度过快，易降低锉刀的使用寿命。

任务检查

表 8-2 划线、锯削和挫削——任务检查单

任务编号	8-2	任务名称	划线、锯削和挫削
序号	检查内容	是	否
对工件进行划线			
1	使用工具对工件划线		
2	阐述划线基准选择方法		
使用锯条进行锯削			
3	正确选用锯条		
4	使用锯条进行锯削		
使用锉刀进行锉削			
5	使用锉刀进行锉削		

任务拓展

制作规定工件。

任务 3 孔加工和螺纹加工

任务描述

在机械零件中，带孔零件一般占零件总数的 50%～80%。要把零件连接起来，需要各种不同尺寸的螺钉孔、销钉孔或铆钉孔。为了把传动部件固定起来，需要各种安装孔。机器零件本身也有许多各种各样的孔（如油孔、工艺孔、减重孔等）。加工孔从而使孔达到要求的操作称为孔加工。孔加工除了一部分由车、镗、铣等机床完成外，还有一部分是由钳工利用钻床完成的。钳工孔加工的方法一般指钻孔、扩孔、锪孔和铰孔。

加工螺钉孔时，钻孔后还须进行攻螺纹操作。攻螺纹是钳工金属切削中的重要内容之一。攻螺纹只能加工三角形螺纹，属连接螺纹，用于两件或多件结构件的连接。螺纹的加工质量直接影响到构件的装配质量。

本任务主要学习孔加工和攻螺纹。

任务目标

- 能利用台式钻床进行钻孔；
- 能利用铰刀进行铰孔；
- 能利用丝锥和板牙加工螺纹。

任务学习

一、孔加工

（一）钻　孔

用钻头在实体材料上加工孔的操作叫钻孔，如图 8-18 所示。钻孔加工占机械加工总量的 25%左右，在机械加工中占重要的地位。钻孔是钳工应掌握的基本操作技能之一。

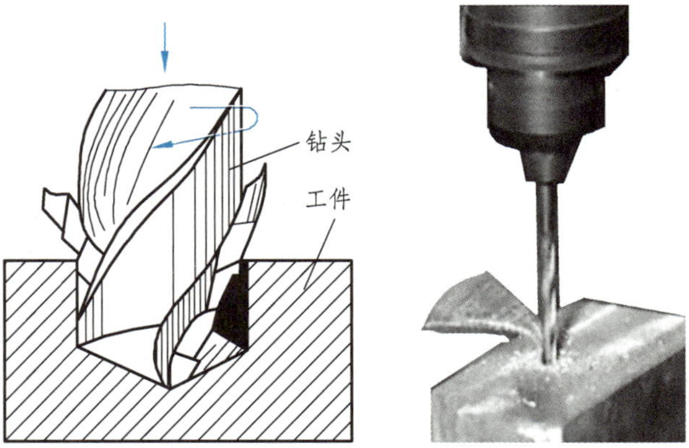

图 8-18　钻孔

钻孔常用加工设备有台式钻床（见图 8-19）、立式钻床（见图 8-20）和摇臂钻床等。台式钻床是一种固定在工作台上的小型钻床，最大钻孔直径为 13 mm。它结构简单，操作方便，转速和效率比较高。立式钻床简称立钻，主轴箱和工作台安置在立柱上。它刚性好、强度大、精度高、变速范围较大、功率较大，不但可用来进行钻孔，还可以用来扩孔、镗孔、铰孔、攻螺纹和锪端面等。摇臂钻床主要依靠移动主轴对工件加工，操作方便、灵活，适用于对大、中型工件在同一平面内、不同位置的多孔系进行钻孔、扩孔、锪孔、镗孔、铰孔、攻螺纹和锪端面等。

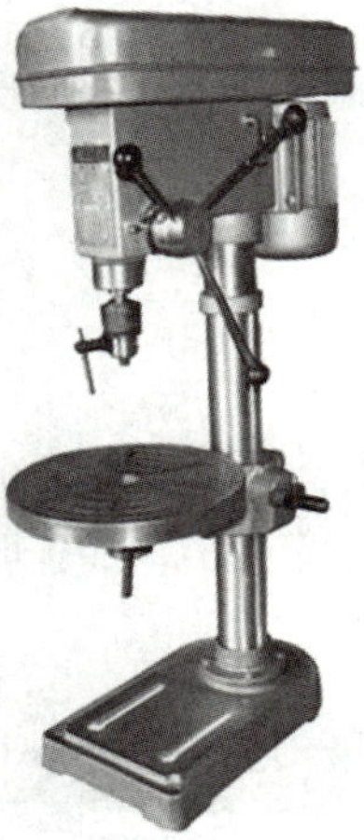

图 8-19　台式钻床

图 8-20　立式钻床

麻花钻是钻孔最常用的刀具，其组成和切削部分的结构如图 8-21 所示。麻花钻的前端为切削部分，它有两个对称的主切削刃，钻头顶部有横刃，横刃使钻削时轴向力增加。麻花钻有两条螺旋槽和两条刃带，螺旋槽的作用是形成切削刃和向孔外排屑；刃带的作用是减少钻头与孔壁的摩擦并导向。由麻花钻的结构可知，它的刚性和导向性均比较差，因此只能用麻花钻钻直径不大的孔。

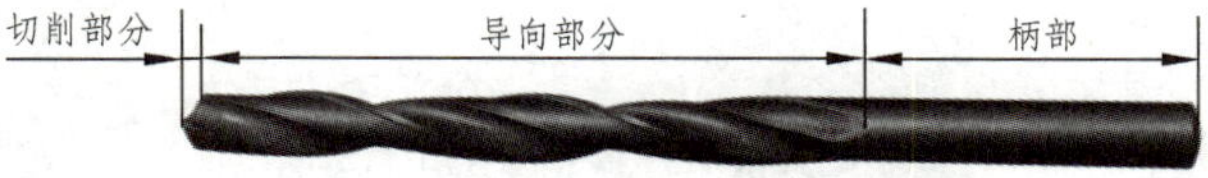

图 8-21　麻花钻

钻孔步骤：

（1）划线：根据图纸要求划出十字中心线、检测线；然后打上样冲眼。样冲眼要正确、垂直，它直接关系到起钻的定心位置。

（2）工件装夹。

（3）钻头装夹：根据加工需要选择合适规格的钻头。

（4）确定切削用量。

（5）对刀与试切：对刀时，钻头轻轻下压，对准工件的钻孔中心。顺时针用手旋转主轴，同时轻轻下压钻头，观察划出的锥坑是否与样冲重合，及时调整找到准确的位置。

（6）试钻：启动钻床，进行试钻，观察位置。

（7）钻孔：控制好进给的速度，及时加注冷却水，随时断屑。

（8）检测。

加工注意事项：

（1）操作钻床时严禁戴手套，袖口必须扎紧；须穿工作服，戴工作帽。

（2）工件必须夹紧，特别在小工件上钻较大直径孔，将钻穿时要尽量减少进给力。

（3）开动钻床前，应检查是否有钻夹头钥匙或斜铁在钻轴上。

（4）钻孔时用毛刷清除钻屑，严禁用手、棉纱或用嘴吹来清除切屑。

（5）操作者的头部不准与旋转着的主轴靠得太近，停车时应让主轴自然停止，不可用手刹住，也不能用反转制动。

（6）严禁在开车状态下装拆工件。检验工件和变换主轴转速，必须在停车状况下进行。

（7）清洁钻床或加注润滑油时，必须切断电源。

（二）扩　孔

用扩孔钻对工件上已有孔进行扩大的加工称为扩孔。

扩孔钻（见图 8-22）一般用于孔的半精加工或终加工，用于铰或磨前的预加工或毛坯孔的扩大，有 3 ~ 4 个刃带，无横刃，前角和后角沿切削刃的变化小，加工时导向效果好，轴向抗力小，切削条件优于钻孔。

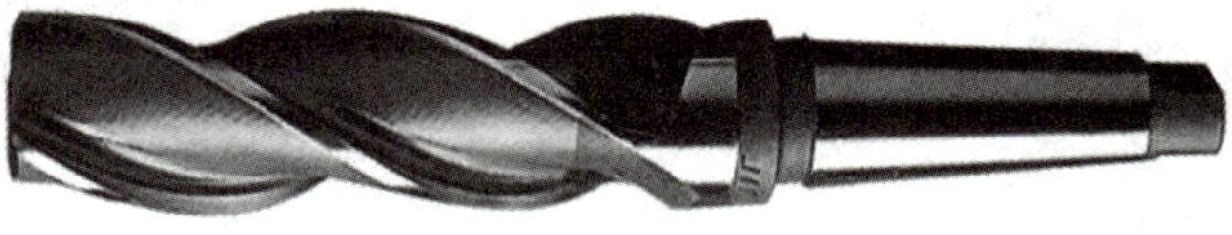

图 8-22　扩孔钻

扩孔时，成批加工用专用扩孔钻，小批量加工用钻头磨制成扩孔钻。钻孔后，不改变钻头与工件位置，直接更换扩孔钻，保证同心度。

（三）锪　孔

用锪钻在孔口表面锪出一定形状的孔或表面的加工方法称为锪孔，如图 8-23 所示。

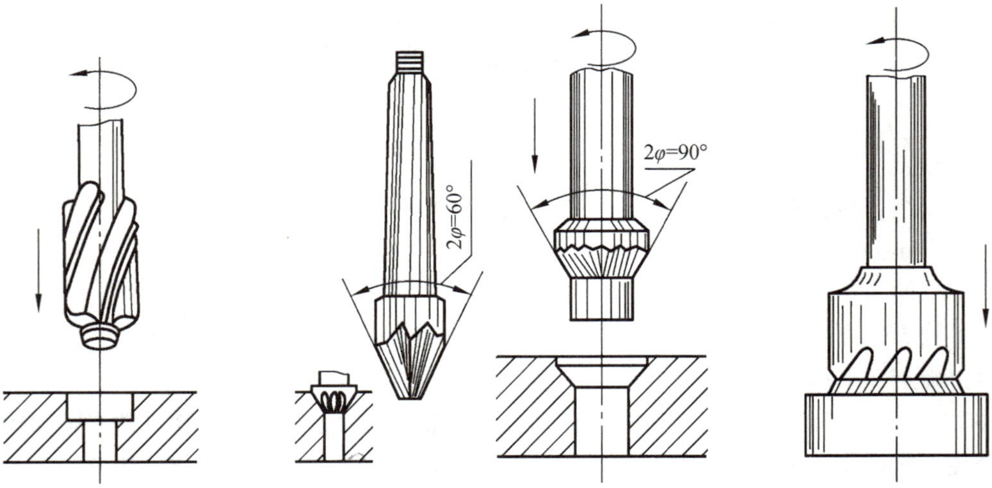

（a）锪圆柱形孔　（b）锪锥形孔　（c）锪孔口和凸台平面

图 8-23　锪孔

锪孔工作要点：

（1）锪孔时，进给量为钻孔的 2 ~ 3 倍，切削速度为钻孔的 1/3 ~ 1/2（精锪，可用惯性锪孔）。

（2）尽量选用较短的钻头来改磨锪钻，并注意修磨前面，减小前角，以防扎刀、振动。

（3）锪钢件时，应在导柱和切削表面加切削液。

（四）铰　孔

用铰刀对已有孔进行精加工的过程称为铰孔，如图 8-24 所示。铰刀齿数多（6 ~ 12 个），制造精度高，具有修光部分，可以用来校准孔径、修光孔壁；刀体强度和刚性较好（容屑槽浅，芯部直径大），故导向性好，切削平稳；铰孔的余量小，切削力较小；铰孔时的切削速度较低，产生的切削热较少。

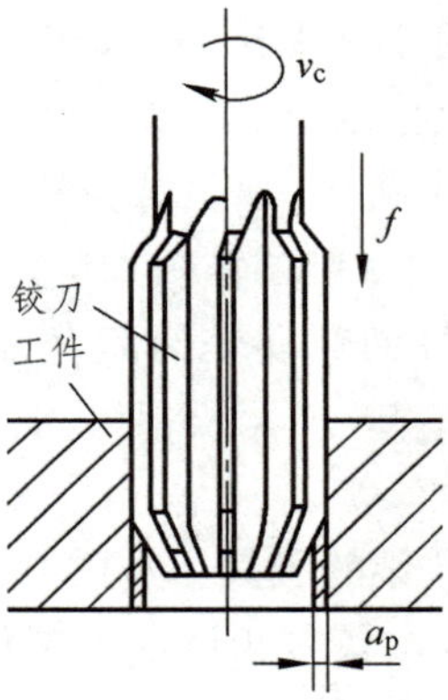

图 8-24　铰孔

铰孔操作流程：

（1）钻底孔，铰孔直径小 0.2 mm；

（2）工件装夹；

（3）选用铰刀及铰杠；

（4）加机油；

（5）顺时针旋转，不允许逆时针旋转；

（6）检测。

二、螺纹加工

（一）攻螺纹

1. 丝锥及铰杠

1）丝锥

丝锥是用来加工较小直径内螺纹的成形刀具，一般由合金工具钢 9SiGr 经热处理制成，如图 8-25 所示。通常 M6 ~ M24 的丝锥一套为两支，称头锥、二锥；M6 以下及 M24 以上一套有三支，即头锥、二锥和三锥。

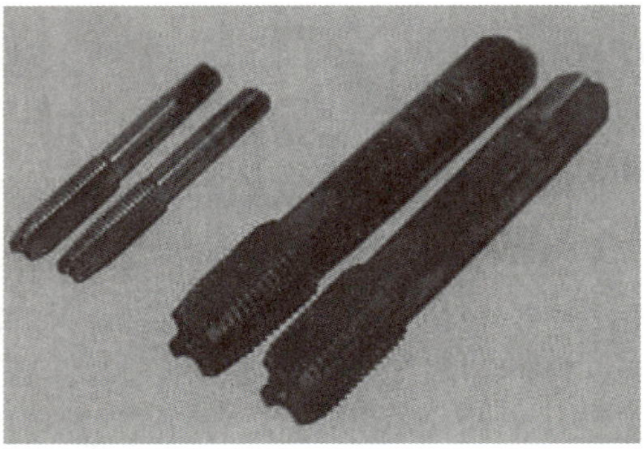
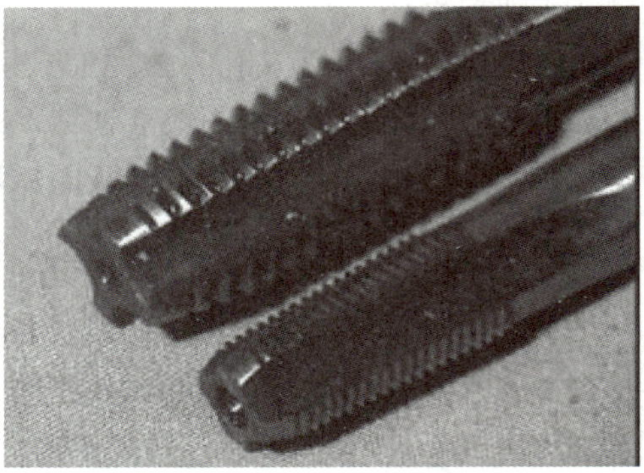

图 8-25　丝锥

每个丝锥都由工作部分和柄部组成。工作部分是由切削部分和校准部分组成。轴向有几条（一般是三条或四条）容屑槽，相应地形成几瓣刀刃（切削刃）和前角。切削部分（即不完整的牙齿部分）是切削螺纹的重要部分，常磨成圆锥形，以便使切削负荷分配在几个刀齿上。头锥的锥角小些，有 5 ~ 7 个牙；二锥的锥角大些，有 3 ~ 4 个牙。校准部分具有完整的牙齿，用于修光螺纹和引导丝锥沿轴向运动。柄部有方头，其作用是与铰杠相配合并传递扭矩。

2）铰杠

铰杠（见图 8-26）是用来夹持丝锥的工具，常用的是可调式铰杠。旋转手柄即可调节方孔的大小，以便夹持不同尺寸的丝锥。铰杠长度应根据丝锥尺寸大小进行选择，以便控制攻螺纹时的扭矩，防止丝锥因施力不当而扭断。

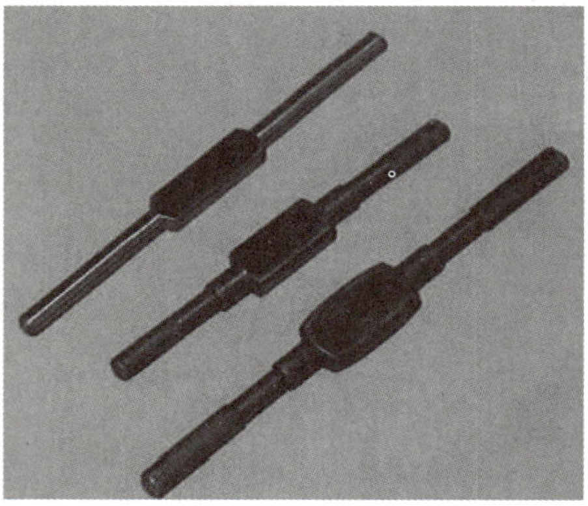
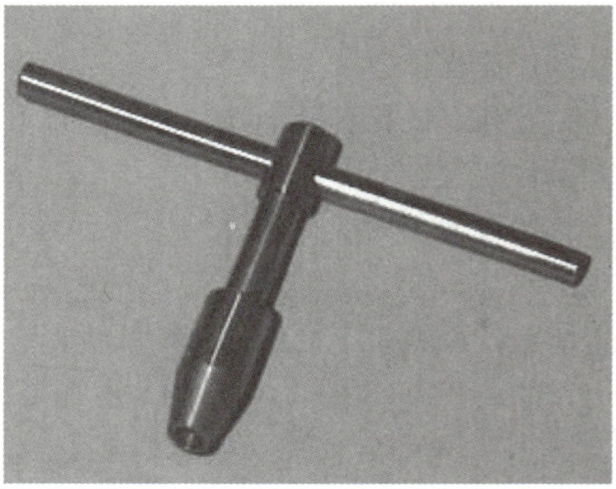

图 8-26　铰杠

2. 攻螺纹前钻底孔直径和深度的确定以及孔口的倒角

1）底孔直径的确定

丝锥在攻螺纹的过程中，切削刃主要是切削金属，但还有挤压金属的作用，因而造成金属凸起并向牙尖流动的现象，所以攻螺纹前，钻削的孔径（即底孔）应大于螺纹内径。底孔的直径可查手册或按下面的经验公式计算：

脆性材料（铸铁、青铜等）：钻孔直径 $d_0=d$（螺纹外径）$-1.1p$（螺距）

塑性材料（钢、紫铜等）：钻孔直径 $d_0=d$（螺纹外径）$-p$（螺距）

2）钻孔深度的确定

攻盲孔（不通孔）的螺纹时，因丝锥不能攻到底，所以孔的深度要大于螺纹的长度。

3）孔口倒角

攻螺纹前要在钻孔的孔口进行倒角，以利于丝锥的定位和切入。倒角的深度大于螺纹的螺距。

3. 攻螺纹的操作要点及注意事项

（1）根据工件上螺纹孔的规格，正确选择丝锥，先头锥后二锥，不可颠倒使用。

（2）工件装夹时，要使孔中心垂直于钳口，防止螺纹攻歪。

（3）用头锥攻螺纹时，先旋入 1 ~ 2 圈后，检查丝锥是否与孔端面垂直（可目测或用直角尺在互相垂直的两个方向检查）。当切削部分已切入工件后，每转 1 ~ 2 圈应反转 1/4 圈，以便切屑断落；同时不能再施加压力（即只转动不加压），以免丝锥崩牙或攻出的螺纹齿较瘦。

（4）攻钢件上的内螺纹，要加机油润滑，可使螺纹光洁、省力和延长丝锥使用寿命；攻铸铁上的内螺纹可不加润滑剂，或者加煤油；攻铝及铝合金、紫铜上的内螺纹，可加乳化液。

（5）不要用嘴直接吹切屑，以防切屑飞入眼内。

（二）套螺纹

1. 板牙和板牙架

1）板牙

板牙是加工外螺纹的刀具，用合金工具钢 9SiGr 制成，并经热处理淬硬。其外形像一个圆螺母，只是上面钻有 3 ~ 4 个排屑孔，并形成刀刃。

板牙由切屑部分、定位部分和排屑孔组成。圆板牙（见图 8-27）螺孔的两端有 40°的锥度部分，是板牙的切削部分。定位部分起修光作用。板牙的外圆有一条深槽和四个锥坑，锥坑用于定位和紧固板牙。

图 8-27　圆板牙

2）板牙架

板牙架是用来夹持板牙、传递扭矩的工具。不同外径的板牙应选用不同的板牙架。

2. 套螺纹前圆杆直径的确定和倒角

1）圆杆直径的确定

与攻螺纹相同，套螺纹时有切削作用，也有挤压金属的作用。故套螺纹前必须检查圆杆直径。圆杆直径应稍小于螺纹的公称尺寸，圆杆直径可查表或按经验公式计算。

经验公式：圆杆直径=d（螺纹外径）－（0.13～0.2）P（螺距）

2）圆杆端部的倒角

套螺纹前圆杆端部应倒角，使板牙容易对准工件中心，同时也容易切入。倒角长度应大于一个螺距，斜角为 15°～30°。

3. 套螺纹的操作要点和注意事项

（1）每次套螺纹前应将板牙排屑槽内及螺纹内的切屑清除干净。

（2）套螺纹前要检查圆杆直径大小和端部倒角。

（3）套螺纹时切削扭矩很大，易损坏圆杆的已加工面，所以应使用硬木制的 V 形槽衬垫或用厚铜板作保护片来夹持工件。工件伸出钳口的长度，在不影响螺纹要求长度的前提下，应尽量短。

（4）套螺纹时，板牙端面应与圆杆垂直，操作时用力要均匀。开始转动板牙时，要稍加压力，套入 3～4 牙后，可只转动而不加压，并经常反转，以便断屑。

（5）在钢制圆杆上套螺纹时要加机油润滑。

任务检查

表 8-3　孔加工和螺纹加工——任务检查单

任务编号	8-3	任务名称	孔加工和螺纹加工
序号	检查内容	是	否
利用台式钻床进行钻孔			
1	钻孔操作		
2	扩孔操作		
利用铰刀进行铰孔			
3	铰孔操作		
利用丝锥和板牙加工螺纹			
4	利用丝锥加工螺纹		
5	利用板牙加工螺纹		

任务拓展

制作规定工件。

项目训练

一、填空题

1. 零、部件间的连接一般可以分为________连接和________连接两类。

2. 写出四种常用钳工划线工具有________、________、________、________等。

3. 锯齿在锯条上一般呈________排列，以减少________与锯条的摩擦。锯条按照齿距的大小可以分为________、________和________。

4. 钳工技艺性强，具有“________”和灵活的优势，可以完成________不方便或无法完成的工作，所以在机械制造工程中仍起着十分重要的作用。

5. 钳工大多是以手工在________上进行操作，按技术要求对工件进行________、________、________的工种。

6. 用丝锥加工内螺纹称为________，用板牙套制外螺纹称为________。

7. 万能角度尺可以测量________范围的任何角度。

8. 一般手铰刀的刀齿在圆周上是________分布的。

9. 钳工常用的刀具材料有高速钢和________两大类。

10. 当配合过盈量较小时，可采用________方法压入轴承。

二、选择题

1. 划线时当发现毛坯误差不大，但用找正方法不能补救时，可用（　　）方法来予以补救，使加工后的零件仍能符合要求。

A. 找正　　B. 借料　　C. 变换基准　　D. 改图样尺寸

2. Z525 立钻主要用于（　　）。

A. 镗孔　　B. 钻孔　　C. 铰孔　　D. 扩孔

3. 台虎钳的规格是以钳口的（　　）表示的。

A. 长度　　B. 宽度　　C. 高度　　D. 夹持尺寸

4. 一般划线精度能达到（　　）。

A. 0.025 ~ 0.05 mm　　B. 0.1 ~ 0.3 mm

C. 0.25 ~ 0.5 mm　　D. 0.25 ~ 0.8 mm

5. 钻头上缠绕铁屑时，应及时停车，用（　　）清除。

A. 手　　B. 工件　　C. 钩子　　D. 嘴吹

6. 标准麻花钻主要用于（　　）。

A. 扩孔　　B. 钻孔　　C. 铰孔　　D. 锪孔

7. 扩孔的加工质量比钻孔高，常作为孔的（　　）加工。

A. 精　　B. 半精　　C. 粗　　D. 一般

8. 游标高度尺一般用来（　　）。

A. 测直径　　B. 测齿高

C. 测高和划线　　D. 测高和测深度

9. 台虎钳夹紧工件时，只允许（　　）手柄。

A. 用手锤敲击　　B. 用手扳

C. 套上长管子扳　　D. 两人同时扳

10. 精度为 0.02 mm 的游标卡尺，当游标卡尺读数为 30.42 时，游标上的第（　　）格与主尺刻线对齐。

A. 30　　B. 21　　C. 42　　D. 49

三、简答题

1. 简述钳工基本划线的作用及分类。
2. 简述划线基准的选择原则。
3. 钳工安全文明操作常识包括哪些?

四、计算题

在一铸铁工件上钻孔、加工 M12×1.5 的普通螺纹孔，需要准备哪些工具?

参考文献

[1] 刘小年. 机械制图[M]. 北京：高等教育出版社，2002.
[2] 杨铭. 机械制图[M]. 北京：机械工业出版社，2011.
[3] 胡志新，徐九南. 机械制图[M]. 北京：电子工业出版社，2012.
[4] 支道光. 机械零件材料与热处理工艺选择[M]. 北京：机械工业出版社，2007.
[5] 齐宝森. 机械工程材料[M]. 3 版. 哈尔滨：哈尔滨工业大学出版社，2009.
[6] 戈晓岚，赵占西. 工程材料及其成形基础[M]. 北京：高等教育出版社，2012.
[7] 顾淑群. 机械基础[M]. 北京：机械工业出版社，2014.
[8] 周前. 机械基础[M]. 重庆：重庆大学出版社，2017.
[9] 庞兴华. 机械设计[M]. 北京：电子工业出版社，2010.
[10] 张策. 机械原理与机械设计[M]. 北京：机械工业出版社，2004.
[11] 吴昌林，张卫国. 机械设计[M]. 3 版. 武汉：华中科技大学出版社，2011.
[12] 皮智谋，任成高. 机械设计与制造[M]. 长沙：湖南大学出版社，2012.
[13] 徐坚，柴鹏飞. 城市轨道交通机械基础[M]. 北京：机械工业出版社，2012.
[14] 张桥平. 城市轨道交通车辆机械[M]. 成都：西南交通大学出版社，2016.
[15] 王伯铭. 城市轨道交通车辆工程[M]. 成都：西南交大出版社出版，2007.
[16] 郭凝. 城市轨道交通车辆机械检修[M]. 上海：上海科学技术出版社，2013.
[17] 王方程. 城市轨道交通车辆技术[M]. 北京：中国铁道出版社，2011.
[18] 中国北车股份有限公司. 铁路车辆机械制修工[M]. 北京：中国铁道出版社，2015.